Kohlhammer

Staats- und Verfassungsrecht aus Polizeiperspektive

Ein Klausurenkurs für Ausbildung und Studium in Baden-Württemberg

von

Dr. Philipp Molsberger
Professor für Öffentliches Recht an der Hochschule für Polizei
Baden-Württemberg

Dr. Klaus Krebs
Professor für Öffentliches Recht an der Hochschule für Polizei
Baden-Württemberg

Verlag W. Kohlhammer

1. Auflage 2025

Alle Rechte vorbehalten
© W. Kohlhammer GmbH, Stuttgart
Gesamtherstellung: W. Kohlhammer GmbH, Heßbrühlstr. 69, 70565 Stuttgart
produktsicherheit@kohlhammer.de

Print:
ISBN 978-3-17-046214-4

E-Book-Formate:
pdf: ISBN 978-3-17-046762-0
epub: ISBN 978-3-17-046763-7

Dieses Werk einschließlich aller seiner Teile ist urheberrechtlich geschützt. Jede Verwendung außerhalb der engen Grenzen des Urheberrechts ist ohne Zustimmung des Verlags unzulässig und strafbar. Das gilt insbesondere für Vervielfältigungen, Übersetzungen, Mikroverfilmungen und für die Einspeicherung und Verarbeitung in elektronischen Systemen.
Für den Inhalt abgedruckter oder verlinkter Websites ist ausschließlich der jeweilige Betreiber verantwortlich. Die W. Kohlhammer GmbH hat keinen Einfluss auf die verknüpften Seiten und übernimmt hierfür keinerlei Haftung.

Vorwort

Sowohl in der Ausbildung zum mittleren Polizeivollzugsdienst als auch im Rahmen des Studiums für den gehobenen Polizeivollzugsdienst gehört Staats- und Verfassungsrecht („SVR") zum Pflichtprogramm. Zu Recht! Wer – wie Sie, wie alle Polizistinnen und Polizisten, gleich welchen Dienstgrades – in verantwortungsvoller Tätigkeit dem Einzelnen und der Gesellschaft zu dienen verpflichtet ist, muss auch die Grundlagen unseres Gemeinwesens kennen, verstehen und verinnerlichen. Dies gilt sowohl für das Staatsorganisationsrecht, das die Fundamente unserer staatlichen Ordnung beschreibt, als auch für die Grundrechte und grundrechtsgleichen Rechte, welche das Verhältnis der Menschen in diesem Land zu ihrem Staat auf der Basis von Freiheit, Gleichheit, Schutz und Partizipation ordnen. Und das nunmehr erfolgreich seit über 75 Jahren!

Die Bearbeitung und Lösung staats- und verfassungsrechtlicher Fälle gehören in der polizeilichen Ausbildung sowie dem Studium regelmäßig zum obligatorischen Prüfungsumfang. Erfahrungsgemäß bereitet die Lösung solcher Klausuren den Studierenden aber bisweilen gewisse Schwierigkeiten, die oftmals weniger auf Verständnisproblemen der inhaltlichen Themenbereiche beruhen, sondern vielmehr auf Unsicherheiten hinsichtlich des jeweiligen Aufbaus der Prüfung („Schema").

Dieses Fallkompendium soll einen Beitrag zum Abbau jener Unsicherheiten leisten. Zu den vorrangig prüfungs- und praxisrelevanten Grundrechten werden jeweils Übungsfälle präsentiert. Zum inhaltlich wichtigen, aber oftmals jedenfalls nicht im Schwerpunkt prüfungsrelevanten Themengebiet „Staatsorganisationsrecht" enthält das Kompendium mehrere „typische" Zusatzfragen, die nach ihrer Art geeignet scheinen, eine Klausur im „SVR" abzurunden.

Die jeweiligen Lösungsskizzen sind in Begründungstiefe und Detailliertheit gewiss umfangreicher als die von Ihnen in den regelmäßig ein- bis zweistündigen Klausuren abverlangten Leistungen. Beabsichtigt sind insofern also keine „Musterlösungen zum Abschreiben", vielmehr sollen Ihnen die Lösungsvorschläge den Fall in möglichst tiefschürfenden Facetten darlegen. Ergänzend zum eigentlichen Falllösungstext sind noch – jeweils durch Einrahmungen hervorgehoben – ergänzende Hinweise und methodisch-didaktische Tipps aufgenommen worden. Teilweise finden sich inhaltliche Dopplungen, die gewollt sind, weil bestimmte Darstellungen

Vorwort

bei mehreren Fällen relevant sind und jeder Fall für sich genommen selbsterklärend sein soll.

Unser deutsches Staats- und Verfassungsrecht ist keine graue Theorie, sondern sprudelt vor Leben. Es beschreibt und ordnet die Grundlagen des Gemeinwesens, sowohl in den vermeintlich banalen Bereichen des alltäglichen Lebens als auch in den großen Linien des Staates und seiner Strukturen. In unseren Lehrveranstaltungen gehört es zu den übergeordneten Zielen, Ihnen, den Polizeibeamtinnen und Polizeibeamten, den Wert einer freiheitlich-demokratischen Grundordnung zu vermitteln, die – ungeachtet im Einzelfall kritikwürdiger Vorgänge in der deutschen Verfassungsrealität – der Bundesrepublik Deutschland in den vergangenen Jahrzehnten eine bis dahin unbekannte Freiheit und Sicherheit gewährleisten und garantierten konnte.

Dieses Fallkompendium soll ergänzend dabei helfen, Ihnen das erforderliche Rüstzeug zu vermitteln, damit Sie auch die Prüfungen auf diesem Rechtsgebiet mit einer Sie zufriedenstellenden Bewertung bestehen.

Das hier behandelte SVR ist Bundesrecht. Sofern – insbesondere im Gefahrenabwehrbereich – Landesrecht herangezogen wird, geschieht dies beispielhaft nach dem baden-württembergischen Recht. Vergleichbare Vorschriften lassen sich zumeist in den Polizeigesetzen der anderen Bundesländer unschwer finden.

Erstauflagen leiden nicht selten an „Kinderkrankheiten", die wir zwar nach Kräften zu vermeiden suchten, aber wahrscheinlich nicht durchgehend erfolgreich. Schon deshalb nehmen wir etwaige Fehlerhinweise bzw. Korrekturvorschläge jederzeit sehr dankbar entgegen unter: PhilippMolsberger@hfpol-bw.de bzw. KlausKrebs@hfpol-bw.de.

Villingen-Schwenningen, im Sommer 2025   Die Verfasser

Inhaltsverzeichnis

Abkürzungsverzeichnis X
Erster Teil: Methodik der polizeilichen Fallbearbeitung im SVR . 1
A. Das verfassungsrechtliche Prüfungsschema – Grundlagen 1
B. Besonderheiten bei der Prüfung 4
    I. Unterstellung der Verfassungsgemäßheit laut Bearbeitungshinweis. 4
    II. Hilfsgutachten 5
    III. Real existierende Rechtsgrundlagen/fiktive Rechtsgrundlagen. 6
    IV. Mehrere einschlägige Grundrechte – „Grundrechtskonkurrenzen". 7
        1. Grundsätzliches 7
        2. Einzelfälle 8
    V. Zweifelsfragen. 13
C. Das verfassungsrechtliche Prüfungsschema – die einzelnen Prüfungspunkte. 14
    I. Betroffenes Grundrecht 14
        1. Sachlicher Schutzbereich 14
        2. Persönlicher Schutzbereich 17
    II. Eingriff. 18
    III. Verfassungsrechtliche Rechtfertigung des Eingriffs 19
        1. Einschränkbarkeit des Grundrechts („Schranke") 19
        2. Prüfung der Verfassungsmäßigkeit der Rechtsgrundlage. 21
            a) Rechtsgrundlage 21
            b) Gesetzgebungskompetenz 23
            c) Anforderungen der Grundrechtsschranke 24
            d) Grenzen der Einschränkbarkeit 30
        3. Prüfung der Verfassungsmäßigkeit der Maßnahme ... 35
            a) Zuständigkeit, Verfahren, Form 35
            b) Tatbestandsvoraussetzungen 36
            c) Rechtsfolge, insbesondere Verhältnismäßigkeitsprüfung 36

Inhaltsverzeichnis

Zweiter Teil: Grundrechtliche Fallübungen	39
Fall 1 „Tauben Füttern"	
Übungsfall zu Art. 2 Abs. 1 GG	40
Fall 2 „Weisen Sie sich aus!"	
Übungsfall zu Art. 2 Abs. 1 GG i. V. m. Art. 1 Abs. 1 GG und Art. 2 Abs. 2 Satz 2 GG/Art. 104 GG.	54
Fall 3 „Ein tödlicher Schuss"	
Übungsfall zu Art. 2 Abs. 2 Satz 1 GG.	65
Fall 4 „Serienstraftäter auf der Flucht"	
Übungsfall zu Art. 2 Abs. 1 i. V. m. Art. 1 Abs. 1 GG; Art. 1 Abs. 1 GG; Art. 2 Abs. 1 Satz 1 Alt. 2 GG	76
Fall 5 „Das überwachte Gebet"	
Übungsfall zu Art. 4 Abs. 1 und Abs. 2 GG	86
Fall 6 „Rache am Ordnungsamt"	
Übungsfall zu Art. 5 Abs. 1 Satz 1 GG.	94
Fall 7 „Meinungsfreiheit und Naziherrschaft"	
Übungsfall zu Art. 5 Abs. 1 Satz 1 GG.	102
Fall 8 „Das gehenkte Kaninchen"	
Übungsfall zur Art. 5 Abs. 3 GG.	113
Fall 9 „Der Parteitag"	
Übungsfall zu Art. 8 GG	124
Fall 10 „Drogen im Zelt?"	
Übungsfall zu Art. 13 GG	137
Fall 11 „Warum die und nicht ich?"	
Übungsfall zu Art. 3 GG	148
Dritter Teil: Staatsorganisationsrecht in der „SVR-Klausur". . . .	155
Frage 1	156
Frage 2	157
Frage 3	157
Frage 4	157
Frage 5	158
Frage 6	158
Frage 7	159
Frage 8	159
Frage 9	160
Frage 10	160
Frage 11	161
Frage 12	161
Frage 13	163
Frage 14	164
Frage 15	164
Frage 16	164

Inhaltsverzeichnis

Frage 17 165
Frage 18 165
Frage 19 166
Frage 20 167

Abkürzungsverzeichnis

a. A.	andere Ansicht
a. E.	am Ende
a. F.	alte Fassung
Abs.	Absatz
AEUV	Vertrag über die Arbeitsweise der europäischen Union
AG	Amtsgericht
Alt.	Alternative
APR	Allgemeines Persönlichkeitsrecht
Art.	Artikel
Aufl.	Auflage
BayVGH	Bayerischer Verwaltungsgerichtshof
Beschl.	Beschluss
BGBl.	Bundesgesetzblatt
BGH	Bundesgerichtshof
BPolG	Bundespolizeigesetz
Bsp.	Beispiel
bspw.	beispielsweise
BT-Drs.	Bundestagsdrucksache
Buchst.	Buchstabe
BVerfG	Bundesverfassungsgericht
BVerfGE	Sammlung der Entscheidungen des Bundesverfassungsgerichts
BVerfSchG	Bundesverfassungsschutzgesetz
BVerwG	Bundesverwaltungsgericht
bzgl.	bezüglich
bzw.	beziehungsweise
d. h.	das heißt
DVO PolG	Verordnung des Innenministeriums zur Durchführung des Polizeigesetzes
EL	Ergänzungslieferung
EMRK	Europäische Menschenrechtskonvention
Entsch.	Entscheidung
etc.	et cetera (lateinisch für „und so weiter")
EU	Europäische Union
EUV	EU-Vertrag

Abkürzungsverzeichnis

fdGO	freiheitlich demokratische Grundordnung
f.	folgende
ff.	fortfolgende
GemO BW	Gemeindeordnung Baden-Württemberg
GG	Grundgesetz
ggf.	gegebenenfalls
GVG	Gerichtsverfassungsgesetz
h. M.	herrschende Meinung
i. d. R.	in der Regel
i. S. d.	im Sinne des
i. S. v.	im Sinne von
i. V. m.	in Verbindung mit
JGG	Jugendgerichtsgesetz
LG	Landgericht
Lit.	Literatur
m. w. N.	mit weiteren Nachweisen
n. F.	neue Fassung
NRW	Nordrhein-Westfalen
o. ä.	oder ähnliches
OLG	Oberlandesgericht
OVG	Oberverwaltungsgericht
OWiG	Ordnungswidrigkeitengesetz
PHK	Polizeihauptkommissar
PHM	Polizeihauptmeister
POK	Polizeioberkommissar
POM	Polizeiobermeister
POLAS	Polizeiauskunftssystem
PolG	Polizeigesetz (Baden-Württemberg)
Rn.	Randnummer
Rspr.	Rechtsprechung
SDÜ	Schengener Durchführungsübereinkommen
s. o.	siehe oben
sic!	Lateinisch für sic erat scriptum – So stand es geschrieben
sog.	sogenannte
StGB	Strafgesetzbuch
StPO	Strafprozessordnung
StVollzG	Strafvollzugsgesetz
SVR	Staats- und Verfassungsrecht
TierSchG	Tierschutzgesetz

Abkürzungsverzeichnis

u. a.	unter anderem
UK	United Kingdom
Urt.	Urteil
Var.	Variante
VG	Verwaltungsgericht
VGH BW	Verwaltungsgerichtshof Baden-Württemberg
vgl.	vergleiche
Vorb.	Vorbemerkung
VwGO	Verwaltungsgerichtsordnung
VwVfG	Verwaltungsverfahrensgesetz
z. B.	zum Beispiel
ZuVOJu	Zuständigkeitsverordnung Justiz Baden-Württemberg

Erster Teil: Methodik der polizeilichen Fallbearbeitung im SVR

A. Das verfassungsrechtliche Prüfungsschema – Grundlagen

1 Nach unseren Erfahrungen ist es häufig gar nicht das fehlende „Wissen", welches Studierenden bei der Bearbeitung eines Grundrechtsfalls im Rahmen der staats- und verfassungsrechtlichen Klausur Schwierigkeiten bereitet. Vielmehr stellt sich oft bereits das Problem des richtigen Prüfungsaufbaus, also die Frage, „was eigentlich an welcher Stelle des Prüfungsschemas wie hinzuschreiben ist".

2 Vorab: Den einzig richtigen Prüfungsaufbau gibt es nicht. Wenn Sie im Internet „Prüfungsaufbau Grundrechte" eingeben, erhalten Sie eine Vielzahl möglicher Prüfungsschemata zur Auswahl. Diese Schemata sind im Grunde genommen alle richtig, unterscheiden sich aber oftmals durchaus im Detail voneinander.

3 Für die Anforderungen Ihres Studiums für den gehobenen oder Ihrer Ausbildung für den mittleren Polizeivollzugsdienst ist zu beachten: Sie sollen nicht als Juristen ausgebildet werden, auch nicht als Verfassungsjuristen. Die Kenntnis der hochgradig verästelten Feinheiten und Details des deutschen Verfassungsrechts werden im Rahmen Ihrer Ausbildung bzw. Ihres Studiums nicht von Ihnen verlangt. Gleichwohl gehört die saubere Bearbeitung eines grundrechtlichen Falls zum Rüstzeug dessen, was von Ihnen erwartet werden kann. Schon deswegen, weil Sie in der Realität ihres beruflichen Lebens wahrscheinlich täglich – und vielleicht auch gelegentlich, ohne es zu bemerken – mit verfassungsrechtlichen Fragestellungen konfrontiert werden.

4 An der Hochschule für Polizei Baden-Württemberg wird üblicherweise das folgende Prüfungsschema verwendet, welches die relevanten Punkte eines Grundrechtsfalls abdeckt, ohne sich aber in den Untiefen verfassungsrechtlicher Detailfragen zu verlieren. Dieses Schema liegt auch den nachfolgenden Fällen dieses Klausurenkurses zugrunde. Es soll daher nachstehend erläutert werden.

> I. **Schutzbereich des Grundrechts**
>   1. Sachlicher Schutzbereich
>   2. Persönlicher Schutzbereich
> II. **Eingriff**
> III. **Verfassungsrechtliche Rechtfertigung des Eingriffs**
>   1. Einschränkbarkeit des Grundrechts („Schranke")
>   2. Verfassungsmäßigkeit der Rechtsgrundlage
>   a) Rechtsgrundlage
>   b) Gesetzgebungskompetenz für die Rechtsgrundlage
>   c) Anforderungen der Grundrechtsschranke
>   d) Grenzen der Einschränkbarkeit („Schranken-Schranken")
>   aa) Hinreichende Bestimmtheit der Rechtsgrundlage
>   bb) Wahrung des Verhältnismäßigkeitsgrundsatzes durch die Rechtsgrundlage
>   Zwischenergebnis: Rechtsgrundlage ist verfassungswidrig/verfassungsgemäß
>   3. Verfassungsmäßigkeit der Maßnahme
>   a) Zuständigkeit, Verfahren, Form
>   b) Tatbestandsvoraussetzungen
>   c) Rechtsfolge, insbesondere Verhältnismäßigkeitsprüfung
>   Zwischenergebnis: Eingriff ist nicht gerechtfertigt/gerechtfertigt
>   Endergebnis: Grundrecht ist verletzt/nicht verletzt

6 Abgesehen von Art. 3 GG, der aufgrund seiner inhaltlichen Besonderheiten eine etwas abweichende Prüfung erfordert, kann dieses Prüfungsschema auf alle Grundrechte des Grundgesetzes angewandt werden. Vielfach können in der Klausur – wie wir noch sehen werden – sogar identische Formulierungen verwendet werden. Soweit Art. 3 GG Abweichungen im Prüfungsaufbau verlangt, werden Ihnen diese bei dem Übungsfall zu diesem Grundrecht erläutert (Fall 11).

In der „SVR-Klausur" wird es regelmäßig um die Frage gehen, ob ein bestimmtes – im Sachverhalt der Klausur beschriebenes – staatliches Verhalten den Vorgaben des Grundgesetzes entspricht oder ob es diesen zuwiderläuft. Meist handelt es sich mit Blick auf das Ziel der Praxisrelevanz der Klausur um (vollzugs-)polizeiliche Maßnahmen, welche einer verfassungsrechtlichen Prüfung unterzogen werden sollen.

7 Das Prüfungsschema erfasst daher folgende Reihung:
Unter **Ziffer I** der Prüfung ist zunächst festzustellen, welches Grundrecht in sachlicher und persönlicher Hinsicht auf den Sachverhalt der Prüfungsaufgabe anzuwenden ist („einschlägig ist"). Falls mehrere Grundrechte in Betracht kommen, ist ggf. eine Entscheidung über deren Verhältnis zueinander zu treffen.

Sodann ist – regelmäßig knapp – unter **Ziffer II** darzulegen, ob das zu prüfende staatliche Verhalten (üblicherweise eine polizeiliche Maßnahme) in den Schutzbereich des zuvor gefundenen Grundrechts (oder mehrerer Grundrechte) eingreift.

Der große **Prüfungsblock III.** befasst sich dann mit den Fragen, wie das von Ihnen zuvor gefundene einschlägige Grundrecht nach den Vorgaben des Grundgesetzes eingeschränkt werden kann, ob es eine verfassungsgemäße Rechtsgrundlage für den staatlichen Eingriff gibt und ob die auf diese Rechtsgrundlage gestützte staatliche Einzelmaßnahme ihrerseits den Vorgaben der Verfassung entspricht. Hier geht es also um die zentrale Frage: Ist der zuvor festgestellte Eingriff in ein Grundrecht verfassungsrechtlich zu rechtfertigen oder handelt es sich bei dem Eingriff um eine verfassungswidrige Verletzung des Grundrechts.

Der **Prüfungsabschnitt III. 2.** befasst sich dabei – ausschließlich! – mit der Prüfung der Rechtsgrundlage für die polizeiliche Maßnahme des Klausursachverhalts. Es ist zu erörtern, ob die Rechtsgrundlage – also eine Rechtsnorm – selbst mit den Anforderungen der Verfassung konform ist oder ob sie gegen Bestimmungen des Grundgesetzes verstößt.

> Zunächst ist (III. 1.) zu erörtern, wie das einschlägige Grundrecht eingeschränkt werden kann. Dabei ist zu beachten: Jedes Grundrecht „sagt" selbst, in welche Einschränkungskategorie es fällt, unter welchen Grundvoraussetzungen also die Verfassung Eingriffe in das Grundrecht gestattet (sog. „Schranken").

> Unter III. 2. a) ist dann die Rechtsgrundlage für die staatliche Maßnahme des Klausursachverhalts zu benennen.

> Sodann ist unter III. 2. b) zu prüfen, ob diejenige Körperschaft, welche die Rechtsgrundlage erlassen hat (da die Rechtsgrundlage regelmäßig ein formelles Gesetz ist, also der Bundestag oder ein Landtag), nach der grundgesetzlichen Aufgabenverteilung für eine gesetzliche Regelung auf dem Themengebiet der Norm überhaupt zuständig war.

> III. 2. c) stellt sodann die Anschlussprüfung zu den Ausführungen unter III. 1. dar: Hier ist zu erörtern, ob die Rechtsgrundlage geeignet ist, die zuvor dargestellten Einschränkungsanforderungen des einschlägigen Grundrechts zu erfüllen.

> Unter III. 2. d) ist auf die Grenzen der Einschränkbarkeit des Grundrechts („Schranken-Schranken") durch die Rechtsgrundlage einzugehen: Hier ist also insbesondere zu prüfen, ob die Rechtsgrundlage hinrei-

chend bestimmt und verhältnismäßig ist. Ergebnis dieses Prüfungsabschnitts ist dann, dass die Rechtsgrundlage für die staatliche Eingriffsmaßnahme verfassungsgemäß oder verfassungswidrig ist. Ausführungen zu der konkreten Maßnahme des Sachverhalts („POKin Maier macht irgendwas ...") – ein häufiger Fehler der Studierenden! – haben hier nichts zu suchen, es geht an dieser Stelle allein um die Prüfung der Rechtsgrundlage, also einer gesetzlichen Norm.

9   Bei **Prüfungsabschnitt III. 3.** ist dann die konkrete staatliche Maßnahme zu prüfen.

Dabei ist zunächst (III. 3. a)) anzusprechen, ob die Vorschriften zur Zuständigkeit, zum Verfahren und zu etwaigen Formerfordernissen eingehalten wurden.

Sodann ist zu prüfen (III. 3. b)), ob die Maßnahme den Tatbestandsvoraussetzungen der unter III. 2. genannten und geprüften Rechtsgrundlage entspricht.

Abschließend ist dann unter III. 3. c) zu erörtern, ob die Maßnahme verhältnismäßig ist. Gegebenenfalls mag hier auch auf Fragen der Bestimmtheit, des Ermessens und des richtigen Adressaten der Maßnahme einzugehen sein.

Die Bearbeitung schließt sodann mit dem Ergebnis ab: Die staatliche Maßnahme entsprach oder widersprach den Vorgaben des Grundgesetzes.

B. Besonderheiten bei der Prüfung

Bisweilen kann es gewisse Besonderheiten geben:

I. Unterstellung der Verfassungsgemäßheit laut Bearbeitungshinweis

10 Bisweilen kommt es etwa vor, dass im Bearbeitungshinweis der Aufgabenstellung vermerkt ist: „Die Verfassungsmäßigkeit der Rechtsgrundlage ist zu unterstellen." In diesem Fall sind Ausführungen zum gesamten Prüfungsabschnitt III. 2. entbehrlich. Lesen Sie also trotz allem Zeitdruck nicht nur den eigentlichen Sachverhaltstext immer genau, sondern auch, welche Ausführungen bei der Klausurbearbeitung ausweislich des Bearbeitungshinweises eigentlich von Ihnen verlangt werden! Damit Sie mit der –

im Zweifel ja auswendig gelernten – Durchnummerierung des Prüfungsschemas nicht durcheinanderkommen, bietet es sich an, bspw. in obiger Konstellation einen Satz als „Platzhalter" zur Wahrung der Gliederung zu schreiben:

„III. 2. Die Verfassungsmäßigkeit der Rechtsgrundlage XY ist laut Bearbeitungshinweis zu unterstellen."

II. Hilfsgutachten

Es ist nicht ausgeschlossen, dass Sie im Verlauf Ihrer Prüfung zum Ergebnis gelangen, dass bereits kein Grundrechtseingriff vorliegt (II.) oder die Verfassungsmäßigkeit der Rechtsgrundlage (III. 2.) bzw. der konkreten Maßnahme (III. 3.) bereits an irgendeinem recht frühen Punkt des Prüfungsschemas scheitert und Sie somit eigentlich bereits dort ein Endergebnis Ihrer Klausurbearbeitung niederschreiben könnten. Wenn bspw. die Prüfung der Rechtsgrundlage zu dem Ergebnis gelangt, diese sei nicht erforderlich (III. 2. d) bb)), kann auch die auf diese Rechtsgrundlage gestützte staatliche Maßnahme nicht verfassungsmäßig sein. Das Rechtsstaatsprinzip nach Art. 20 Abs. 3 GG gebietet ja, dass eine den Bürger belastende staatliche Maßnahme sich auf eine verfassungsgemäße Rechtsgrundlage stützen muss (Grundsatz des „Vorbehalts des Gesetzes" als Kernelement des Rechtsstaatsprinzips). Wenn aber bereits die Rechtsgrundlage für eine Maßnahme verfassungswidrig ist, kann die Maßnahme selbst ebenfalls nicht mehr verfassungsgemäß sein. Falsch wäre es aber dann, wenn Sie das dementsprechend gefundene Ergebnis niederschreiben und erleichtert die Klausur abgeben! Zum einen erscheint nicht ausgeschlossen, dass Sie sich bei Ihrer Beurteilung geirrt haben. Vor allem aber wird von Ihnen erwartet, die im Rahmen einer Rechtsklausur aufgeworfenen Fragen vollständig zu beantworten, also zumeist auch auf die weiteren Punkte des Prüfungsschemas einzugehen, selbst wenn sie an irgendeiner (frühen) Stelle zum Ergebnis gelangen sollten, dass die Verfassungsmäßigkeit der Rechtsgrundlage/der Maßnahme dort scheitert. Die Lösung solcher Konstellationen erfolgt im Wege des „Hilfsgutachtens". Wenn Sie also im Verlauf der Prüfung an irgendeinem frühzeitigen Punkt bereits zu einem Endergebnis kämen, schreiben Sie dies hin und ergänzen Ihr Ergebnis ausdrücklich um die Aussage, nunmehr hilfsgutachterlich weiterzuprüfen. Nachstehend am Beispiel des „Scheiterns" beim Prüfungspunkt III. 2. d) bb) – Erforderlichkeit:

„Die Rechtsgrundlage XY ist nicht erforderlich, weil [...]. Sie ist mithin verfassungswidrig. Mangels verfassungsgemäßer Rechtsgrundlage kann auch die polizeiliche Maßnahme Z ihrerseits nicht verfassungsmäßig sein. Im Folgenden wird daher hilfsgutachterlich weitergeprüft."

12 Nachdem Sie dieses niedergeschrieben haben, prüfen Sie ganz normal weiter und unterstellen dabei, dass – in obigem Fall – die Rechtsgrundlage nicht an der Erforderlichkeit als Teil der Verhältnismäßigkeitsprüfung gescheitert wäre. Sie fahren also – „als wäre nichts gewesen" – mit der Prüfung der Angemessenheit (III. 2. d) bb)) und dann weiter im Schema fort. Zu beachten wird dann sein, dass eine Rechtsgrundlage, die nicht erforderlich ist, regelmäßig auch nicht angemessen sein dürfte.

13 Allerdings: Außer wenn dies ausdrücklich mal in der Aufgabenstellung verlangt sein sollte, bedarf es eines Hilfsgutachtens dann nicht, wenn Sie den sachlichen und/oder persönlichen Schutzbereich eines speziellen Grundrechts als nicht eröffnet angesehen haben (Beispiele: Zehn nepalesische Staatsangehörige demonstrieren friedlich in Stuttgart – persönlicher Schutzbereich nicht eröffnet, da Art. 8 GG ein Deutschengrundrecht ist; zehn deutsche Staatsangehörige demonstrieren unfriedlich in Stuttgart – sachlicher Schutzbereich nicht eröffnet, da Art. 8 nur friedliche Versammlungen schützt). Ein Hilfsgutachten ist erforderlich, wenn Sie an irgendeinem Prüfungspunkt insgesamt „rausfliegen". Dem ist in den o. g. Konstellationen hingegen nicht so, da ja im Zweifel immer der Schutzbereich des Auffanggrundrechts der allgemeinen Handlungsfreiheit (Art. 2 Abs. 1 GG) eröffnet ist. In solchen Fällen prüfen Sie also nicht im Wege des Hilfsgutachtens das zuvor ausgeschiedene spezielle Grundrecht weiter, sondern wechseln zum Auffanggrundrecht des Art. 2 Abs. 1 GG.

14 Hier als **Klausurtipp**, um möglichst viele Punkte zu sammeln: Üblicherweise ist es zweckmäßig, bei der Schutzbereichsprüfung eines Grundrechts mit dem sachlichen Schutzbereich zu beginnen. Diese Reihung ist aber nicht zwingend, klausurtaktisch kann auch eine andere Reihenfolge vorzugswürdig sein. Beispiel: Zehn französische Staatsangehörige demonstrieren unfriedlich in Stuttgart. Wer hier mit dem sachlichen Schutzbereich beginnt (und diesen verneint und dann im Ergebnis zutreffend auf Art. 2 Abs. 1 GG zurückgreift), gelangt nicht zu dem auf Ebene des persönlichen Schutzbereichs angelegten (und im Zweifel Punkte bringenden) Aspekt „Deutschengrundrechte – EU-Ausländer (Art. 18 AEUV)". In solchen Fällen tauschen Sie die Prüfungsreihenfolge daher einfach aus!

III. Real existierende Rechtsgrundlagen/fiktive Rechtsgrundlagen

15 Wenn in der Klausur eine real existierende Rechtsnorm als Rechtsgrundlage für eine staatliche Maßnahme zu prüfen ist (z. B. § 163b StPO als Rechtsgrundlage für eine strafprozessuale Identitätsfeststellung), können Sie regelmäßig bei Ihren Ausführungen zu Prüfungsabschnitt III. 2. (Verfassungsmäßigkeit der Rechtsgrundlage) im Hinterkopf behalten, dass das Ergebnis der Prüfung wohl die Verfassungsmäßigkeit dieser Rechtsgrundlage sein wird – bei real (und häufig schon längere Zeit) existierenden Normen hätten klügere Köpfe als wir sicherlich schon früher deren Verfassungswidrigkeit bemerkt! Dieses „Hinterkopfergebnis" entbindet Sie zwar nicht von einer sauberen Prüfung der Verfassungsmäßigkeit der Rechtsgrundlage, kann Ihnen aber als gewisse Leitschnur dienen: Wenn Sie bei einer „altbekannten" Norm, bspw. aus der StPO oder dem PolG, unter III. 2. zum Ergebnis deren Verfassungswidrigkeit aus irgendeinem Grund gelangen, lohnt es sich meist, innezuhalten und das gefundene Ergebnis nochmal sorgfältig zu überprüfen. Aktuelle Ausnahmen von diesem „Hinterkopfergebnis" stellen etwa § 27 Abs. 1 Nr. 2 PolG und § 27 Abs. 1 Nr. 7 PolG dar, deren Verfassungsmäßigkeit mit durchaus beachtlichen Argumenten in Zweifel gezogen wird (dazu später).

Anders verhält es sich, wenn Ihnen im Sachverhalt einer Klausur eine „fiktive Rechtsgrundlage" dargeboten wird, also eine vom Aufgabensteller erfundene Rechtsnorm. In solchen Fällen ist Vorsicht geboten, da angesichts der Vielfalt real existierender Rechtsgrundlagen in StPO, PolG etc. die Präsentation einer fiktiven Norm regelmäßig einen prüfungstaktischen Hintergrund haben wird. Hier kann der Aufgabensteller nämlich nach Belieben „Fehler" in die Rechtsgrundlage einbauen (z. B. auf den Gebieten „Bestimmtheit" oder „Verhältnismäßigkeit"). Sollte Ihnen also einmal in der Klausur eine erfundene Rechtsgrundlage zur Prüfung gestellt werden, sind die Ausführungen unter III. 2. mit besonderer Sorgfalt anzugehen. **16**

IV. Mehrere einschlägige Grundrechte – „Grundrechtskonkurrenzen"

1. Grundsätzliches

Es ist denkbar, dass bei bestimmten Sachverhalten der Schutzbereich mehrerer Grundrechte in den Blick zu nehmen ist. Gerade angesichts der knappen Zeit in der Klausur stellt sich dann die Frage, was/wie/wo zu prüfen ist. Die nachfolgenden Überlegungen sollen hier ein wenig Hilfestellung leisten. Letztlich geht es bei diesen Ausführungen aber weniger um „Verfassungstheorie" (hier ist durchaus einiges in der Rechtswissenschaft umstritten), sondern vielmehr um „Klausurtaktik". **17**

Wichtig bei allen „Konkurrenzlagen" ist, dass Sie das Problem bereits auf der Ebene „Schutzbereich des Grundrechts" (I.) ansprechen und soweit möglich bereits dort „subsidiär zurücktretende" Grundrechte ausscheiden. **18**

Eine „hintereinander gestaffelte" Fallbearbeitung, bei welcher Sie sämtliche in Betracht kommenden Grundrechte nach Maßgabe des Prüfungsschemas komplett durchprüfen, mag in Einzelfällen zwar verfassungsrechtlich erforderlich sein. Vor dem Horizont Ihrer knappen Fallbearbeitungszeit ist ein solcher Aufbau jedoch nach Möglichkeit zu vermeiden! **19**

2. Einzelfälle

Folgende Konstellationen erscheinen in Ihrer Klausur denkbar:

20 a) **Der Schutzbereich eines speziellen Grundrechts und der Schutzbereich des Auffanggrundrechts der allgemeinen Handlungsfreiheit (Art. 2 Abs. 1 GG) sind eröffnet**

Beispiel: Zehn Deutsche demonstrieren friedlich und ohne Waffen in Stuttgart.

Hier wäre eigentlich sowohl der Schutzbereich des speziellen Grundrechts (also Art. 8 GG) als auch der Schutzbereich des Art. 2 Abs. 1 GG eröffnet (schließlich schützt die allgemeine Handlungsfreiheit ja „alles und jeden"). Da das Verhalten der Bürger aber vollständig vom speziellen Grundrecht erfasst ist, tritt das Auffanggrundrecht des Art. 2 Abs. 1 GG im Wege der Subsidiarität hinter das spezielle Grundrecht zurück.

21 Das bedeutet für Sie in der Klausur:

Sie stellen die Eröffnung des Schutzbereichs des speziellen Grundrechts (hier Art. 8 GG) dar.

Die nachfolgenden Prüfungsschritte orientieren sich dann ausschließlich an dem speziellen Grundrecht.

Art. 2 Abs. 1 GG erwähnen Sie entweder gar nicht, oder fügen am Ende des Prüfungspunkts I. 1. noch folgenden Satz ein:

„Das Auffanggrundrecht der allgemeinen Handlungsfreiheit aus Art. 2 Abs. 1 GG tritt hier im Wege der Subsidiarität zurück, bedarf also keiner gesonderten Prüfung."

b) **Der Schutzbereich eines speziellen Grundrechts scheidet aus irgendeinem Grund aus, dafür ist aber der Schutzbereich des Auffanggrundrechts der allgemeinen Handlungsfreiheit (Art. 2 Abs. 1 GG) eröffnet**

22 **Beispiel:** Zehn Deutsche demonstrieren unfriedlich und/oder bewaffnet in Stuttgart.

Hier scheitert der Schutzbereich des speziellen Grundrechts (Art. 8 GG) am sachlichen Schutzbereich, der nur für friedliche Versammlungen ohne Waffen eröffnet ist.

Beispiel: Zehn Nepalesen demonstrieren friedlich in Stuttgart.

Hier scheitert der Schutzbereich des speziellen Grundrechts (Art. 8 GG) am fehlenden persönlichen Schutzbereich.

Beispiel: Zehn Nepalesen demonstrieren unfriedlich und/oder bewaffnet in Stuttgart.

Hier scheitert der Schutzbereich des speziellen Grundrechts (Art. 8 GG) sowohl am sachlichen als auch persönlichen Schutzbereich.

Da in diesen Konstellationen der Schutzbereich des speziellen Grundrechts aus einem der o. g. Gründe nicht eröffnet ist, ist der Rückgriff auf das Auffanggrundrecht des Art. 2 Abs. 1 GG zulässig (hier müssen Sie dann noch ggf. das Spezialproblem „Diskriminierungsverbot des Art. 18 AEUV bei EU-Ausländern" im Blick behalten).[1]

Das bedeutet für Sie in der Klausur:
Es wäre falsch (!), die Prüfung gleich mit Art. 2 Abs. 1 GG zu beginnen, weil Sie aufgrund Ihres „Hinterkopfwissens" bedenken, dass Art. 8 GG eh scheitert. **Hinterkopfwissen gibt keine Punkte!**

Stattdessen:
Sie prüfen zunächst die Eröffnung des Schutzbereichs des speziellen Grundrechts (hier Art. 8 GG).
Im Rahmen dieser Prüfung stellen Sie fest, dass der Schutzbereich des Art. 8 GG in sachlicher und/oder persönlicher Hinsicht nicht eröffnet ist.
Dann schwenken Sie über auf das Auffanggrundrecht des Art. 2 Abs. 1 GG.
Die nachfolgenden Prüfungsschritte orientieren sich dann ausschließlich an Art. 2 Abs. 1 GG.

Beispielsformulierung:

„I. Schutzbereich des Grundrechts
1. Sachlicher Schutzbereich
Laut Sachverhalt handelt es sich um eine friedliche Demonstration mit mehreren Teilnehmern. Der sachliche Schutzbereich des Art. 8 Abs. 1 GG ist also eröffnet.
2. Persönlicher Schutzbereich
Bei den Demonstrationsteilnehmern handelt es sich um nepalesische Staatsangehörige. Art. 8 Abs. 1 GG ist ein Deutschengrundrecht, das jedenfalls auf Drittstaatsangehörige[2] nicht anwendbar ist.
Der persönliche Schutzbereich des Art. 8 Abs. 1 GG ist demnach nicht eröffnet.
Stattdessen ist aber der Schutzbereich des Art. 2 Abs. 1 GG eröffnet: Der sachliche Schutzbereich des Auffanggrundrechts der allgemeinen Handlungsfreiheit erfasst grundsätzlich jegliches Tun oder Unterlassen, also auch Versammlungen. Art. 2 Abs. 1 GG ist ein Jedermannsgrundrecht, der persönliche Schutzbereich ist also für die nepalesischen Staatsbürger eröffnet."

---

1 Vgl. dazu etwa *Schneider* in: BeckOK Grundgesetz, 58. Edition, Stand: 15.6.2024, Art. 8 Rn. 23.
2 Drittstaatsangehörige sind Ausländerinnen und Ausländer eines Staates, der nicht der Europäischen Union angehört.

c) **Der Regelungsbereich keines speziellen Grundrechts ist eröffnet, lediglich der Schutzbereich der allgemeinen Handlungsfreiheit kommt in Betracht**

26 Beispiel: „Reiten im Walde"[3]; „Tauben füttern"[4]

Hier gibt es kein spezielles Grundrecht, welches das Verhalten des Bürgers sachlich erfassen könnte. Es kann also nur das Auffanggrundrecht der allgemeinen Handlungsfreiheit, Art. 2 Abs. 1 GG, in Betracht kommen.

27 Das bedeutet für Sie in der Klausur:

Sie stellen mit einem Satz dar, dass das betreffende Verhalten des Bürgers von keinem speziellen Grundrecht erfasst ist. Dann prüfen Sie Art. 2 Abs. 1 GG.

Beispielsformulierung:

28 *„I. Schutzbereich des Grundrechts*
1. Sachlicher Schutzbereich
Ein spezielles Grundrecht, welches das Füttern von Tauben verfassungsrechtlich schützt, existiert nicht. Es bleibt daher nur der Rückgriff auf die allgemeine Handlungsfreiheit des Art. 2 Abs. 1 GG, der als Auffanggrundrecht im sachlichen Schutzbereich grundsätzlich jegliches Tun oder Unterlassen erfasst, mithin auch das Füttern von Tauben.
2. Persönlicher Schutzbereich
Bei Art. 2 Abs. 1 GG handelt es sich um ein Jedermannsgrundrecht. Bürger B kann sich also unabhängig von seiner Staatsangehörigkeit darauf berufen."

d) **Der sachliche und der persönliche Schutzbereich mehrerer spezieller Grundrechte ist erfasst**

29 Diese Konstellationen werfen die schwierigsten Fragen auf! Hier ist auch vieles verfassungsrechtlich umstritten, besondere Kenntnisse werden von Ihnen nicht verlangt, und wir versuchen, den einfachsten Weg zu gehen! „Taktisches Ziel" in der Klausur sollte es sein, nach etwaigen Erörterungen auf der Ebene „Schutzbereich" nach Möglichkeit nur noch ein Grundrecht „durchzuprüfen"!

30 Zunächst einmal sollten Sie in solchen Konstellationen die Bearbeitungshinweise zur Klausur sorgfältig lesen. Es kann nämlich durchaus sein, dass dort vermerkt ist:

„Ein Eingriff in Art. XY ist nicht zu prüfen."

In diesem Fall bedarf es Ihrerseits keines Eingehens auf die Frage nach der Auflösung etwaiger Grundrechtskonkurrenzen.

---

[3] BVerfG, Beschl. v. 6.6.1989 – 1 BvR 921/85 = BVerfGE 80, 137 ff. = NJW 1989, 2525 ff.
[4] BVerfG, Beschl. v. 23.5.1980 – 2 BvR 854/79 = BVerfGE 54, 143 ff. = NJW 1980, 2572 f.; siehe dazu auch unten (Übungsfall 1).

B. Besonderheiten bei der Prüfung   **31, 32**

Sollte ein solcher Hinweis fehlen, müssen Sie sich dieser – schwierigen – Aufgabe stellen.

Relevante Beispiele: **31**
Zehn Deutsche veranstalten eine friedliche Demonstration, anlässlich derer die Demonstrationsteilnehmer lautstark ihre Meinung zu politischen Fragen äußern.

- → Die Versammlung selbst steht unter dem Schutz des Art. 8 GG.
- → Die anlässlich der Versammlung geäußerten Meinungen unterfallen dem Schutz des Art. 5 Abs. 1 GG.

Grundsätzlich besteht hier nach h. M. insofern kein Subsidiaritätsverhältnis, die beiden Grundrechte können nebeneinanderstehen. Maßnahmen, die sich spezifisch gegen den Inhalt der Meinung richten (z. B. Strafbefehl wegen Beleidigung), müssen den Anforderungen des Art. 5 Abs. 2 GG genügen. Art. 8 GG erfasst demgegenüber versammlungsspezifische Tätigkeiten, wie z. B. die Veranstaltung selbst und ihre Organisation. Gegen die Versammlung selbst gerichtete Maßnahmen (z. B. Beschränkungen oder die Auflösung der Versammlung) beurteilen sich folglich nach Art. 8 GG, Maßnahmen gegen die geäußerte Meinung nach Art. 5 GG.[5]

Weiteres Beispiel:
Zehn deutsche Katholiken veranstalten eine – auch dem Eintreten für den Weltfrieden gewidmete – Fronleichnamsprozession.

- → Die Versammlung selbst steht – was gegen sie gerichtete Maßnahmen angeht – unter dem Schutz des Art. 8 GG.
- → Soweit es spezifisch um Maßnahmen geht, welche die Religion berühren (z. B. eine untersagte Wegführung hat eine religiöse Bedeutung), ist auch Art. 4 GG betroffen.[6]

Das bedeutet für Sie in der Klausur: **32**
Denken Sie bereits beim Schutzbereich „vom Eingriff her"! Überlegen Sie also, ob der Eingriff (also regelmäßig die polizeiliche Maßnahme) vorrangig das eine oder das andere Grundrecht einschränkt.

Wenn Sie dann zu einem halbwegs eindeutigen Ergebnis gelangen (also zu einem stärkeren Bezug eines der einschlägigen Grundrechte), ist dieses Grundrecht für die weitere Prüfung relevant.

Falls bei keinem der infrage kommenden Grundrechte ein „stärkerer Bezug" erkennbar ist, müssen Sie tatsächlich beide/alle Grundrechte prüfen. Dann aber nicht „hintereinander", sondern parallel bei allen weiteren Prüfungspunkten des Aufbauschemas, wobei bei dem jeweils zweiten/wei-

---

5 *Depenheuer* in: Dürig/Herzog/Scholz, Grundgesetz-Kommentar, 103. EL Januar 2024, Art. 8 Rn. 201 ff.; *Schneider* in: BeckOK Grundgesetz, 58. Edition, Stand: 15.6.2024, Art. 8 Rn. 38.
6 *Kingreen/Poscher*, Grundrechte Staatsrecht II, 34. Aufl. 2018, Rn. 397 f. (in der aktuellen Auflage des Lehrbuchs ist das nach wie vor zutreffende Beispiel nicht mehr aufgeführt).

teren geprüften Grundrecht regelmäßig bei einigen Prüfungspunkten „nach oben" verwiesen werden kann. Dies gilt insbesondere dann, wenn eines der Grundrechte aufgrund engerer Voraussetzungen schwieriger eingeschränkt werden kann als das andere/die anderen. Mit diesem insofern „stärkeren" Grundrecht sollten Sie dann auch in den weiteren Prüfungsschritten jeweils beginnen.

Beispielsformulierung:

33 *„I. Schutzbereich des Grundrechts*
1. Sachlicher Schutzbereich
Einschlägig könnten hier sowohl das Grundrecht der Versammlungsfreiheit (Art. 8 GG) als auch das Grundrecht der Religionsfreiheit (Art. 4 GG) sein. Da laut Sachverhalt die – durch die Polizei untersagte – Wahl der Prozessionsroute unmittelbar religiöse Gründe hatte, steht das Grundrecht der Religionsfreiheit hier selbständig neben dem Grundrecht der Versammlungsfreiheit.
2. Persönlicher Schutzbereich
Bei Art. 4 GG handelt es sich um ein Jedermannsgrundrecht. Die Prozessionsteilnehmer können sich hierauf also unabhängig von ihrer Staatsangehörigkeit berufen. Auf das Deutschengrundrecht des Art. 8 GG können sich hingegen nur deutsche Staatsbürger berufen."

e) **Art. 1 Abs. 1 GG (Menschenwürde) und irgendein weiteres (oder mehrere) Grundrecht(e) sind betroffen**

34 **Beispiel:** POK Müller erschießt den Geiselnehmer B, der im Begriff ist, eine Geisel in der Bank zu töten. Der Sohn des verstorbenen Geiselnehmers beklagt, hier habe die Polizei nicht nur das Leben seines Vaters genommen. Der Staat habe auch die Würde seines Vaters mit Füßen getreten und ihn zum bloßen Objekt der Gefahrenabwehr gemacht.

35 **Vorbemerkung:** Es ist in einem Klausursachverhalt kaum denkbar, dass eine Maßnahme „nur" gegen Art. 1 Abs. 1 GG verstößt, nicht aber gegen zumindest irgendein anderes Grundrecht. Wenn Ihnen der Klausursachverhalt also Hinweise gibt, dass eine Menschenwürdeverletzung im Raum stehen könnte, denken Sie daran, dass dann auch noch irgendein anderes Grundrecht zu prüfen sein dürfte.

Beginnen Sie Ihre Prüfung dann mit Art. 1 Abs. 1 GG und klären Sie die Frage, ob das staatliche Handeln den Bürger „zum Objekt degradiert". Wenn Sie diese Frage bejahen, wäre kurz festzustellen, dass die Maßnahme damit verfassungswidrig ist, weil ein Eingriff in die Menschenwürde nicht gerechtfertigt werden kann. Dann wäre hilfsgutachterlich das weitere in Betracht kommende Grundrecht zu erörtern. Wenn Sie die Frage nach der Menschenwürderelevanz verneinen, prüfen Sie ganz normal den Schutzbereich des weiter in Betracht kommenden Grundrechts.

B. Besonderheiten bei der Prüfung

Beispielsformulierung:

> *„I. Schutzbereich des Grundrechts*
> *1. Sachlicher Schutzbereich*
> *Fraglich ist, ob hier ein Verstoß gegen die Menschenwürde des B in Betracht kommt. Für sich genommen führt die staatlich veranlasste (und von Art. 2 Abs. 2 Satz 3 GG ja grundsätzlich unter bestimmten Voraussetzungen erlaubte) Tötung eines Menschen noch nicht automatisch zu einem Verstoß gegen Art. 1 Abs. 1 GG. Ein Verstoß gegen Art. 1 Abs. 1 GG setzt vielmehr voraus, dass der Staat den betroffenen Bürger zum bloßen Objekt seines Handelns macht, ihn also zum Zwecke der Erreichung eines bestimmten Ziels zur Sache herabwürdigt. Davon kann aber vorliegend keine Rede sein: POK Müller hat den B gerade nicht zum Objekt degradiert, sondern als bewusst und selbstbestimmt handelnden Angreifer in die Verantwortung für sein Handeln genommen. Er hat „dem Täter das Leben, aber nicht die Würde" genommen.[7] Ein Verstoß gegen Art. 1 Abs. 1 GG liegt daher nicht vor.*
> *Hingegen ist der sachliche Schutzbereich des Grundrechts auf Leben (Art. 2 Abs. 2 Satz 1 GG) eröffnet."*

V. Zweifelsfragen

Bisweilen mag es vorkommen, dass Sie zweifeln: Ist nun der Schutzbereich eines Grundrechts eröffnet? Liegt ein Eingriff vor?

Beispiele:
A will in der Stadtbahn keine COVID-19-Maske tragen, weil ein übersinnliches Wesen von ihm verlange, anderen Menschen mit unverhülltem Mund gegenüberzutreten. Eröffnet dieser Sachverhalt den Schutzbereich des Art. 4 GG?
B wird im Zuge einer Identitätsfeststellung eine Stunde und zehn Minuten lang in einer Kontrollstelle in der Stuttgarter Innenstadt festgehalten. Liegt eine Freiheitsbeschränkung oder bereits eine Freiheitsentziehung vor?
C wird in einem anlässlich von Zugriffsmaßnahmen gegen Rauschgiftdealer künstlich hergestellten Stau auf der A 81 etwa fünf Minuten lang aufgehalten. Liegt ein Eingriff in das Grundrecht der allgemeinen Handlungsfreiheit vor oder handelt es sich bloß um eine grundrechtsirrelevante „Bagatelle"?
Genügen für eine Versammlung i. S. d. Art. 8 GG zwei Teilnehmer oder bedarf es mindestens dreier Teilnehmer?

Wenn Sie sich in solchen Konstellationen nach sorgfältigem Überlegen nicht sicher sind, bietet sich folgendes an: Gehen Sie im Zweifel immer von der Eröffnung des Schutzbereiches und dem Vorliegen eines Eingriffs

---

[7] Zitat nach *Di Fabio*, Coronabilanz, 1. Aufl. 2021, S. 35.

aus! Oder flapsig gesagt: „Machen Sie es dem Staat am schwersten." Diese Herangehensweise lässt sich sowohl verfassungsrechtlich (Ziel effektiven, also möglichst weitreichenden Grundrechtsschutzes) als auch klausurtaktisch (ggf. Vermeidung von Hilfsgutachten) begründen.

39 Und auch für Ihre polizeiliche Praxis mag diese Überlegung von Nutzen sein: Wenn Sie bei Zweifeln grundsätzlich nach den höheren Eingriffserfordernissen handeln, sind Sie regelmäßig auf der sicheren Seite, auch wenn ein Gericht später einmal feststellen sollte, dass es dieses oder jenes Erfordernisses gar nicht bedurft hätte. „Zuviel an Grundrechtsschutz" erwogen zu haben, ist eigentlich das größte Lob, das Ihnen ein Gericht bei der Prüfung der Rechtmäßigkeit Ihres Verhaltens machen kann.

40 Sie können also beispielsweise wie folgt formulieren:

„Fraglich ist, ob die Zusammenkunft von lediglich zwei Personen zum gemeinsamen Zweck der Meinungsbildung und Meinungskundgabe bereits dem Versammlungsbegriff des Art. 8 GG subsumiert werden kann. Teilweise wird vertreten, dass eine Versammlung im Sinne dieses Grundrechts mindestens drei Teilnehmer erfordert. Mit dem Ziel effektiven Grundrechtsschutzes wird hier aber der Auffassung gefolgt, wonach bereits die Mindestzahl von zwei Personen ausreichend ist, um dem Schutzbereich des Art. 8 GG zu unterfallen."

C. Das verfassungsrechtliche Prüfungsschema – die einzelnen Prüfungspunkte

41 Im Folgenden wollen wir die einzelnen Prüfungspunkte des Schemas näher betrachten, uns deren Sinn erschließen und teilweise auch (Muster-)Formulierungen entwickeln. Vielfach sind die erforderlichen Ausführungen nämlich – unabhängig vom jeweils einschlägigen Grundrecht oder der konkreten Fallgestaltung – ähnlich oder gar identisch, sodass sie Ihnen entsprechend „geläufig" sein sollten; wenig ist ärgerlicher, als sich im Zeitdruck einer Klausurbearbeitung längere Gedanken über die genaue Ausformulierung „standardisierter" Passagen machen zu müssen.

I. Betroffenes Grundrecht

1. Sachlicher Schutzbereich

42 Der Prüfungspunkt „Schutzbereich des Grundrechts" unterteilt sich in die Unterpunkte „sachlicher Schutzbereich" und „persönlicher Schutzbereich". In der Klausur ist es (siehe aber die vorgenannte Ausnahme) regelmäßig vorzugswürdig, mit dem sachlichen Schutzbereich zu beginnen.

Der „sachliche Schutzbereich" befasst sich mit der Frage, welchem (oder welchen) Grundrechten ein im Sachverhalt der Klausur beschriebenes Verhalten, Tun, Unterlassen oder „Sein" des Bürgers zuzuordnen ist. Beim Aufbau Ihrer Ausführungen ist dabei zu beachten:

Ähnlich wie bspw. im Gefahrenabwehrrecht, in dem es ein Lex-specialis-Verhältnis der denkbaren Rechtsgrundlagen für einen Eingriff gibt (Rechtsgrundlagen außerhalb des PolG – Einzelmaßnahmen nach §§ 27 ff. PolG – Generalklausel nach §§ 1, 3 PolG), ist auch bei der Prüfung der möglicherweise einschlägigen Grundrechte eine entsprechende Reihung zu beachten: Als erstes bietet es sich an – sofern der Fall entsprechend angelegt ist – zu prüfen, ob der sachliche Schutzbereich der Menschenwürde, Art. 1 Abs. 1 GG, für die Klausurbearbeitung von Bedeutung sein könnte. Lassen Sie sich hier nicht verwirren: Die Menschenwürde steht jedem Menschen unabhängig von seinem Verhalten zu; egal was der Bürger in der Klausur macht, tut, oder unterlässt, Art. 1 Abs. 1 GG schwebt immer wie ein dauerhafter Schutzschirm und Begleiter über ihm. Explizit auf die Menschenwürde eingehen müssen Sie aber nur dann, wenn die Klausur (sei es im Sachverhalt, oder bspw. auch im Rahmen der Fallfrage) konkrete Hinweise auf dieses Grundrecht gibt. Beispielsweise könnte ein solcher Hinweis lauten: **43**

> „A ist der Auffassung, dass die Polizei ihn nicht nur in seinen Grundrechten XY verletzt habe. Er sei zudem durch das Verhalten der Polizeibeamten herabgewürdigt und zum bloßen Objekt der Gefahrenabwehr degradiert worden."

Da der Schutz vor der Herabwürdigung des Menschen zum bloßen Objekt staatlichen Handelns zum Kernbestand des Menschenwürdegrundrechts gehört, legt die vorgenannte Passage nahe, dass eine Prüfung des Art. 1 Abs. 1 GG von Ihnen verlangt wird. **44**

Sollten der Klausur hingegen keine Hinweise auf eine etwaige Relevanz von Art. 1 Abs. 1 GG für den konkreten Fall zu entnehmen sein, muss auf dieses Grundrecht nicht eingegangen werden. Ein einleitender pauschaler Satz wie bspw.: „Das Grundrecht der Menschenwürde, Art. 1 Abs. 1 GG, ist in vorliegendem Fall ersichtlich nicht betroffen", wird regelmäßig überflüssig sein. **45**

Nachdem Art. 1 Abs. 1 GG erörtert wurde (oder auch nicht), wendet sich Ihr Blick nunmehr den speziellen Grundrechtsgewährleistungen zu. Hier kann es sein (siehe die vorherigen Überlegungen zu den „Grundrechtskonkurrenzen"), dass der sachliche Schutzbereich mehrerer Grundrechte eröffnet ist (siehe o. g. Beispiel der Prozessionsteilnehmer). Oder es kann sein, dass mehrere Grundrechte auf den ersten Blick in Betracht kommen, nicht alle aber im Zuge der genauen Prüfung des sachlichen Schutzbereichs dann einschlägig sind. **46**

Beispiele: **47**
Im Zuge einer Wohnungsdurchsuchung nimmt die Polizei ein Mobiltelefon an sich und hört darauf gespeicherte „WhatsApp"-Nachrichten ab. Auf den ersten Blick könnte man hier an das Grundrecht des Art. 10

GG (Fernmeldegeheimnis) denken. Dieses schützt aber nur laufende Kommunikationsvorgänge. Stattdessen einschlägig wäre hier das Allgemeine Persönlichkeitsrecht in der Ausprägung des Rechts auf informationelle Selbstbestimmung (Art. 2 Abs. 1 GG i. V. m. Art. 1 Abs. 1 GG). 20 mit Schlagringen etc. bewaffnete Personen veranstalten eine Demonstration in der Freiburger Innenstadt. Auf den allerersten Blick könnte man hier an das Grundrecht der Versammlungsfreiheit (Art. 8 GG) denken. Nach seinem Wortlaut schützt Art. 8 Abs. 1 GG aber nur Versammlungen ohne Waffen. Der sachliche Schutzbereich dieses Grundrechts wäre also nicht eröffnet, es bleibt nur der Rückgriff auf das Auffanggrundrecht der allgemeinen Handlungsfreiheit (Art. 2 Abs. 1 GG).

48 Durch Ihr erlerntes Wissen bzw. durch einfaches Lesen des Wortlautes lassen sich die vorgenannten Beispiele in rechtlicher Hinsicht leicht klären. Für die Klausur gilt aber: Wissen allein bringt keine Punkte, nur „Wissen-Hinschreiben" bringt Punkte. Und um dieses Wissen an der richtigen Stelle hinzuschreiben, braucht es „Methodenwissen" für die Fallbearbeitung.

Es wäre also in der Klausur falsch, Ihre Ausführungen auf das „richtige" Grundrecht zu beschränken und das nicht einschlägige (oder im Wege von Lex-specialis-Überlegungen verdrängte) Grundrecht nicht zu erwähnen.

49 Stattdessen gehen Sie bei Ihren Ausführungen zunächst auf das Grundrecht ein, welches Sie im weiteren Verlauf nicht prüfen werden und erörtern kurz, warum dieses Grundrecht im Wege von Lex-specialis-Erwägungen zurücktritt oder nicht einschlägig ist.

Also bei den soeben genannten Beispielen:

„Vorliegend wäre an das Grundrecht des Art. 10 GG (Fernmeldegeheimnis) zu denken. Dieses schützt aber nur laufende Kommunikationsvorgänge. Stattdessen einschlägig ist hier das Allgemeine Persönlichkeitsrecht in der Ausprägung des Rechts auf informationelle Selbstbestimmung (Art. 2 Abs. 1 GG i. V. m. Art. 1 Abs. 1 GG). Dieses Grundrecht schützt das Recht des Einzelnen, über die Preisgabe und Verwendung seiner persönlichen Daten – und hierzu gehören auch die Sprachnachrichten auf einem Mobiltelefon – grundsätzlich selbst zu bestimmen."

„Vorliegend wäre an das Grundrecht der Versammlungsfreiheit, Art. 8 GG, zu denken. Bereits nach seinem eindeutigen Wortlaut sind vom Schutzbereich des Art. 8 Abs. 1 GG aber nur Versammlungen ohne Waffen erfasst. Laut Sachverhalt waren die Versammlungsteilnehmer bewaffnet. Art. 8 ist daher vom sachlichen Schutzbereich her nicht eröffnet, stattdessen können die Demonstrierenden sich nur auf das Grundrecht der allgemeinen Handlungsfreiheit, Art. 2 Abs. 1 GG, berufen, welches jegliches Tun oder Unterlassen auf Schutzbereichsebene erfasst."

C. Das verfassungsrechtliche Prüfungsschema – Prüfungspunkte   **50–53**

Logisch ist natürlich, dass Sie im Rahmen Ihrer Ausführungen zum sachlichen Schutzbereich nicht auf Grundrechte eingehen müssen/sollen, die offensichtlich nicht einschlägig sind.   **50**

Beispiel:
Die Polizei nimmt einen Betrunkenen in Schutzgewahrsam.

Dass hier – es sei denn, im Sachverhalt fänden sich entsprechend relevante Zusatzinformationen – nicht auf die Grundrechte bspw. der Religionsfreiheit oder der Versammlungsfreiheit einzugehen ist, dürfte selbsterklärend sein.

Wenn der sachliche Schutzbereich eines Grundrechts offenkundig eröffnet ist, bedarf es regelmäßig keiner langen Ausführungen im Gutachtenstil. Es reicht dann eine kurze Feststellung.   **51**

Beispiel:
Geiselnehmer A wird durch einen finalen Rettungsschuss getötet.

Hier ist so offensichtlich das Grundrecht auf Leben und körperliche Unversehrtheit (Art. 2 Abs. 2 Satz 1 Alt. 1 GG) einschlägig, dass dies – ggf. nach Ausführungen zur Frage einer Menschenwürderelevanz des finalen Rettungsschusses – ganz knapp dargelegt werden kann:

„Vorliegend ist der sachliche Schutzbereich des Grundrechts auf Leben und körperliche Unversehrtheit eröffnet. Das Grundrecht auf Leben schützt das körperliche Dasein, d. h. die biologisch-physische Existenz."

2. Persönlicher Schutzbereich

Beim persönlichen Schutzbereich geht es um die Frage, ob sich der Betroffene der staatlichen Maßnahme unter Berücksichtigung seiner persönlichen Umstände, insbesondere seiner Staatsangehörigkeit, auf das zuvor identifizierte einschlägige Grundrecht berufen kann. Oftmals genügt auch hier eine sehr knappe Feststellung: **52**

„Bei Art. 5 Abs. 1 Satz 1 GG handelt es sich um ein Jedermannsgrundrecht. A kann sich also unabhängig von seiner Staatsangehörigkeit auf dieses Grundrecht berufen."

Oder:

„Bei Art. 8 GG handelt es sich um ein sogenanntes Deutschengrundrecht. Laut Sachverhalt ist B deutscher Staatsbürger. Der persönliche Schutzbereich der Versammlungsfreiheit gemäß Art. 8 GG ist daher für ihn eröffnet."

Etwas ausführlicherer Darlegungen bedarf es regelmäßig lediglich in folgenden Konstellationen: **53**

- **Ausländer aus Nicht-EU-Staaten in Bezug auf ein Deutschengrundrecht:** Diese müssen sich auf das Auffanggrundrecht der allgemeinen Handlungsfreiheit verweisen lassen.

- **EU-Ausländer in Bezug auf ein Deutschengrundrecht:** Hier ist das Diskriminierungsverbot des Art. 18 AEUV zu berücksichtigen.
- **Juristische Personen:** Hier sind die Voraussetzungen des Art. 19 Abs. 3 GG zu prüfen.

II. Eingriff

54 Hier ist zu erörtern, ob die staatliche Maßnahme des Sachverhalts in den Schutzbereich des zuvor als einschlägig identifizierten Grundrechts eingreift. Unter „Eingriff" versteht man jede staatlich veranlasste Maßnahme, welche ein grundrechtlich geschütztes Verhalten (Tun bzw. Unterlassen) oder „Sein" erschwert oder unmöglich macht. Diese oder eine ähnliche Formulierung – es gibt hier *en detail* unterschiedliche Definitionsansätze – können Sie auch in der Klausur verwenden. In der Klausur wird das Vorliegen eines Eingriffs oftmals unproblematisch zu bejahen sein; der vorbeschriebene Einleitungssatz hat aber gleichwohl seine Berechtigung.

> **Beispiel:**
> *„Eingriff ist jede staatliche Maßnahme, welche die Ausübung eines Grundrechts erschwert oder unmöglich macht. Durch die Durchsuchung der Wohnung des A haben die Beamten in das Grundrecht der Unverletzlichkeit der Wohnung, Art. 13 Abs. 1 GG, eingegriffen."*

55 Ausführlicherer Darlegungen kann es bspw. in folgenden Konstellationen bedürfen:

Ein durch die Polizei anlässlich von Zugriffsmaßnahmen verursachter künstlicher Stau hindert A für wenige Minuten in seinem Recht, unbeschränkt auf der Autobahn zu fahren. Auf Ebene des sachlichen Schutzbereichs wäre sinnigerweise zu klären gewesen, dass Art. 2 Abs. 2 Satz 2 (Freiheit der Person) und Art. 11 GG (Freizügigkeit) bereits mangels hinreichender zeitlicher Dauer nicht sachlich einschlägig sind, mithin nur der Rückgriff auf das Auffanggrundrecht der allgemeinen Handlungsfreiheit, Art. 2 Abs. 1 GG, in Betracht kommen kann („Rasen so wie ich will").

56 Auf der Ebene des Eingriffs wäre dann zu thematisieren, ob hier tatsächlich von einem Eingriff auszugehen ist und nicht – was im Ergebnis näherliegt – von einer nicht grundrechtsrelevanten **„Bagatelle"**.

> **Beispiel:**
> Im Zuge einer Festnahme kommt es polizeilicherseits zu einem Schusswaffengebrauch. Ein Schuss geht fehl, trifft einen Unbeteiligten und verletzt diesen.

Hier wäre kurz zu thematisieren, dass auch der „faktische" – also unbeabsichtigte und nicht zielgerichtete – Eingriff in ein Grundrecht einen relevanten Eingriff darstellt.

> **Beispiel:**
> A wird im Zuge von identitätsfeststellenden Maßnahmen auf eine Polizeidienststelle verbracht und dort ungefähr eine Stunde lang festgehalten.
> Hier wäre zu erörtern, ob es sich noch um eine Freiheitsbeschränkung oder schon um eine Freiheitsentziehung handelt, weil diese Abgrenzung für die spätere Prüfung der Einschränkungsvoraussetzungen des Freiheitsgrundrechts von Relevanz ist.

Unabhängig davon, ob sie ausführlichere Erörterungen oder nur eine kurze Feststellung niederschreiben, beachten Sie bitte das „Wording": Verwenden Sie unter Prüfungspunkt II. bitte nicht den Terminus „Verletzung", sondern ausschließlich die Formulierung „Eingriff". Eine „Verletzung" stellt nämlich einen verfassungswidrigen Eingriff dar, und ob ein solcher vorliegt oder der Eingriff womöglich gerechtfertigt war, erweist sich erst im weiteren Verlauf der Prüfung. Dies gilt auch, wenn Sie Art. 1 Abs. 1 GG prüfen: Zwar ist jeder Eingriff in dieses Grundrecht gleichzeitig auch eine Verletzung des Grundrechts, weil ein Eingriff in die Menschenwürde niemals gerechtfertigt werden kann. Dennoch ist es systematisch vorzugswürdig, auch bei Fällen mit Bezug zu Art. 1 Abs. 1 GG bei Prüfungspunkt II. den Begriff des „Eingriffs" zu verwenden und erst im nachfolgenden Punkt III.1 festzustellen, dass ein solcher „Eingriff" automatisch auch eine verfassungswidrige „Verletzung" darstellt. Vor diesem Hintergrund sind Eingriffe in die Menschenwürde nicht vorschnell anzunehmen – die Rechtsprechung stellt hohe Anforderungen an das Vorliegen eines Eingriffs in das Grundrecht der Menschenwürde. 57

III. Verfassungsrechtliche Rechtfertigung des Eingriffs

1. Einschränkbarkeit des Grundrechts („Schranke")

An dieser Stelle ist allein die Frage zu klären, wie in das zuvor als einschlägig identifizierte Grundrecht auf verfassungsrechtlich gerechtfertigte Art und Weise eingegriffen werden kann. Ausführungen mit Blick auf die konkrete Rechtsgrundlage des Falls, die einen Eingriff in das betreffende Grundrecht stützen könnten, sind an dieser Stelle noch nicht gefragt. Das kommt erst unter Prüfungspunkt III. 2. c), der quasi eine Fortführung dieses Prüfungspunkts darstellt. 58

Hier geht es einzig und allein darum, das als einschlägig identifizierte Grundrecht in die vier denkbaren „Einschränkungskategorien" einzuordnen. Wie Sie wissen, gibt es nämlich: 59
- Grundrechte **mit einfachem Gesetzesvorbehalt** (z. B. Art. 2 Abs. 2 Satz 1 GG; Art. 8 GG bezogen auf Versammlungen unter freiem Him-

mel; Art. 10 GG). Hier kann das Grundrecht durch oder aufgrund eines formellen Bundes- oder Landesgesetzes[8] eingeschränkt werden.
- Grundrechte **mit qualifiziertem Gesetzesvorbehalt** (z. B. Art. 5 Abs. 1 GG; Art. 11 GG). Hier kann das Grundrecht ebenfalls durch oder aufgrund eines formellen Bundes- oder Landesgesetzes eingeschränkt werden. Zusätzlich bedarf es aber noch besonderer Anforderungen, entweder (wie bei Art. 5 Abs. 1 GG) an das einschränkende Gesetz oder aber (wie bei Art. 11 GG) an den Einschränkungsgrund.
- Grundrechte **ohne Gesetzesvorbehalt** (z. B. Art. 4 GG). Hier kann eine Einschränkung des Grundrechts nur mit einem entgegenstehenden Wert von Verfassungsrang gerechtfertigt werden. Zusätzlich bedarf es aber auch hier eines formellen Bundes- oder Landesgesetzes als Rechtsgrundlage für den Eingriff.
- **Sonderfall Menschenwürde** (Art. 1 Abs. 1 GG). Hier kann ein Eingriff gar nicht gerechtfertigt werden. Jeder Eingriff ist gleichzeitig also eine verfassungswidrige Verletzung des Grundrechts der Menschenwürde.

60 In der Klausur ordnen Sie das einschlägige Grundrecht nur in eine der vorgenannten Kategorien ein und beschreiben kurz, ob und wie eine Einschränkung des Grundrechts verfassungsrechtlich gerechtfertigt werden kann. Die Formulierungen sind dabei innerhalb der jeweiligen Einschränkungskategorie immer nahezu gleich, unabhängig davon, um welches Grundrecht es sich handelt.

61 Ob bei den Grundrechten mit Gesetzesvorbehalt die Formulierung „durch Gesetz" (Art. 2 Abs. 2 Satz 3 GG) oder „durch Gesetz oder aufgrund eines Gesetzes" (Art. 11 Abs. 2 GG) lautet, ist im Ergebnis übrigens egal. In beiden Fällen wäre eine Einschränkung des Grundrechts direkt aufgrund einer formellgesetzlichen Regelung („durch Gesetz") oder aufgrund eines Einzelakts/eines materiellen Gesetzes (bspw. einer Verordnung oder Satzung), der/das auf einer formellgesetzlichen Regelung beruht („aufgrund eines Gesetzes") zulässig. Auch bei den Gesetzesvorbehalten, die als verfassungsunmittelbare Schranken formuliert sind (z. B. die Schrankentrias des Art. 2 Abs. 1 GG oder der entsprechende Schrankenvorbehalt des Art. 5 Abs. 2 GG) ist im Ergebnis gleichermaßen eine Einschränkung durch oder aufgrund eines Gesetzes möglich. Dementsprechend können Sie das in der Klausur auch in beiden Varianten niederlegen.

62 **Beispiele für Formulierungen:**
„Beim Grundrecht auf Leben und körperliche Unversehrtheit, Art. 2 Abs. 2 Satz 1 GG, handelt es sich um ein Grundrecht mit einfachem Gesetzesvorbe-

---

8 Diese Formulierung ist zwar grammatikalisch etwas zweifelhaft, wird aber häufig in der juristischen Fachliteratur verwendet, vgl. etwa *Deiseroth/Kutscha* in: Ridder/Breitbach/Deiseroth, Versammlungsrecht, 2. Aufl. 2020, Art. 8 GG Rn. 331. In Art. 8 Abs. 2 GG heißt es freilich „durch Gesetz oder auf Grund eines Gesetzes", was grammatikalisch streng genommen eleganter erscheint.

halt. Gemäß Art. 2 Abs. 2 Satz 3 GG kann dieses Grundrecht also durch oder aufgrund eines formellen Bundes- oder Landesgesetzes eingeschränkt werden."
„Beim Postgeheimnis, Art. 10 Abs. 1 GG handelt es sich um ein Grundrecht mit einfachem Gesetzesvorbehalt. Das Grundrecht kann gemäß Art. 10 Abs. 2 Satz 1 GG durch oder aufgrund eines formellen Bundes- oder Landesgesetzes eingeschränkt werden."
„Das Grundrecht der allgemeinen Handlungsfreiheit, Art. 2 Abs. 1 GG, unterliegt der dortigen sogenannten Schrankentrias. Maßgeblich ist hier allein die verfassungsmäßige Ordnung. „Verfassungsmäßige Ordnung" meint die Gesamtheit aller formell und materiell verfassungsmäßigen Normen. Im Ergebnis handelt es sich daher um einen einfachen Gesetzesvorbehalt."
„Beim Grundrecht der Meinungsfreiheit, Art. 5 Abs. 1 Satz 1 GG, handelt es sich um ein Grundrecht mit qualifiziertem Gesetzesvorbehalt. Gemäß Art. 5 Abs. 2 GG unterliegt das Grundrecht den Schranken der Vorschriften der allgemeinen Gesetze, der gesetzlichen Bestimmungen zum Schutze der Jugend und des Rechts der persönlichen Ehre. Bei den gesetzlichen Bestimmungen zum Schutz der Jugend und der persönlichen Ehre handelt es sich lediglich um Unterkategorien der allgemeinen Gesetze. Unter „allgemein" wird ein Gesetz verstanden, dass nicht zielgerichtet der Einschränkung einer bestimmten Meinung dienen soll."
„Beim Grundrecht der Freizügigkeit, Art. 11 GG, handelt es sich gemäß Art. 11 Abs. 2 GG um ein Grundrecht mit qualifiziertem Gesetzesvorbehalt. Das Grundrecht kann also durch oder aufgrund eines formellen Bundes- oder Landesgesetzes und nur in den in Art. 11 Abs. 2 GG aufgeführten Fallkonstellationen eingeschränkt werden."
„Beim Grundrecht der Religionsfreiheit, Art. 4 GG, handelt es sich um ein Grundrecht ohne Gesetzesvorbehalt. Das Grundrecht kann also nur mit einem entgegenstehenden Wert von Verfassungsrang eingeschränkt werden. Zusätzlich bedarf es aber auch bei Grundrechten ohne Gesetzesvorbehalt einer formellen bundes- oder landesrechtlichen Rechtsgrundlage für einen Eingriff."
„Das Grundrecht der Menschenwürde, Art. 1 Abs. 1 GG, kann als Höchstwert des Grundgesetzes nicht verfassungsrechtlich gerechtfertigt eingeschränkt werden. Eine Abwägung mit anderen Rechtsgütern ist nicht möglich. Ein Eingriff in dieses Grundrecht stellt daher automatisch immer auch eine Verletzung des Grundrechts dar."

2. Prüfung der Verfassungsmäßigkeit der Rechtsgrundlage

a) **Rechtsgrundlage.** Nochmal und wichtig: Der gesamte Prüfungsabschnitt III. 2. befasst sich – ausschließlich! – mit der Prüfung der Rechtsgrundlage für die polizeiliche Maßnahme des Klausursachverhalts. Es ist zu erörtern, ob die Rechtsgrundlage – also eine Rechtsnorm – selbst mit den Anforderungen der Verfassung konform ist, oder ob sie gegen Bestimmungen des Grundgesetzes verstößt. Ausführungen zur konkreten polizeilichen Maßnahme des Sachverhalts haben auf dieser Prüfungsebene nichts zu suchen. Eine Ausnahme von diesem Grundsatz ist denkbar in Konstellationen, in denen von Ihnen verlangt wird, zu entscheiden, ob es sich bei der polizeilichen Maßnahme um eine solche der Strafverfolgung oder der Gefahrenabwehr handelt. Dann wäre die Wahl der Rechtsgrundlage unter Ziffer III. 2. a) kurz zu begründen. Ein weiterer kurzer Fallbezug ist ferner bei Grundrechten ohne Gesetzesvorbehalt unter Punkt III. 2. c) erforderlich (siehe die nachstehenden Ausführungen), dort ist der fallrelevante „entgegenstehende Wert von Verfassungsrang" zu benennen. Ansonsten können Sie sich einfach merken: Sobald in Ihren Ausführungen unter Prüfungsabschnitt III. 2. irgendwas von „POKin Maier und POM Müller handeln ..." o. ä. die Rede ist, sind Sie im Zweifel auf dem falschen Weg!

Üblicherweise lässt sich die einschlägige Rechtsgrundlage des polizeilichen Handelns einfach dem Sachverhalt entnehmen – entweder, weil sie dort ausdrücklich genannt wird, oder weil sie sich zwanglos dem Inhalt des Falls entnehmen lässt.

64 In diesen Fällen reicht es regelmäßig aus, bspw. zu schreiben:

„Rechtsgrundlage des Platzverweises ist § 30 Abs. 1 PolG."

Nur bei Maßnahmen, für die es sowohl im strafverfahrensrechtlichen als auch im gefahrenabwehrrechtlichen Bereich Rechtsgrundlagen gibt, bedarf es einer etwas genaueren Darstellung. Sie müssen dann nämlich klären, ob die polizeiliche Maßnahme auf die StPO oder auf das Polizeirecht gestützt wird. Beispielhaft zu nennen sind hier Identitätsfeststellungsmaßnahmen (§ 163b StPO oder § 27 PolG), Durchsuchungsmaßnahmen (§§ 102, 103 StPO oder §§ 34 ff. PolG), Sicherstellungs-/Beschlagnahmemaßnahmen (§ 94 StPO oder §§ 37, 38 PolG).

65 In aller Regel wird hier zur Klärung der Abgrenzungsfrage ein kurzer Blick in den Sachverhalt der Klausur ausreichend sein. Wenn es bspw. im Sachverhalt heißt: „POK Müller und POMin Maier beschlagnahmen ein Kilogramm Kokain, weil sie verhindern wollen, dass eine größere Menge harter Drogen in den Verkehr gelangt", spricht dies dafür, dass es sich um eine auf Gefahrenabwehrrecht gestützte Maßnahme handelt. Wenn es hingegen heißt: „PHKin Schneider und PHM Schmidt beschlagnahmen das Transparent mit volksverhetzendem Inhalt als Beweismittel für das Strafverfahren gegen A", ist klar, dass die Beamten ihre Maßnahme auf die StPO stützen.

66 Auch insofern reichen regelmäßig sehr kurze Feststellungen:

Beispiele:
„Da POK Müller und POMin Maier das Rauschgift beschlagnahmen, um dessen Inverkehrgelangen zu verhindern, ist davon auszugehen, dass die Beamten ihre Maßnahme auf das Gefahrenabwehrrecht stützen. Als Rechtsgrundlage kommen insofern § 38 Abs. 1 Nr. 1 und Nr. 3 PolG in Betracht."

> *"Da PHKin Schneider und PHM Schmidt laut Sachverhalt das Transparent als Beweismittel für ein Strafverfahren beschlagnahmen, ist davon auszugehen, dass die Beamten ihre Maßnahme auf die StPO stützen. Als Rechtsgrundlage kommt mithin § 94 Abs. 2 StPO in Betracht."*

b) Gesetzgebungskompetenz. Die Bearbeitung dieses Prüfungspunkts ist zumeist einfach und kann von Ihnen quasi formularmäßig für viele Klausurfälle auswendig gelernt werden (die dahinterstehenden staatsorganisationsrechtlichen Strukturen sollten Sie allerdings verinnerlicht haben). Hier geht es um die Frage, ob diejenige Körperschaft, welche die zuvor identifizierte Rechtsgrundlage erlassen hat, hierzu auch nach der grundgesetzlichen Aufgabenverteilung befugt war. Es geht also letztlich um die Abgrenzung zwischen Landesgesetzgebungskompetenz und Bundesgesetzgebungskompetenz.

Ausgangspunkt der Überlegungen ist insofern Art. 30 GG, der eine grundsätzliche Entscheidung für die Kompetenz der Länder auf den Gebieten aller drei Staatsgewalten enthält: „Die Ausübung der staatlichen Befugnisse und die Erfüllung der staatlichen Aufgaben ist Sache der Länder, soweit dieses Grundgesetz keine andere Regelung trifft oder zulässt."

Für die hier relevante Gesetzgebungskompetenz wird Art. 30 GG durch Art. 70 ff. GG konkretisiert. In der Klausur müssen Sie unter diesem Prüfungspunkt Art. 30 GG nicht unbedingt ausdrücklich nennen, sollten aber wissen, dass diese Norm die Grundentscheidung des grundgesetzlichen Kompetenzverteilungsgefüges darstellt. Art. 70 Abs. 1 GG führt diese Grundentscheidung für die Gesetzgebung fort: „Die Länder haben das Recht der Gesetzgebung, soweit dieses Grundgesetz nicht dem Bunde Gesetzgebungsbefugnisse verleiht."

Wie Sie aus den Lehrveranstaltungen zum Staatsorganisationsrecht wissen, sind Gesetzgebungskompetenzen des Bundes aufgrund folgender Konstellationen denkbar:
- ausschließliche Gesetzgebungskompetenz, Art. 71, 73 GG,
- konkurrierende Gesetzgebungskompetenz, Art. 72, 74 GG,
- ungeschriebene Gesetzgebungskompetenzen des Bundes.

In der Klausur stehen regelmäßig polizeiliche Rechtsgrundlagen auf dem Prüfstand, also Normen des Strafprozessrechts oder gefahrenabwehrrechtliche Normen, zumindest oftmals solche des PolG. In diesen Fällen (StPO oder PolG) können Sie immer die gleichen Formulierungen verwenden:

> *"Bei § XY PolG handelt es sich um eine landesrechtliche Norm auf dem Gebiet der Gefahrenabwehr. Nach der grundgesetzlichen Aufgabenverteilung, Art. 70 ff. GG, liegt die Zuständigkeit für gesetzliche Regelungen der Gefahrenabwehr grundsätzlich bei den Ländern (Art. 70 Abs. 1 GG)."*

> „Bei § YZ StPO handelt es sich um eine bundesrechtliche Norm auf dem Gebiet der Strafverfolgung. Gemäß der grundgesetzlichen Aufgabenverteilung, Art. 72 Abs. 1 GG i. V. m. Art. 74 Abs. 1 Nr. 1 GG, gehört Strafverfolgung zum Gegenstand der konkurrierenden Gesetzgebung. Durch § YZ StPO hat der Bund von seiner insofern gegebenen Gesetzgebungskompetenz Gebrauch gemacht."

72 Falls in der Klausur einmal andere landesrechtliche Normen des Gefahrenabwehrrechts als Rechtsgrundlage in Betracht kommen, können Sie das erste Beispiel genauso verwenden.

Bundesrechtliche Normen des Gefahrenabwehrrechts sind – abgesehen etwa von Fällen, die an Bahnanlagen spielen (vgl. § 3 BPolG) – als Rechtsgrundlage in der Klausur selten, mit einer **Ausnahme:**

73 In der Klausur kann es durchaus auch mal vorkommen, dass eine **versammlungsrechtliche Konstellation** zu prüfen ist. Wenn dann als Rechtsgrundlage für eine Maßnahme eine Norm des Versammlungsgesetzes in Betracht kommt, funktionieren die obigen Formulierungsbeispiele nicht, weil das VersG eine bundesrechtliche Regelung zur Abwehr versammlungsspezifischer Gefahren darstellt.

74 Bei der Regelungsmaterie des Versammlungsrechts müssen Sie wissen, dass jenes früher Gegenstand der konkurrierenden Gesetzgebungskompetenz war (niedergelegt in Art. 74 Abs. 1 Nr. 3 GG a. F.). Im Zuge einer Neuordnung des grundgesetzlichen Kompetenzgefüges durch die Föderalismusreform des Jahres 2006 wurde der Bereich Versammlungsrecht aus dem Katalog der konkurrierenden Gesetzgebungszuständigkeit entnommen und in die ausschließliche Zuständigkeit der Länder überführt. Für Länder, die – wie Baden-Württemberg – noch kein eigenes Landesversammlungsgesetz erlassen haben, gilt gemäß Art. 125a Abs. 1 GG das Versammlungsgesetz des Bundes bis zu einer eigenen Regelung durch die Länder fort.

75 Wenn also in der Klausur eine Rechtsgrundlage des VersG zu prüfen ist, schreiben Sie:

> „Seit der Föderalismusreform 2006 gehört das Versammlungsrecht zur ausschließlichen Gesetzgebungskompetenz der Länder (Art. 70 Abs. 1 GG). In Ländern, die – wie Baden-Württemberg – noch kein eigenes Landesversammlungsgesetz erlassen haben, gilt gemäß Art. 125a Abs. 1 GG das Versammlungsgesetz des Bundes fort."

76 c) **Anforderungen der Grundrechtsschranke.** Die Bearbeitung dieses Prüfungspunkts bereitet Studierenden in der Klausur oftmals Probleme, obwohl die erforderlichen Ausführungen hier eigentlich nicht besonders schwierig sind.

C. Das verfassungsrechtliche Prüfungsschema – Prüfungspunkte **77–80**

Von der Prüfungsstruktur her setzt Prüfungspunkt III. 2. c) den Prüfungspunkt III. 1. fort. Unter III. 1. hatten Sie geklärt, in welche Einschränkungskategorie das einschlägige Grundrecht fällt, also ob es sich um ein Grundrecht mit einfachem Gesetzesvorbehalt, ein Grundrecht mit qualifiziertem Gesetzesvorbehalt oder um ein Grundrecht ohne Gesetzesvorbehalt handelt.

Dementsprechend hatten Sie unter Prüfungspunkt III. 1. bspw. geschrieben:

Bei Grundrechten mit einfachem Gesetzesvorbehalt

„Beim Grundrecht auf Leben und körperliche Unversehrtheit, Art. 2 Abs. 2 **77**
Satz 1 GG, handelt es sich um ein Grundrecht mit einfachem Gesetzesvorbehalt. Gemäß Art. 2 Abs. 2 Satz 3 GG kann dieses Grundrecht also durch oder aufgrund eines formellen Bundes- oder Landesgesetzes eingeschränkt werden."
„Das Grundrecht der allgemeinen Handlungsfreiheit, Art. 2 Abs. 1 GG, unterliegt der dortigen sogenannten Schrankentrias. Maßgeblich ist hier allein die verfassungsmäßige Ordnung. „Verfassungsmäßige Ordnung" meint die Gesamtheit aller formell und materiell verfassungsmäßigen Normen. Im Ergebnis handelt es sich daher um einen einfachen Gesetzesvorbehalt."

Bei Grundrechten mit qualifiziertem Gesetzesvorbehalt

„Beim Grundrecht der Meinungsfreiheit, Art. 5 Abs. 1 Satz 1 GG, handelt es **78**
sich um ein Grundrecht mit qualifiziertem Gesetzesvorbehalt. Gemäß Art. 5 Abs. 2 GG unterliegt das Grundrecht den Schranken der Vorschriften der allgemeinen Gesetze, der gesetzlichen Bestimmungen zum Schutze der Jugend und des Rechts der persönlichen Ehre. Nach ganz h. M. handelt es sich bei den gesetzlichen Bestimmungen zum Schutz der Jugend und der persönlichen Ehre lediglich um Unterkategorien der allgemeinen Gesetze. Unter „allgemein" wird ein Gesetz verstanden, das nicht zielgerichtet der Einschränkung einer bestimmten Meinung dienen soll."

Bei Grundrechten ohne Gesetzesvorbehalt

„Beim Grundrecht der Religionsfreiheit, Art. 4 GG, handelt es sich um ein **79**
Grundrecht ohne Gesetzesvorbehalt. Das Grundrecht kann also nur mit einem entgegenstehenden Wert von Verfassungsrang eingeschränkt werden. Zusätzlich bedarf es aber auch bei Grundrechten ohne Gesetzesvorbehalt einer formellen bundes- oder landesrechtlichen Rechtsgrundlage für einen Eingriff."

Achtung: Wenn es um das Grundrecht der Menschenwürde geht, Art. 1 **80**
Abs. 1 GG, kommen Sie diesbezüglich gar nicht über Prüfungspunkt III. 1. hinaus; dass Menschenwürde nicht verfassungsrechtlich gerechtfertigt eingeschränkt werden kann, hätten Sie ja – als Ergebnis insoweit – richtigerweise bereits dort dargelegt.

Der hiesige Prüfungspunkt III. 2. c) führt also schlichtweg die Ausführungen unter III. 1. fort und klärt die Frage, ob die zuvor identifizierte Rechtsgrundlage imstande ist, die unter III. 1. festgestellten Anforderungen an eine Einschränkung des Grundrechts zu erfüllen:

81 Bei Grundrechten **mit einfachem Gesetzesvorbehalt** ist an dieser Stelle nur zu klären, ob es sich bei der Rechtsgrundlage um ein formelles Bundes- oder Landesgesetz handelt (was regelmäßig der Fall sein wird).

Sollte die konkrete Eingriffsermächtigung mal in einem lediglich materiellen Gesetz stehen (z. B. § 36 Abs. 5 StVO), beruht diese typischerweise auf einem formellen Gesetz (hier: § 6 StVG). Es handelt sich dann um eine Einschränkung „aufgrund" eines formellen Bundesgesetzes, das in diesem Fall auch zu nennen ist. Tiefergehende Überlegungen hierzu können nur vor dem Horizont der sog. Wesentlichkeitstheorie relevant sein, wonach bei Grundrechtseingriffen von gewisser Intensität Eingriffsbefugnisse in einem parlamentarischen Gesetz selbst zu regeln sind und nicht auf hierauf beruhende nachrangige Normen des materiellen Rechts delegiert werden dürfen.

82 Bei Grundrechten **mit qualifiziertem Gesetzesvorbehalt** ist ebenfalls zu klären, ob es sich bei der Rechtsgrundlage um ein formelles Bundes- oder Landesgesetz handelt (was ebenso regelmäßig der Fall sein wird); ferner ist darzulegen, ob die Anforderungen der „Qualifikation" erfüllt sind (also bspw., ob es sich im Falle des Art. 5 Abs. 1 i. V. m. Art. 5 Abs. 2 GG um ein „allgemeines" Gesetz handelt oder ob bei Art. 11 GG einer der in Art. 11 Abs. 2 GG genannten Einschränkungsgründe vorliegt).

83 Bei Grundrechten **ohne Gesetzesvorbehalt** ist zunächst ein Wert von Verfassungsrang zu finden, der dem vorbehaltlosen Grundrecht entgegengesetzt werden kann. Dieser Wert von Verfassungsrang ist hier nur zu benennen. Ob er im Einzelfall dem Grundrecht im Rang vor- oder nachgehen wird, ist Gegenstand der nachfolgenden Abwägungsüberlegungen (insbesondere bei der Verhältnismäßigkeitsprüfung). Neben dem entgegenstehenden Wert von Verfassungsrang bedarf es auch bei Grundrechten ohne Gesetzesvorbehalt eines formellen bundes- oder landesrechtlichen Gesetzes als Rechtsgrundlage für den konkreten Eingriff. Es ist demnach auch noch zu klären, ob die zuvor identifizierte Rechtsgrundlage ein solches formelles Bundes- oder Landesgesetz ist (was wiederum regelmäßig der Fall sein wird).

84 Sie schreiben also bei Grundrechten **mit einfachem Gesetzesvorbehalt** bspw.:

> „Als formelles Landesgesetz erfüllt § 68 Abs. 2 PolG die Anforderungen der Grundrechtsschranke des Art. 2 Abs. 2 Satz 3 GG."
> „Das Grundrecht der allgemeinen Handlungsfreiheit, Art. 2 Abs. 1 GG, unterliegt der dortigen sogenannten Schrankentrias. Maßgeblich ist hier allein die verfassungsmäßige Ordnung. „Verfassungsmäßige Ordnung" meint die

Gesamtheit aller formell und materiell verfassungsmäßigen Normen. Im Ergebnis handelt es sich um einen einfachen Gesetzesvorbehalt. §§ 1, 3 PolG erfüllen als formelle landesrechtliche Normen die Anforderungen dieses Gesetzesvorbehaltes."

Bei Grundrechten **mit qualifiziertem Gesetzesvorbehalt** bspw.: **85**

„Als formelles Bundesgesetz erfüllt § 185 StGB die Anforderungen der Grundrechtsschranke des Art. 5 Abs. 2 GG, da es sich um ein allgemeines Gesetz handelt, welches nicht gegen eine bestimmte Meinung gerichtet ist, sondern dem Ehrschutz dient."
„Als formelles Landesgesetz erfüllt § 30 Abs. 2 PolG die Anforderungen der Grundrechtsschranke des Art. 11 Abs. 2 GG. Die Norm dient auch einem der in Art. 11 Abs. 2 GG genannten Einschränkungszwecke, nämlich der Vorbeugung strafbarer Handlungen."

Bei Grundrechten **ohne Gesetzesvorbehalt** schreiben Sie bspw.: **86**

„Bei Art. 4 GG handelt es sich um ein Grundrecht ohne Gesetzesvorbehalt. Das Grundrecht kann also nur mit einem entgegenstehenden Wert von Verfassungsrang eingeschränkt werden. Als ein solcher Wert von Verfassungsrang kommt der in Art. 20a GG verankerte Tierschutz in Betracht. Zusätzlich bedarf es auch bei Grundrechten ohne Gesetzesvorbehalt einer formellen bundes- oder landesrechtlichen Rechtsgrundlage für einen Eingriff. § 38 Abs. 1 Nr. 1 PolG stellt ein solches formelles Landesgesetz dar."

Je nach Stoffplan Ihrer Hochschule/Ihrer Ausbildungsstätte ist unter diesem Prüfungspunkt ebenfalls die Frage der **Beachtung des Zitiergebotes** abzuhandeln. Das in Art. 19 Abs. 1 Satz 2 GG verankerte Zitiergebot dient dem Zweck, dass sich der Gesetzgeber darüber Gedanken macht, in welche Grundrechte gesetzliche Regeln womöglich eingreifen, und dass er diese Überlegungen auch dokumentiert. Der Gesetzgeber muss also in einer Vorschrift darlegen, welche Grundrechte durch Maßnahmen nach dem jeweiligen Gesetz eingeschränkt werden können. Dem Zitiergebot kommt mithin eine sog. „Warn- und Besinnungsfunktion" zu.[9] Erfüllt wird das Zitiergebot durch entsprechende Paragraphen in den jeweiligen Bundes- oder Landesgesetzen (z. B. § 20 VersG oder § 4 PolG). **87**

Im Rahmen des Bachelorstudiums an der Hochschule für Polizei Baden-Württemberg gehört die Befassung mit dem Zitiergebot nicht mehr zu den regelmäßig erwarteten Darlegungen im Rahmen des Prüfungsschemas einer staats- und verfassungsrechtlichen Klausur. Im Rahmen von Zusatzfragen kann es jedoch ggf. Prüfungsgegenstand sein. Bitte informieren Sie sich, ob dieser Aspekt zum „Pflichtprogramm" des für Sie geltenden Prüfungsschemas gehört oder nicht! **88**

---

9 *Enders* in: BeckOK Grundgesetz, 58. Edition, Stand: 15.6.2024, Art. 19 Rn. 15.

89 Die genaue Reichweite des Anwendungsbereichs des Zitiergebotes ist nicht unumstritten:
Klar ist, dass das Zitiergebot bei Grundrechten ohne Gesetzesvorbehalt keine Anwendung findet. Dies ergibt sich bereits aus dem Wortlaut des Art. 19 Abs. 1 GG, der nur für Grundrechte gilt, die „durch Gesetz oder aufgrund eines Gesetzes eingeschränkt werden" können.

90 Ebenfalls findet das Zitiergebot nach wohl allgemeiner Ansicht keine Anwendung beim Grundrecht der allgemeinen Handlungsfreiheit, Art. 2 Abs. 1 GG.[10] Das hat den Grund, dass nahezu jedes deutsche Gesetz in irgendeiner Art und Weise Eingriffe in die umfassende Gewährleistung der allgemeinen Handlungsfreiheit gestattet. In so gut wie jedem deutschen Gesetz demzufolge eine Zitiergebotsnorm einzufügen, wonach die allgemeine Handlungsfreiheit durch das Gesetz eingeschränkt werden kann, würde zu einer „leeren Förmlichkeit"[11] führen, welche der Warn- und Besinnungsfunktion dieses Verfassungsgebots nicht gerecht würde.

91 Ebenfalls keine Anwendung findet das Zitiergebot bei sog. vorkonstitutionellem Recht, also bei Gesetzen (wie z. B. der StPO), die es bereits vor Inkrafttreten des Grundgesetzes gab.[12] Grund dafür ist, dass auch hier die Warn- und Besinnungsfunktion ins Leere liefe, müsste sie sich ja sonst quasi rückwirkend an den vorkonstitutionellen Gesetzgeber („Reichstag") wenden.
Üblicherweise schreibt man daher bei vorkonstitutionellen Gesetzen in der Klausur (so steht es auch regelmäßig in den Lösungshinweisen): „Das Zitiergebot des Art. 19 Abs. 1 Satz 2 GG findet bei vorkonstitutionellem Recht wie der StPO keine Anwendung." Aber Achtung: Strenggenommen ist dies so nicht immer richtig. Wenn nämlich der Bundesgesetzgeber neue Regelungen in die StPO einfügt, welche grundrechtseinschränkende Wirkungen haben können, taugt das Argument des vorkonstitutionellen Rechts nicht. Hier kann – und muss – der Gesetzgeber sich sehr wohl Gedanken über die Grundrechtsrelevanz seiner Gesetze machen und dies auch entsprechend dokumentieren. Dies erfolgt dann nicht in einem Paragraphen der StPO selbst, sondern in dem entsprechenden Änderungsgesetz zur StPO, durch welches eine neue Norm in die Strafprozessordnung eingefügt wird (siehe bspw. das im Internet abrufbare Gesetz[13] zur Fortentwicklung der Strafprozessordnung und zur Änderung weiterer Vorschriften vom 25. Juni 2021, dort wird dem Zitiergebot in Art. 27 dieses Änderungsgesetzes Rechnung getragen).

---

10 *Enders* in: BeckOK Grundgesetz, 58. Edition, Stand: 15.6.2024, Art. 19 Rn. 14.
11 BVerfG, Beschl. v. 18.2.1970 – 2 BvR 531/68 = BVerfGE 28, 36, 46.
12 *Remmert* in: Dürig/Herzog/Scholz, Grundgesetz-Kommentar, 103. EL Januar 2024, Art. 19 Rn. 48 ff.
13 BGBl. I 2021 S. 2099.

92 Im Einzelfall umstritten ist die Geltung des Zitiergebots insbesondere bei Grundrechten, deren Gesetzesvorbehalt in der Variante einer verfassungsunmittelbaren Schranke formuliert ist. Das gilt vor allem für das in Art. 2 Abs. 1 i. V. m. Art. 1 Abs. 1 GG verortete allgemeine Persönlichkeitsrecht (wegen der Schrankentrias des Art. 2 Abs. 1 GG)[14] und die Grundrechte des Art. 5 Abs. 1 GG (wegen des Schrankenvorbehalts des Art. 5 Abs. 2 GG). Hier gehen die Meinungen zur Anwendung des Zitiergebots teilweise deutlich auseinander.[15]

93 Das Bundesverfassungsgericht[16] verneint bei diesen Grundrechten eine Anwendung des Zitiergebots mit dem Argument, diese gelte nur für Gesetze, die darauf abzielten, ein Grundrecht über die in ihm selbst angelegten Grenzen („verfassungsunmittelbare Schranken") hinaus einzuschränken.[17]

94 Im Ergebnis können Sie sich also merken:
Jedenfalls Geltung hat das Zitiergebot des Art. 19 Abs. 1 Satz 2 GG bei folgenden Grundrechten/Grundrechtsschranken: Art. 2 Abs. 2 Satz 3 GG, Art. 6 Abs. 3 GG, Art. 8 Abs. 2 GG, Art. 10 Abs. 2 GG, Art. 11 Abs. 2 GG, Art. 13 Abs. 2 GG und Art. 13 Abs. 7 GG, Art. 16 Abs. 1 Satz 2 GG. Es bietet sich ggf. an, in Ihren Gesetzesmaterialien neben jede der vorgenannten Normen die Zitiergebotsnorm des Art. 19 Abs. 1 Satz 2 GG zur Gedächtnisstütze aufzuschreiben. Solche Niederlegungen müssten nach den üblichen Prüfungsordnungen zulässig sein. Bitte erkundigen Sie sich aber zur Sicherheit bei Ihren Dozierenden oder dem Prüfungsamt nach den genauen Bedingungen zur Einfügung von Anmerkungen.

95 In der Klausur bieten sich daher – wenn dieser Prüfungspunkt verlangt wird – zum Zitiergebot folgende Formulierungen an bei Grundrechten mit Gesetzesvorbehalt, bei denen dieses Gebot Anwendung findet (hier als Beispiel beim Grundrecht auf Leben und körperliche Unversehrtheit):

„Dem Zitiergebot des Art. 19 Abs. 1 Satz 2 GG kommt das Polizeigesetz in § 4 Nr. 1 PolG nach."

96 Beim Grundrecht der allgemeinen Handlungsfreiheit, Art. 2 Abs. 1 GG, können Sie wie folgt formulieren:

„Das Zitiergebot des Art. 19 Abs. 1 Satz 2 GG findet beim Grundrecht der allgemeinen Handlungsfreiheit, Art. 2 Abs. 1 GG, keine Anwendung, da bei dem umfassenden Gewährungsleistungsgehalt dieses Grundrechts die Warn-

---

14 Für das Grundrecht der allgemeinen Handlungsfreiheit, Art. 2 Abs. 1 GG, ist hingegen wohl allgemein anerkannt – siehe vorstehend –, dass das Zitiergebot dort keine Anwendung findet.
15 Vgl. bspw. *Sachs/von Coelln* in: Sachs, Grundgesetz, 10. Aufl. 2024, Art. 19 Rn. 27 ff.
16 Jüngst betreffend das in Art. 6 Abs. 2 GG verankerte elterliche Erziehungsrecht BVerfG, Beschl. v. 21.7.2022 – 1 BvR 469/20 = NJW 2022, 2904 („*Masernimpfpflicht*").
17 BVerfG, Beschl. v. 18.2.1970 – 2 BvR 531/68 = NJW 1970, 1268.

und Besinnungsfunktion des Zitiergebots zur bloßen Förmelei verkommen würde."

97 Bei Grundrechten mit Gesetzesvorbehalt, bei denen das Zitiergebot nach der nicht unumstrittenen Rechtsprechung des Bundesverfassungsgerichts nicht gilt (sprich bei Grundrechten mit verfassungsunmittelbaren Schranken, also in der Klausur in erster Linie das allgemeine Persönlichkeitsrecht, Art. 2 Abs. 1 i. V. m. Art. 1 Abs. 1 GG, sowie die Grundrechte des Art. 5 Abs. 1 GG), können Sie schreiben:

„Beim Grundrecht der Meinungsfreiheit, Art. 5 Abs. 1 Satz 1 GG, findet das Zitiergebot des Art. 19 Abs. 1 Satz 2 GG nach der Rechtsprechung des Bundesverfassungsgerichts keine Anwendung, da es nur in den Fällen gilt, in denen ein Gesetz darauf abzielt, ein Grundrecht über die in ihm selbst angelegten Grenzen („verfassungsunmittelbare Schranken") hinaus einzuschränken."

98 Bei Grundrechten ohne Gesetzesvorbehalt reicht folgende knappe Formulierung:

„Das Zitiergebot des Art. 19 Abs. 1 Satz 2 GG findet bei Grundrechten ohne Gesetzesvorbehalt keine Anwendung."

99 Bei vorkonstitutionellem Recht (in der Klausur vor allem die StPO und das StGB) bietet sich folgende Formulierung an:

„Das Zitiergebot des Art. 19 Abs. 1 Satz 2 GG findet grundsätzlich auf vorkonstitutionelles Recht wie die StPO keine Anwendung. Soweit § XY StPO erst nach Inkrafttreten des Grundgesetzes in die StPO eingefügt worden sein sollte, ist davon auszugehen, dass dem Zitiergebot in dem entsprechenden Änderungsgesetz zur StPO Rechnung getragen wurde."

100 **d) Grenzen der Einschränkbarkeit. – aa) Hinreichende Bestimmtheit der Rechtsgrundlage.** Bei diesem Prüfungspunkt geht es um die Frage, welchen Grenzen die identifizierte Rechtsgrundlage bei ihren Möglichkeiten unterliegt, das einschlägige Grundrecht einzuschränken. Aber Achtung: Es geht in diesem Prüfungspunkt wiederum nur um die Prüfung der Rechtsgrundlage selbst – auch und gerade hier haben Ausführungen zur konkreten Einzelmaßnahme des Sachverhalts nichts zu suchen!

Unabhängig von seiner ausdrücklichen Verankerung für den besonders grundrechtssensiblen Bereich des Strafrechts (Art. 103 Abs. 2 GG) ist das Bestimmtheitsgebot ein Kernelement des Rechtsstaatsprinzips.[18] Es verlangt, dass der Bürger den Bedeutungsgehalt einer Norm und deren Rechtsfolgen mit Blick auf sein eigenes Handeln erkennen können muss. Die allermeisten Rechtsgrundlagen für polizeiliche Maßnahmen, die Ihnen in

---

18 *Rux* in: BeckOK Grundgesetz, 58. Edition, Stand: 15.6.2024, Art. 20 Rn. 182 f.

der Klausur begegnen werden, sind mit dem Bestimmtheitsgebot konform. Sie enthalten zwar regelmäßig unbestimmte Rechtsbegriffe (wie z. B. „öffentliche Sicherheit und Ordnung"), die aber spätestens durch die Rechtsprechung eine hinreichende Konkretisierung erfahren haben. Somit kann regelmäßig formuliert werden:

> „§ XY ist hinreichend bestimmt. Der Bürger kann Bedeutungsgehalt und Rechtsfolgen der Norm erkennen und sein Verhalten danach ausrichten. Soweit die Norm unbestimmte Rechtsbegriffe enthält, sind diese durch Auslegung hinreichend konkretisierbar."

Denkbare Problemfälle in der Klausur stellen etwa § 27 Abs. 1 Nr. 2 PolG (Identitätsfeststellung bei öffentlichen Veranstaltungen und Ansammlungen) und § 27 Abs. 1 Nr. 7 PolG (Identitätsfeststellung im Rahmen der sog. „Schleierfahndung") dar. Bei diesen Rechtsgrundlagen polizeilichen Handelns wird die hinreichende Bestimmtheit mit beachtlichen Argumenten in Zweifel gezogen.[19] Sollte eine dieser Rechtsgrundlagen Gegenstand der Klausur sein, bieten sich unter hiesigem Prüfungspunkt etwas ausführlichere Darlegungen zur Frage der Bestimmtheit an. Zu welchem Ergebnis Sie bei sorgfältiger Argumentation gelangen, ist dabei nachrangig. Ferner besteht bei § 30 PolG die Besonderheit, dass die Norm nur die Begriffe „Gefahr" und „Störung" nennt, sich aber nicht dazu äußert „für was"/„von was". Deshalb kann bei der Prüfung dieser Norm ergänzt werden:

> „Soweit unklar erscheint, was „Gefahr" und „Störung" meinen, ist § 1 Abs. 1 PolG heranzuziehen, der die öffentliche Sicherheit und Ordnung als polizeiliche Schutzgüter benennt."

bb) Wahrung des Verhältnismäßigkeitsgrundsatzes. Auch hier gilt: Unter diesem Prüfungspunkt erörtern Sie die Frage der Verhältnismäßigkeit der Rechtsgrundlage, nicht der auf diese Rechtsgrundlage gestützten konkreten Maßnahme (jene Prüfung erfolgt unter Prüfungspunkt III. 3. c) bb).

Nicht vergessen: Das Verhältnismäßigkeitsprinzip entstammt unmittelbar dem Rechtsstaatsprinzip (Art. 20 Abs. 3 GG) und besitzt damit Verfassungsrang.[20]

Genauso wie bei der – bspw. aus dem Polizeirecht bekannten – Verhältnismäßigkeitsprüfung konkreter polizeilicher Maßnahmen unterteilt sich auch die Verhältnismäßigkeitsprüfung bei einer Rechtsnorm in folgende Komponenten:

---

19 Vgl. etwa lesenswert *Nachbaur*, Das neue baden-württembergische Polizeigesetz – in Teilen verfassungswidrig, VBlBW 2021, S. 55 ff.
20 Vgl. etwa BVerfG, Beschl. v. 15.12.1965 – 1 BvR 513/65 = BVerfGE 19, 342, 348 = NJW 1966, 243, 244.

> aaa) **Geeignetheit:** Ist das Gesetz geeignet, einen legitimen Zweck zu erfüllen?
> bbb) **Erforderlichkeit:** Sind die Eingriffsbefugnisse aufgrund der Norm erforderlich im Sinne des geringstmöglichen Grundrechtseingriffs?
> ccc) **Angemessenheit:** Ist die Norm bei einer Gegenüberstellung der durch sie geschützten Rechtsgüter mit den Rechtsgütern, in welche sie Eingriffe gestattet, angemessen („Abwägung")?

104 Bei gefahrenabwehrrechtlichen Normen bezieht sich die Geeignetheit der Norm auf ihre Eignung, eine Gefahr oder Störung abzuwehren (bspw. Gefahr für die öffentliche Sicherheit und Ordnung/Störung der öffentlichen Sicherheit und Ordnung im PolG; versammlungsspezifische Gefahr bei Normen des VersG). Bei Normen der StPO geht es regelmäßig um die Eignung der Norm, Ermittlungserkenntnisse von Relevanz zu verschaffen; legitimer Zweck ist insofern die effektive Strafverfolgung; ein Zweck, der übrigens als Bestandteil des Rechtsstaatsprinzips auch Verfassungsrang genießt.[21] Bei der Prüfung am Maßstab von Grundrechten ohne Gesetzesvorbehalt haben Sie den legitimen Zweck, der ja in diesen Konstellationen zwingend in der Verfassung verankert sein muss, bereits unter Prüfungspunkt III. 2. c) benannt und können ihn hier daher einfach wiederholen.

105 Bei real existierenden Normen können Sie sich hier in der Regel recht kurzfassen.

> **Beispiele:**
> *„Ein Platzverweis nach § 30 Abs. 1 PolG kann im Einzelfall ein geeignetes Mittel zur Abwehr einer Gefahr für oder zur Beseitigung einer Störung der öffentlichen Sicherheit und Ordnung sein. § 30 Abs. 1 PolG ist also geeignet, einen legitimen Zweck zu erfüllen."*

106 Auch die Erforderlichkeitsprüfung einer Norm bereitet im Normalfall keine besonderen Schwierigkeiten. Beachten Sie hier, dass bei zahlreichen Rechtsgrundlagen für polizeiliche Maßnahmen der Gesetzgeber das eigentlich der allgemeinen Verhältnismäßigkeitsverpflichtung (vgl. etwa § 5 PolG) zugehörige Merkmal der Erforderlichkeit auf die Ebene der objektiven Tatbestandsvoraussetzungen einer Norm „hochgezont" hat (Beispiel: § 27 Abs. 2 PolG: „wenn die Identität auf andere Weise nicht oder nur unter erheblichen Schwierigkeiten festgestellt werden kann"). Das können Sie in solchen Fällen durchaus darstellen:

> *„§ 27 Abs. 2 PolG begegnet auch unter Erforderlichkeitsgesichtspunkten keinen Bedenken, zumal der Gesetzgeber dieses Kriterium hier sogar auf die Ebene des objektiven Tatbestandes der Rechtsgrundlage gehoben hat."*

---

21 Vgl. etwa *Grzeszick* in: Dürig/Herzog/Scholz, Grundgesetz-Kommentar, 104. EL April 2024, Art. 20 Rechtsstaat Rn. 145.

Insofern übrigens Achtung bei der späteren Prüfung der konkreten Einzelmaßnahme: Wenn das Merkmal der Erforderlichkeit durch den Gesetzgeber in den Tatbestand einer Rechtsgrundlage aufgenommen wurde, sollte es auch bereits bei den Tatbestandsvoraussetzungen III. 3. b) geprüft werden. Bei der späteren Erforderlichkeitsprüfung als Teil der Darlegungen zur Verhältnismäßigkeit (III. 3. c) kann dann regelmäßig nach oben verwiesen werden.

Ansonsten können Sie einfach bspw. schreiben (auch hier bietet es sich an, die Erforderlichkeit an einem Beispiel zu belegen):

> *„Ein Platzverweis nach § 30 Abs. 1 PolG kann im Einzelfall der geringstmögliche Eingriff zur Abwehr einer Gefahr oder Beseitigung einer Störung sein. Eine Ingewahrsamnahme beispielsweise ist regelmäßig ein intensiverer Eingriff."*

Die Angemessenheitsprüfung kann ebenfalls regelmäßig sehr kurz ausfallen. Auch hier können Sie etwaige Verhältnismäßigkeitserwägungen, welche im Tatbestand der Rechtsgrundlage enthalten sind, argumentativ verwenden, Beispiel:

> *„§ 30 Abs. 1 PolG begegnet auch in Bezug auf das Kriterium der Angemessenheit keinen Bedenken, zumal ein Platzverweis ausweislich der Tatbestandsvoraussetzungen der Norm ausdrücklich immer nur eine zeitlich wie örtlich sehr beschränkte Maßnahme ist."*

Im Rahmen der Angemessenheitsprüfung gilt das sog. **Prinzip der praktischen Konkordanz**. Es besagt, dass dem eingeschränkten Grundrecht gegenläufige Grundrechte oder sonstige Verfassungsgüter nach Möglichkeit zum Ausgleich gebracht werden sollen; falls dies nicht möglich ist, ist unter Berücksichtigung der falltypischen Gestaltung und der besonderen Umstände des Einzelfalles zu entscheiden, welches Interesse zurückzutreten hat.[22] Bildlich gesprochen hat der Grundsatz der praktischen Konkordanz also das Ziel, bei einer Gegenüberstellung des Grundrechts, in welches der Eingriff erfolgt, mit den Werten, um derentwillen der Eingriff erfolgt, die Waagschalen auf das gleiche Niveau zu bringen und die entgegengesetzten Positionen so weit als möglich zur Geltung zu bringen.

Bei real existierenden Normen dürfte die Frage der Angemessenheit der gesetzlichen Regelung regelmäßig zu bejahen sein. Daher reicht unter Prüfungspunkt III. 2. d) bb) üblicherweise die o. g. knappe Feststellung der Angemessenheit der Norm. Anders mag es indes bei den Ausführungen zur Angemessenheit der konkreten Einzelmaßnahme unter Prüfungspunkt III. 3. c) sein. Hier kann es ggf. zweckmäßig sein, das Prinzip der praktischen Konkordanz kurz anzusprechen (siehe im Folgenden).

---

22 BVerfG, Urt. v. 5.6.1973 – 1 BvR 536/72 („*Lebach-Fall*") = BVerfGE 35, 202, 207 = NJW 1973, 1226, 1227.

110 Je nach Stoffplan Ihrer Hochschule/Ihrer Ausbildungseinrichtung kann sich an die Verhältnismäßigkeitsprüfung noch das Erfordernis anschließen, die Wahrung der **Wesensgehaltsgarantie** zu erörtern. Im Rahmen des Bachelorstudiums an der Hochschule für Polizei Baden-Württemberg gehört die Befassung mit der Wesentlichkeitsgarantie nicht mehr zu den regelmäßig erwarteten Darlegungen im Rahmen des Prüfungsschemas einer staats- und verfassungsrechtlichen Klausur. Im Rahmen von Zusatzfragen kann sie jedoch ggf. Prüfungsgegenstand sein. Bitte informieren Sie sich also auch hier, ob dieser Aspekt zum „Pflichtprogramm" des für Sie geltenden Prüfungsschemas gehört oder nicht!

111 Die Wesensgehaltsgarantie des Art. 19 Abs. 2 GG dient dem Zweck, die Grundrechte gegenüber dem einfachen Gesetzgeber und den Anwendern der einfachen Gesetze in ihrem Bestand zu sichern und vor inhaltlicher „Aushöhlung" zu bewahren.[23] Der Staat hat zwar die Befugnis, in Grundrechte einzugreifen. Ein Eingriff darf jedoch nicht so weit gehen, dass – platt gesagt – von dem Grundrecht „nichts mehr übrig bleibt". Was genau unter dem „Wesensgehalt" eines Grundrechts zu verstehen ist, bildet den Gegenstand kontroverser juristischer Diskussionen.[24]

112 In der Klausur wird es sowohl bei der Prüfung der Rechtsgrundlage als auch bei der Prüfung der konkreten Einzelmaßnahme insofern regelmäßig keinerlei Probleme geben. Demnach reicht üblicherweise die knappe Feststellung:

„Die Wesensgehaltsgarantie des Art. 19 Abs. 2 GG ist nicht verletzt."

113 Eine gewisse Besonderheit besteht allerdings mit Blick auf das Grundrecht auf Leben und körperliche Unversehrtheit (Art. 2 Abs. 2 Satz 1 GG), wenn es um die gesetzlich normierte Möglichkeit des „finalen Rettungsschusses" geht. Bei diesem Grundrecht handelt es sich um ein „Alles-oder-Nichts-Grundrecht"[25]: Die Maßnahme löscht das Leben der betroffenen Person unwiderruflich aus, ihr grundrechtlicher Schutzgegenstand wird durch den Eingriff insgesamt beseitigt.[26] Dies kann jedoch nicht zu einem Verstoß gegen die Wesensgehaltsgarantie des Art. 19 Abs. 2 GG führen, da ansonsten der gemäß Art. 2 Abs. 2 Satz 3 GG prinzipiell mögliche Eingriff in das Grundrecht auf Leben „durch die Hintertür des Art. 19 Abs. 2 GG" unmöglich gemacht würde. Vielmehr kann man in solchen Fällen den Wesensgehalt eines Grundrechts erst dann angetastet sehen, wenn durch den Eingriff die aus der Grundrechtsqualität folgende Bindungswirkung für die

---

23 *Remmert* in: Dürig/Herzog/Scholz, Grundgesetz-Kommentar, 103. EL Januar 2024, Art. 19 Abs. 2 Rn. 1.
24 Vgl. näher dazu etwa *Remmert* in: Dürig/Herzog/Scholz, Grundgesetz-Kommentar, 103. EL Januar 2024, Art. 19 Abs. 2 Rn. 36 ff.
25 *Lang* in: BeckOK Grundgesetz, 58. Edition, Stand: 15.6.2024, Art. 2 Rn. 72.
26 *Sachs/von Coelln* in: Sachs, Grundgesetz, 10. Aufl. 2024, Art. 19 Rn. 46.

Staatsgewalt prinzipiell negiert wird;[27] der Wesensgehalt ist also sinnigerweise beim Grundrecht auf Leben nicht als Individualrecht, sondern als institutionelle Garantie im Sinne einer Gewährleistung für die Allgemeinheit (Kollektivrecht) zu verstehen.[28] Diese wird freilich durch die Regelungen zum „finalen Rettungsschuss" nicht beeinträchtigt.

Wer in der spezifischen Konstellation der Betroffenheit des Grundrechts auf Leben das hier inhärente – schwierige – Problem erkennt, mag in der Klausur z. B. schreiben: **114**

> *„Die Wesensgehaltsgarantie des Art. 19 Abs. 2 GG ist nicht verletzt, da diese beim Grundrecht des Lebens systemimmanent nur als institutionelle Garantie/als Kollektivrecht verstanden werden kann."*

Relevant ist die Wesentlichkeitstheorie auch für das Grundrecht der Freiheit der Person, Art. 2 Abs. 2 Satz 2 GG, mit Blick auf die Frage der Verfassungsmäßigkeit der lebenslangen Freiheitsstrafe[29] oder der Sicherungsverwahrung[30]. **115**

Nach diesen Erörterungen ist die Prüfung der Verfassungsmäßigkeit der Rechtsgrundlage abgeschlossen.

3. Prüfung der Verfassungsmäßigkeit der Maßnahme

In diesem Abschnitt kommt die konkrete staatliche Maßnahme auf den Prüfstand. Die hier erforderlichen Ausführungen sind in gewisser Weise vergleichbar mit einer normalen polizeirechtlichen oder strafprozessualen Klausur. Es ist lediglich üblicherweise so, dass zumindest der Schwerpunkt der notwendigen Erörterungen regelmäßig nicht auf der Frage der Einhaltung einfachrechtlicher Verfahrens- und Formvorschriften liegt, wenngleich diese selbstredend auch anzusprechen sind. **116**

a) Zuständigkeit, Verfahren, Form. Auf jeden Fall sollte unter diesem Prüfungspunkt kurz geklärt werden, ob die üblicherweise in einer Klausur handelnden (Polizei-)Beamten für die Maßnahme sachlich und örtlich zuständig waren (z. B. nach §§ 104, 105, 120, 121 PolG). **117**

Bei der Frage der Einhaltung der Verfahrens- und Formvorschriften kommt es auf den Sachverhalt der Klausur an. Werden dort Hinweise gegeben, die auf entsprechende Probleme hindeuten, sind hier nähere Darlegungen erforderlich. Wenn der Sachverhalt hingegen insofern keine Probleme erkennen lässt, können Sie sich kurzfassen. Klausurtaktisch kann es sich anbieten, dann irgendwelche Aspekte zu Form und Verfahren heraus-

---

27 *Sachs/von Coelln* in: Sachs, Grundgesetz, 10. Aufl. 2024, Art. 19 Rn. 46.
28 *Kingreen/Poscher*, Grundrechte Staatsrecht II, 40. Aufl. 2024, Rn. 441; *Enders* in: BeckOK Grundgesetz, 58. Edition, Stand: 15.6.2024, Art. 19 Rn. 27 f.
29 BVerfG, Urt. v. 21.6.1977 – 1 BvL 14/76 = NJW 1977, 1525 ff.
30 BVerfG, Urt. v. 5.2.2004 – 2 BvR 2029/01 = NJW 2004, 739 ff.

zugreifen und darzustellen, die ausweislich des Sachverhalts eingehalten wurden, also bspw.:

„Anhaltspunkte für Verstöße gegen Verfahrens- und Formvorschriften sind nicht ersichtlich. Insbesondere kann ein Verwaltungsakt auch mündlich erlassen werden (vgl. § 37 Abs. 2 Satz 1 LVwVfG)."

Oder:

„Anhaltspunkte für Verstöße gegen Verfahrens- und Formvorschriften sind nicht ersichtlich. Insbesondere wurde A laut Sachverhalt vor Erteilung des Platzverweises angehört (§ 28 Abs. 1 LVwVfG)."

Es gilt also das Gebot: Verwerten Sie die Informationen des Sachverhalts!

118 **b) Tatbestandsvoraussetzungen.** Hier ist wie bspw. in einer normalen Polizeirechts- oder StPO-Klausur zu prüfen, ob die Tatbestandsvoraussetzungen der Rechtsgrundlage eingehalten wurden. Wenngleich in einer „SVR-Klausur" an dieser Stelle oftmals nicht der Schwerpunkt der von Ihnen erwarteten Darlegungen liegt, sollten die üblichen Begriffe (z. B. „Gefahr", „öffentliche Sicherheit", „öffentliche Ordnung" etc.) immer sauber erörtert werden.

119 **c) Rechtsfolge, insbesondere Verhältnismäßigkeitsprüfung.** In einer staats- und verfassungsrechtlichen Klausur liegt der Schwerpunkt der von Ihnen erwarteten Ausführungen oftmals im Bereich der Verhältnismäßigkeitsprüfung. Auch die Bestimmtheit der Maßnahme kann problematisch sein. Vertiefte Darlegungen etwa zur Störerauswahl, wie sie gelegentlich in einer polizeirechtlichen Klausur erforderlich sind, sind im „SVR" selten erforderlich. Dennoch schadet es nicht, ggf. zum Beispiel kurz mit den Worten einzuleiten:

„Die Maßnahme richtete sich gegen A als Verhaltensstörer, § 6 PolG."

120 **aa) Hinreichende Bestimmtheit der Maßnahme.** Wenn hier keine Probleme erkennbar sind, braucht dieser Aspekt gar nicht angesprochen zu werden.

Im Übrigen kann es sich anbieten, unter diesem Prüfungspunkt Aspekte herauszugreifen und kurz darzustellen, die ausweislich des Sachverhalts eingehalten wurden, also etwa:

„Ausweislich der Informationen des Sachverhaltes erteilen die Beamten dem A bis 21.00 Uhr einen Platzverweis für die – räumlich ausdrücklich abgegrenzten – Bereiche des Stadtparks. Insofern ist die Maßnahme hinreichend bestimmt."

Wenn der Sachverhalt an dieser Stelle Probleme erkennen lässt, müssen Sie diese natürlich angehen. Beispiel: PHKin Schneider und POM Schuster erteilen dem B einen Platzverweis „für die schöne Innenstadt" und „bis es morgen wieder hell wird".

bb) Wahrung des Verhältnismäßigkeitsgrundsatzes. Dieser Prüfungspunkt kann im Rahmen der Klausurbearbeitung durchaus Schwerpunkt der von Ihnen erwarteten Darlegungen sein. Häufig sind in diesem Rahmen dann die konkreten Einzelinformationen aus dem Sachverhalt zu verwerten und auszuschöpfen. Wie bereits bei dem entsprechenden Prüfungspunkt zur Rechtsgrundlage ist auch hier zu gliedern:

> aaa) **Geeignetheit:** Ist die Maßnahme geeignet, einen legitimen Zweck zu erfüllen?
> bbb) **Erforderlichkeit:** Ist die Maßnahme erforderlich im Sinne des geringstmöglichen Grundrechtseingriffs?
> ccc) **Angemessenheit:** Ist die Maßnahme bei einer Gegenüberstellung der durch sie geschützten Rechtsgüter mit den Rechtsgütern, in welche sie eingreift, angemessen („Abwägung")?

Bei letztgenanntem Prüfungspunkt bietet es sich – insbesondere, wenn hier ein erkennbarer Schwerpunkt liegt – an, den bereits erwähnten Grundsatz der praktischen Konkordanz kurz anzusprechen. Sie können also bspw. schreiben:

> *„Im Rahmen der Angemessenheitsprüfung ist der Grundsatz der praktischen Konkordanz in Bedacht zu nehmen. Dieser besagt, dass dem eingeschränkten Grundrecht gegenläufige Grundrechte oder sonstige Verfassungsgüter nach Möglichkeit zum Ausgleich gebracht werden sollen; falls dies nicht möglich ist, ist unter Berücksichtigung der falltypischen Gestaltung und der besonderen Umstände des Einzelfalles zu entscheiden, welches Interesse zurückzutreten hat."*

Sodann gelangen Sie zur Güterabwägung auf Grundlage des konkreten Falls. Zumindest dann, wenn ausweislich der Informationen des Sachverhalts keinerlei Bedenken hinsichtlich der Angemessenheit der Maßnahme bestehen, kann die vorgenannte Darlegung jedoch unterbleiben, es genügt dann – wie bei der Angemessenheitsprüfung der Rechtsgrundlage – ein kurzer feststellender Satz, wenn möglich ergänzt um eine knappe Begründung:

> *„Die Maßnahme war auch angemessen, insbesondere wurde der Platzverweis zeitlich nur sehr begrenzt ausgesprochen. Der mit der Maßnahme verfolgte Zweck, nämlich die Verhinderung von Straftaten gegen die körperliche Unversehrtheit, genießt im Rahmen der Abwägung Vorrang."*

Hinsichtlich der Frage der Wahrung der Wesensgehaltsgarantie (Art. 19 Abs. 2 GG) gelten die obigen Ausführungen. Wenn dieser Aspekt ausweislich des für Sie maßgeblichen Prüfungsschemas überhaupt anzusprechen ist, reicht es regelmäßig zu schreiben:

„Die Wesensgehaltsgarantie des Art. 19 Abs. 2 GG ist nicht verletzt."

124 Lediglich in den oben genannten Sonderfällen („finaler Rettungsschuss", „lebenslange Haft" etc.) mag hier ein wenig mehr substanzielle Darstellung vonnöten sein.

Sodann schließen Sie Ihr Gutachten mit dem Ergebnis ab.

Nachstehend finden sich nun einige Übungsfälle für Ihre Prüfungsvorbereitung. Beachten Sie bitte, dass in der Klausur die nachstehenden Lösungsvorschläge schon angesichts der eng begrenzten Bearbeitungszeit nicht in dieser Tiefe von Ihnen erwartet werden. Entscheidend für eine gute Bewertung wird bei Ihren Ausarbeitungen sein, dass Sie die im Sachverhalt angelegten Probleme möglichst vollständig erkennen und zumindest knapp auf Grundlage vertretbarer rechtlicher Bewertung abhandeln. Oftmals gibt es bei juristischen Problemen nicht nur die „eine", sondern eine Mehrzahl denkbarer Lösungswege, die sämtlich vertretbar sind. Insofern gilt als Tipp: Wenn Sie bei einem bestimmten Problem zwei oder mehr Lösungsansätze kennen (z. B. beim Thema Deutschengrundrechte/ EU-Ausländer) und auch noch genügend Bearbeitungszeit zur Verfügung haben, stellen Sie beide dar. Für welchen der vertretbaren Wege Sie sich entscheiden, ist im Ergebnis regelmäßig irrelevant. Noch ein Tipp: Gemeinsam lernt es sich besser – verlassen Sie also Ihr „stilles Kämmerlein" und wagen Sie sich mit anderen an die Bearbeitung der Übungsklausuren. Durch wechselseitiges Fragen, Beraten und Rätseln lernen Sie zumeist weitaus mehr als allein!

125 Nach den Grundrechtsfällen sind noch ein paar knappe Fragen und Antworten zu den Bereichen Staatsorganisationsrecht und Europarecht aufgenommen worden. Diese Themen eignen sich weniger für einen langen Fall. Als Zusatzfragen bieten sie sich jedoch durchaus an, und ihre richtige Beantwortung kann letztlich den Ausschlag dafür geben, dass aus einer zufriedenstellenden Bewertung eine gute oder gar sehr gute wird.

Viel Erfolg!

Zweiter Teil Grundrechtliche Fallübungen

Fall 1 „Tauben Füttern"
Übungsfall zu Art. 2 Abs. 1 GG

126 Angenommen, die baden-württembergische Stadt Schwäbisch Hall hat seit einiger Zeit ein massives Problem mit Stadttauben. Die Tiere vermehren sich unkontrolliert und gefährden mit ihrem Kot die Fassaden zahlreicher denkmalgeschützter mittelalterlicher Gebäude. Außerdem haben sich schon mehrere Krankheitsfälle bei Kleinkindern ereignet, welche auf Taubenkot auf Spielplätzen zurückzuführen sind. Neben weiteren Maßnahmen zur Eindämmung der Taubenpopulation erlässt der Oberbürgermeister von Schwäbisch Hall mit Zustimmung des Gemeinderats daher eine Polizeiverordnung mit u. a. folgendem Inhalt und unbestimmter Gültigkeitsdauer:

> **§ 8 [Fütterungsverbot für Tauben]**
> Im (näher definierten) Geltungsbereich dieser Polizeiverordnung dürfen Tauben auf öffentlichen Straßen, Wegen und Plätzen, in öffentlichen Anlagen und in öffentlichen Einrichtungen nicht gefüttert werden.

A füttert regelmäßig und polizeibekannt im Stadtpark von Schwäbisch Hall Tauben. Am Nachmittag des heutigen Tages gegen 17.00 Uhr befinden sich PHMin Müller und POM Schneider auf Fußstreife im Innenstadtbereich von Schwäbisch Hall. Sie bemerken A, wie er sich erneut mit einer großen Tüte Vogelfutter in Richtung Stadtpark begibt. Auf Ansprache durch die Beamten teilt A mit, dass er jetzt „selbstverständlich seine Grundrechte wahrnehmen und die armen Tiere im Stadtpark füttern werde." Nachdem die Polizeibeamten vergeblich versucht haben, A „durch gutes Zureden" von seinem Vorhaben abzubringen, erteilen sie ihm um 17.15 Uhr für diesen Tag bis 21.00 Uhr einen Platzverweis für die – räumlich ausdrücklich abgegrenzten – Bereiche des Stadtparks. An diesem Tage ist gegen 21.00 Uhr Sonnenuntergang.

A befolgt die Anweisung der Polizeibeamten, aber begibt sich empört am nächsten Tage zu seinem Anwalt und fragt diesen, ob „der Staat auf diese Weise meine Grundrechte und die Rechte der Tiere mit Füßen treten darf".

Fall 1: „Tauben Füttern"

Aufgabe:
War die Anordnung des Platzverweises wegen des befürchteten Verstoßes des A gegen § 8 der Polizeiverordnung verfassungsrechtlich in Ordnung?

Zusatzfrage:
Mit welcher Klage vor dem Verwaltungsgericht könnte sich A gegen die Anordnung des Platzverweises wehren?

Bearbeitungshinweis:
Ein etwaiger Eingriff in das Eigentumsgrundrecht (Art. 14 GG) in Bezug auf das von A nicht mehr wunschgemäß nutzbare Vogelfutter ist nicht zu prüfen.

Zugelassene Hilfsmittel:
Grundgesetz, Polizeigesetz Baden-Württemberg, Verwaltungsgerichtsordnung

Lösungsvorschlag:

Vorbemerkung: Die gewisse Besonderheit – und Schwierigkeit – dieser Klausur beruht auf dem Umstand, dass der Platzverweis im Zusammenhang mit einer fiktiven Rechtsgrundlage erfolgte, die ihrerseits auch auf ihre Verfassungsmäßigkeit hin überprüft werden sollte: Nur, wenn § 8 der Polizeiverordnung selbst verfassungsmäßig ist, kann der drohende Verstoß des A hiergegen eine Gefahr für die öffentliche Sicherheit begründen. In einer realen SVR-Klausur wäre aber auch durchaus ein Bearbeitungshinweis denkbar (und angesichts des regelmäßig zur Verfügung stehenden Zeitansatzes auch nicht unwahrscheinlich), wonach die Verfassungsmäßigkeit der Polizeiverordnung unterstellt werden kann. Die hier niedergelegten – recht umfangreichen – Ausführungen sind daher weniger einer zu erwartenden Prüfungskonstellation als vielmehr dem Ziel der Vollständigkeit geschuldet.

Dem Übungsfall vergleichbare Polizeiverordnungen gibt es tatsächlich, namentlich genannt sei exemplarisch die Polizeiverordnung der Landeshauptstadt Stuttgart zur Abwehr der von Tauben- und Wasservögeln ausgehenden Gefahren vom 16. März 2017, bekannt gemacht im Amtsblatt der Landeshauptstadt Stuttgart Nr. 15/16 vom 13. April 2017 (im Internet frei verfügbar).

Auch Gerichte haben sich schon vielfach mit der Frage des Verbotes des Taubenfütterns befasst, vgl. namentlich BVerfG, Beschl. v. 23.5.1980 – 2 BvR 854/79 = NJW 1980, 2572 f.; VG Stuttgart, Urt. v. 27.5.2014 – 5 K 433/12 = BeckRS 2014, 55757; BayVerfGH, Entsch. v. 9.11.2004 – Vf.5-VII-03 = BeckRS 2004, 15893; VGH BW, Urt. v. 1.7.1991 – 1 S 473/90 = NVwZ-RR 1992, 19 f.

I. Schutzbereich des Grundrechts

1. Sachlicher Schutzbereich

Fraglich ist, welches Grundrecht hier vom sachlichen Schutzbereich her einschlägig ist. Selbstredend existiert kein spezielles Grundrecht auf „Taubenfüttern".

Einschlägig könnte das Grundrecht auf Freizügigkeit nach Art. 11 Abs. 1 GG sein. Unter „Freizügigkeit" wird das Recht verstanden, unbehindert von deutscher Staatsgewalt an jedem Ort innerhalb des Bundesgebiets Aufenthalt und Wohnsitz zu nehmen.[31] Vorliegend könnte es allenfalls um den Aspekt des „Aufenthalts" im Sinne eines vorübergehenden Verweilens gehen. Tatsächlich wird dem A durch den Platzverweis verwehrt, für eine bestimmte Zeit einen bestimmten Bereich aufzusuchen und sich dort aufzuhalten. Strittig ist aber, ob dieses gewollte Verweilen des A im Stadtpark bereits dem „Aufenthalt" im Sinne des Freizügigkeitsgrundrechts entsprechen würde. Zu den Voraussetzungen eines „Aufenthalts" in diesem Sinne gibt es eine Vielzahl von Ansichten. Gemeinhin anerkannt ist, dass jedenfalls ein flüchtiges[32] Verweilen an einem bestimmten Ort nicht ausreichend ist, der Aufenthalt vielmehr zumindest von einer gewissen Dauer sein muss, wobei die genaue Dauer dieser Dauer ihrerseits umstritten ist.[33] Jedenfalls nach herrschender Meinung erfasst aber ein Platzverweis, anders als ein Aufenthaltsverbot[34], wegen seiner Kurzfristigkeit – im Fall: weniger als vier Stunden, wobei noch einschränkend hinzukäme, dass A sich ja vermutlich ohnehin nicht für diesen gesamte Zeitraum im Stadtpark aufhalten würde – noch nicht den zeitlichen Rahmen des von Art. 11 Abs. 1 GG erfassten Schutzgutes des freien Aufenthalts.[35] Der sachliche Schutzbereich dieses Grundrechts ist daher nicht eröffnet.

---

31 BVerfG, Beschl. v. 7.5.1953 – 1 BvL 104/52 = NJW 1953, 1057.
32 *Ogorek* in: 58. Edition, Stand: 15.6.2024, Art. 11 Rn. 11.
33 *Pagenkopf* in: Sachs, Grundgesetz, 10. Aufl. 2024, Art. 11 Rn. 16. Die Frage nach der Dauer der „gewissen Dauer" wird mit sehr unterschiedlichen Ansichten beantwortet, welche von „mindestens einer Nacht" (*Merten*, Der Inhalt des Freizügigkeitsrechts, 1970, S. 44 und 52) bis zu wenigen Minuten (*Pieroth*, Das Grundrecht der Freizügigkeit, JuS 1985, 81, 83) reichen.
34 *Durner* in: Dürig/Herzog/Scholz, Grundgesetz-Kommentar, 103. EL Januar 2024, Art. 11 Rn. 83.
35 Siehe namentlich BVerfG, Beschl. v. 25.3.2008 – 1 BvR 1548/02 = BeckRS 2008, 142691; *Durner* in: Dürig/Herzog/Scholz, Grundgesetz-Kommentar, 103. EL Januar 2024, Art. 11 Rn. 83; *Trurnit*, Eingriffsrecht, 5. Aufl. 2024, Rn. 490; *Enders* in: BeckOK Polizeirecht Baden-Württemberg, 32. Edition, Stand: 15.3.2024, § 30 Rn. 7.

Stattdessen könnte das Freiheitsgrundrecht des Art. 2 Abs. 2 Satz 2 GG einschlägig sein. Auch dessen Schutzgut ist durchaus umstritten.[36]

> Eine beliebte Abgrenzung zwischen Art. 11 GG und Art. 2 Abs. 2 Satz 2 GG erfolgt auch dahingehend, dass das Freizügigkeitsgrundrecht die „Fortbewegung um des Aufenthalts willen", das Freiheitsgrundrecht hingegen den „Aufenthalt um der Fortbewegung willen" erfasse.[37]

Zweifelsohne von Art. 2 Abs. 2 Satz 2 GG erfasst ist die Freiheit, einen gegenwärtigen Aufenthaltsort zu verlassen („weg von hier"), das Grundrecht schützt also insofern insbesondere vor ungerechtfertigten Freiheitsbeschränkungen und -entziehungen.[38] Das Bundesverfassungsgericht sieht einen Anwendungsfall des Art. 2 Abs. 2 Satz 2 GG auch dann, wenn jemand durch die öffentliche Gewalt daran gehindert wird, einen Ort aufzusuchen oder sich dort aufzuhalten, der ihm an sich (tatsächlich und rechtlich) zugänglich ist.[39] Dementsprechend wäre vom Freiheitsgrundrecht das „hin nach dort", also über den klassischen *Habeas-Corpus*-Gehalt[40] hinaus auch die Hinbewegungsfreiheit erfasst, wobei die vom Bundesverfassungsgericht formulierte Einschränkung der rechtlichen Zugänglichkeit zu der Einschätzung führen könnte, dass Verbote, einen bestimmten Ort aufzusuchen, schon deswegen nicht zu einer Anwendung von Art. 2 Abs. 2 Satz 2 GG führen können, da dieser Ort durch das Verbot ja nicht „an sich zugänglich" ist.[41]

> Die Erwägungen des Bundesverfassungsgerichts zur Zugänglichkeit „an sich" erscheinen bei näherer Betrachtung als gewisser Zirkelschluss. Die Formulierung dürfte aber der besonderen Fallkonstellation in der ent-

---

36 Siehe auch jüngst das BVerfG, Beschl. v. 19.11.2021 – 1 BvR 781/21 („*Bundesnotbremse I*") = NJW 2022, 139, 158: „Art. 2 Abs. 2 Satz 2 in Verbindung mit Art. 104 Abs. 1 GG schützt die im Rahmen der geltenden allgemeinen Rechtsordnung gegebene tatsächliche körperliche Bewegungsfreiheit vor staatlichen Eingriffen (…). Das Grundrecht gewährleistet allerdings von vornherein nicht die Befugnis, sich unbegrenzt und überall hin bewegen zu können (…). Die Fortbewegungsfreiheit setzt damit in objektiver Hinsicht die Möglichkeit voraus, von ihr tatsächlich und rechtlich Gebrauch machen zu können. (…) Für den Eingriff in Art. 2 Abs. 2 Satz 2 GG ist konstitutiv, dass die Betroffenen durch die öffentliche Gewalt gegen ihren Willen daran gehindert werden, einen Ort oder Raum, der ihnen an sich tatsächlich und rechtlich zugänglich ist, aufzusuchen, sich dort aufzuhalten oder diesen zu verlassen."
37 *Kingreen/Poscher*, Grundrechte Staatsrecht II, 40. Aufl. 2024, Rn. 1057.
38 *Lang* in: BeckOK Grundgesetz, 58. Edition, Stand: 15.6.2024, Art. 2 Rn. 84 f.
39 BVerfG, Urt. v. 14.5.1996 – 2 BvR 1516/93 = NVwZ 1996, 678 ff.; siehe auch jüngst das BVerfG, Beschl. v. 19.11.2021 – 1 BvR 781/21 („*Bundesnotbremse I*") = NJW 2022, 139, 158.
40 Als *Habeas Corpus* wird ein im englischen Verfassungshistorie entwickeltes Institut bezeichnet, das einen bis heute gängigen rechtsstaatlichen Maßstab für staatliche Freiheitsbeschränkungen und Freiheitsentziehungen mitsamt des dazugehörigen Richtervorbehalts bildet, vgl. *Kingreen/Poscher*, Grundrechte Staatsrecht II, 40. Aufl. 2024, Rn. 592.
41 *Di Fabio* in: Dürig/Herzog/Scholz, Grundgesetz-Kommentar, 103. EL Januar 2024, Art. 2 Abs. 2 Satz 2, Rn. 27.

> sprechenden Ausgangsentscheidung des Bundesverfassungsgerichts geschuldet sein (BVerfG, Urt. v. 14.5.1996 – 2 BvR 1516/93 = NVwZ 1996, 678 ff.: Begrenzung des Aufenthalts von Asylsuchenden während des Verfahrens nach § 18a AsylVfG auf die für ihre Unterbringung vorgesehenen Räumlichkeiten im Transitbereich eines Flughafens).[42]

Je nach vertretener Ansicht mag zwar ein Platzverweis als Einschränkung der personalen Bewegungsfreiheit verstanden werden. Es entspräche aber kaum der besonderen Qualität des Freiheitsgrundrechts, wollte man eine solche – zwangsläufig nur vorübergehende – Einschränkung als Fall des Art. 2 Abs. 2 Satz 2 GG auffassen. Örtlich begrenzte Betretungsverbote müssen daher in Ausmaß und Intensität zumindest freiheitsbeschränkenden/-entziehenden Maßnahmen – wie etwa einem Hausarrest – gleichkommen, um tatsächlich von einem Eingriff in die Freiheit der Bewegung sprechen zu können.[43] Zum selben Ergebnis gelangt man, wenn man davon ausgeht, dass das Freiheitsgrundrecht – auch vor dem Horizont seiner geschichtlichen Ursprünge – in Gestalt eines alleinigen Rechts auf Fortbewegung lediglich davor schützt, gegen den eigenen Willen an einem Ort festgehalten zu werden.[44]

Der sachliche Schutzbereich des Art. 2 Abs. 2 Satz 2 GG ist folglich vorstehend nicht eröffnet.

Insofern kommt lediglich der Rückgriff auf das Auffangrundrecht der allgemeinen Handlungsfreiheit nach Art. 2 Abs. 1 GG in Betracht.[45] Art. 2 Abs. 1 GG schützt als Auffanggrundrecht bzw. allgemeines Freiheitsrecht jedes menschliche Verhalten, also auch völlig unbedeutende oder sozialschädliche Verhaltensweisen. Der von A beabsichtigte kurzfristige Aufenthalt in einem Stadtpark zum Taubenfüttern fällt damit unproblematisch in den sachlichen Schutzbereich von Art. 2 Abs. 1 GG.

> Insgesamt gibt es zum Verhältnis der in solchen Konstellationen denkbar einschlägigen Art. 2 Abs. 1 GG, Art. 2 Abs. 2 Satz 2 GG und Art. 11 Abs. 1 GG eine Vielzahl verschiedener Theorien und Lösungsansätze, deren Darlegung von Ihnen in der vorhandenen Tiefe in der Klausur aber keinesfalls erwartet werden können. Der hier vertretene Lösungsansatz (Art. 11 GG scheidet mangels hinreichender Dauer aus; Art. 2 Abs. 2 Satz 2 schützt zumindest in erster Linie die Fortbewegungsfreiheit, ein

---

42 *Enders* in: BeckOK Polizeirecht Baden-Württemberg, 32. Edition, Stand: 15.3.2024, § 30 Rn. 5.
43 *Di Fabio* in: Dürig/Herzog/Scholz, Grundgesetz-Kommentar, 103. EL Januar 2024, Art. 2 Abs. 2 Satz 2, Rn. 28.
44 Vgl. *Enders* in: BeckOK Polizeirecht Baden-Württemberg, 32. Edition, Stand: 15.3.2024, § 30 Rn. 6.
45 Vgl. *Enders* in: BeckOK Polizeirecht Baden-Württemberg, 32. Edition, Stand: 15.3.2024, § 30 Rn. 7.

Platzverweis genügt von der Intensität her jedenfalls nicht, um als Eingriff in die Bewegungsfreiheit eingeordnet zu werden, sodass es bei der allgemeinen Handlungsfreiheit nach Art. 2 Abs. 1 GG verbleiben muss) ist mithin nur einer von mehreren denkbaren Wegen, im Zweifel aber der „kürzeste" und „griffigste".

2. Persönlicher Schutzbereich

Auf das Jedermannsgrundrecht der allgemeinen Handlungsfreiheit des Art. 2 Abs. 1 GG kann sich A unabhängig von seiner Staatsangehörigkeit berufen.

II. Eingriffsqualität

Eingriff ist jedes staatliche Handeln, das die Ausübung des geschützten Verhaltens erschwert oder unmöglich macht.

Durch die Erteilung des Platzverweises verwehren es die Polizeibeamten dem A, sein Vorhaben des Taubenfütterns im Innenstadtbereich von Schwäbisch Hall auszuführen. Ein Eingriff in das Grundrecht der allgemeinen Handlungsfreiheit nach Art. 2 Abs. 1 GG liegt insofern unproblematisch vor.

III. Verfassungsrechtliche Rechtfertigung des Eingriffs

1. Einschränkbarkeit des Grundrechts

Das Grundrecht aus Art. 2 Abs. 1 GG kann durch die „Rechte anderer", die „verfassungsmäßige Ordnung" oder das „Sittengesetz" eingeschränkt werden.

Praktische Bedeutung innerhalb dieser sog. Schrankentrias kommt nur der verfassungsmäßigen Ordnung zu, da die Rechte anderer und das Sittengesetz positiviert und somit bereits Bestandteil der verfassungsmäßigen Ordnung sind.[46] Verfassungsmäßige Ordnung i. S. d. Art. 2 Abs. 1 GG meint die verfassungsmäßige Rechtsordnung, also die Gesamtheit der Normen, die formell und materiell der Verfassung gemäß sind.[47] Im Ergebnis kommt die Schranke der verfassungsmäßigen Ordnung einem einfachen Gesetzesvorbehalt gleich.[48]

Da es sich – wie noch darzustellen sein wird – bei § 30 Abs. 1 PolG um ein formelles Landesgesetz handelt, bedarf es an dieser Stelle keines vertieften Eingehens auf die Frage, ob auch Normen unterhalb der Ebene formeller Gesetze taugliche Grundlage für Einschränkungen der allgemeinen Handlungsfreiheit sind. Ohnehin würden diese ja regelmäßig ihrerseits auf formellen Gesetzen beruhen, der Streitstand ist nach

---

46 *Lang* in: BeckOK Grundgesetz, 58. Edition, Stand: 15.6.2024, Art. 2 Rn. 24.
47 BVerfG, Urt. v. 16.1.1957 – 1 BvR 253 56 = NJW 1957, 297 f.
48 *Rixen* in: Sachs, Grundgesetz, 10. Aufl. 2024, Art. 2 Rn. 90.

> hier vertretener Auffassung daher nur vor dem Horizont der sog. Wesentlichkeitstheorie relevant, wonach bei Grundrechtseingriffen von gewisser Intensität Eingriffsbefugnisse in einem parlamentarischen Gesetz selbst zu regeln sind und nicht auf hierauf beruhende nachrangige Normen des materiellen Rechts delegiert werden dürfen.

2. Verfassungsmäßigkeit der Rechtsgrundlage

a) Rechtsgrundlage für die Maßnahme
Rechtsgrundlage für den erteilten Platzverweis ist § 30 Abs. 1 PolG.

b) Gesetzgebungskompetenz für die Rechtsgrundlage
Bei § 30 Abs. 1 PolG handelt es sich um eine landesrechtliche Norm auf dem Gebiet der Gefahrenabwehr. Nach der grundgesetzlichen Aufgabenverteilung (Art. 70 ff. GG) obliegt die Gefahrenabwehr im Grundsatz der Zuständigkeit der Länder (Art. 70 Abs. 1 GG).

c) Anforderungen der Grundrechtsschranke
Als formelles Landesgesetz und damit Teil der verfassungsmäßigen Ordnung erfüllt § 30 Abs. 1 PolG unproblematisch die Einschränkungsvoraussetzungen des Art. 2 Abs. 1 GG.

d) Grenzen der Einschränkbarkeit

aa) Hinreichende Bestimmtheit der Rechtsgrundlage
§ 30 Abs. 1 PolG ist hinreichend bestimmt. Die von der Norm Betroffenen können in genügender Weise die Rechtslage erkennen und ihr Verhalten darauf einrichten. Soweit auf den ersten Blick unklar erscheint, was „Gefahr" und „Störung" meinen, ist § 1 Abs. 1 PolG ergänzend heranzuziehen, der die öffentliche Sicherheit und Ordnung als polizeiliche Schutzgüter benennt.

bb) Wahrung des Verhältnismäßigkeitsgrundsatzes
Hier bestehen keine Bedenken hinsichtlich § 30 Abs. 1 PolG. Ein Platzverweis kann ein geeignetes, erforderliches und auch angemessenes Mittel zur Gefahrenabwehr sein. Eine Ingewahrsamnahme stellt bspw. regelmäßig einen intensiveren Grundrechtseingriff dar. Zudem formuliert die Norm explizit Verhältnismäßigkeitserwägungen („vorübergehend").

> Wie bei den meisten real existierenden Normen können die Ausführungen hier sehr kurzgehalten sein. Letztlich dürften lediglich bei den in der Kritik[49] stehenden Maßnahmen der Identitätsfeststellung nach § 27 Abs. 1 Nr. 2 PolG und § 27 Abs. 1 Nr. 7 PolG tiefschürfendere Ausfüh-

---

[49] Vgl. etwa *Nachbaur*, Das neue baden-württembergische Polizeigesetz – in Teilen verfassungswidrig, VBlBW 2021, 55 ff.

rungen erwartet werden. Die übrigen – in Klausuren zu erwartenden – Rechtsgrundlagen für polizeiliche Maßnahmen begegnen unter Verhältnismäßigkeitsaspekten kaum ernsthaften Bedenken. Vorsicht ist lediglich geboten, wenn Ihnen in einer Klausur fiktive, also vom Klausurenersteller erfundene, Rechtsgrundlagen präsentiert werden. Dann ist nicht unwahrscheinlich, dass der Prüfungsabschnitt III. 2. deutlich problemorientierter abgehandelt werden muss (siehe dazu auch gleich). Und immer daran denken: Ausführungen zum Sachverhalt des Falls, also zu dem von PHMin Müller und POM Schneider konkret ausgesprochenen Platzverweis, haben unter Prüfungsabschnitt III. 2. nichts zu suchen. Hier wird allein die Verfassungsmäßigkeit der Rechtsgrundlage erörtert.

Zwischenergebnis: § 30 Abs. 1 PolG ist verfassungsgemäß.

IV. Verfassungsmäßigkeit von § 8 der Polizeiverordnung von Schwäbisch Hall

Fraglich ist, ob auch § 8 der Polizeiverordnung verfassungsgemäß ist.

Achtung! Das ist hier gleich mal zu Beginn des Fallkompendiums eine Besonderheit! Der Platzverweis stützt sich ja nicht auf eine übliche „Gefahr" i. S. d. § 30 Abs. 1 PolG, sondern auf den anstehenden Verstoß des A gegen eine fiktive Norm. In diesen Fällen sollte auch die Norm, wegen derer die polizeiliche Maßnahme ergeht, ausdrücklich geprüft werden. Vom Aufbau her sind dabei prinzipiell zwei Wege denkbar. Nach hier vertretener Darstellung wird die relevante Norm der Polizeiverordnung von Schwäbisch Hall schlichtweg nach der Verfassungsmäßigkeit der Rechtsgrundlage erörtert. Theoretisch denkbar wäre auch, diese Prüfung im Rahmen der Tatbestandsvoraussetzungen des Platzverweises (III. 3. b) vorzunehmen: Ein Platzverweis erfolgt ja zur Abwehr einer Gefahr für die öffentliche Sicherheit bzw. Ordnung oder zur Beseitigung einer Störung derselben. Eine Gefahr für die öffentliche Sicherheit käme aber nur in Betracht, wenn A im Begriff wäre, gegen eine verfassungsgemäße Norm zu verstoßen. Insofern könnte dies auch dort – systematisch mindestens ebenso korrekt! – geprüft werden. Der hier vertretene Ansatz hat den Vorteil, dass der Prüfungsaufbau dadurch weniger verschachtelt erscheint. Der eigentliche Aufbau der Prüfung der Verfassungsmäßigkeit des § 8 der Polizeiverordnung kann teilweise an das Schema des Prüfungsabschnitts III. 2. angelehnt werden, allerdings sollte bei den Formulierungen darauf geachtet werden, dass die Verordnungsnorm keine Rechtsgrundlage für eine „Maßnahme" selbst ist (dies ist § 30 Abs. 1 PolG). Am einfachsten erscheint es, die Prüfung in die Abschnitte „formelle Verfassungsmäßigkeit" und „materielle Verfassungsmäßigkeit" zu unterteilen. Tiefgehende und umfangreiche Ausführungen werden hier ohnehin nicht erwartet. Und wie gesagt: Diese Prü-

> fung ist regelmäßig nur erforderlich, wenn es sich bei der Norm, gegen die das polizeiliche Gegenüber verstößt bzw. zu verstoßen droht, um eine fiktive Regelung handelt, die der Klausurenersteller erfunden hat. Bei Verstößen gegen real existierende Normen und Rechtspositionen (z. B. körperliche Unversehrtheit, § 223 StGB, Eigentumsrechte, § 303 StGB etc.) bedarf es selbstverständlich keiner Prüfung dieser Bestimmungen. Hier reicht es, diese bspw. als Bestandteil der öffentlichen Sicherheit einzuordnen.

1. Formelle Verfassungsmäßigkeit von § 8 der Polizeiverordnung

a) Rechtsgrundlage für den Erlass der Verordnungsnorm

Rechtsgrundlage für den Erlass einer Polizeiverordnung wie der vorliegenden ist § 17 Abs. 1 PolG. Bei der Verordnung von Schwäbisch Hall handelt es sich auch um eine Polizeiverordnung i. S. d. § 17 Abs. 1 PolG, da sie in Gestalt der Untersagung des Taubenfütterns namentlich ein Verbot enthält, das für eine unbestimmte Anzahl von Fällen an eine unbestimmte Anzahl von Personen gerichtet ist.

> Die Ermächtigungsgrundlage des § 17 Abs. 1 PolG wird auch nicht von spezialgesetzlichen Vorschriften, wie etwa solchen des Infektionsschutzgesetzes (IfSG), verdrängt. Eine Sperrwirkung für die lediglich subsidiäre Verordnungsermächtigung des allgemeinen Polizeirechts entfalten die Bestimmungen des Infektionsschutzgesetzes nur, soweit eine Rechtsvorschrift allein den Zweck verfolgt, die Bevölkerung vor übertragbaren Krankheiten i. S. v. § 2 Nr. 3 IfSG zu schützen. Dies ist hier nicht der Fall.[50]

b) Zuständigkeit für den Erlass der Verordnungsnorm

Gemäß § 17 Abs. 1 PolG liegt die Zuständigkeit für den Erlass von Polizeiverordnungen bei den allgemeinen Polizeibehörden. Nach § 106 Abs. 1 Nr. 4 PolG sind allgemeine Polizeibehörden unter anderem die Ortspolizeibehörden, deren Grundsatzzuständigkeit aus § 111 Abs. 2 PolG folgt. In der Verantwortung der Ortspolizeibehörden liegt als allgemeine Polizeibehörde der Erlass von Polizeiverordnungen nach § 17 Abs. 1 PolG.[51] Gemäß § 107 Abs. 4 Satz 1 PolG sind Ortspolizeibehörden die Gemeinden, hier also die Große Kreisstadt Schwäbisch Hall. Gemäß § 21 Satz 2 PolG ist innerhalb der Gemeindestruktur der Bürgermeister zuständig. Der Erlass einer Polizeiverordnung „auf unbestimmte Zeit" ist möglich, soweit eine Verordnung aber länger als einen Monat Geltung haben soll, muss ihr nach § 23

---

50 Vgl. VG Stuttgart, Urt. v. 27.5.2014 – 5 K 433/12 = BeckRS 2014, 55757.
51 Vgl. *Schatz* in: BeckOK Polizeirecht Baden-Württemberg, 32. Edition, Stand: 15.3.2024, § 107 Rn. 13 ff.

Abs. 2 PolG der Gemeinderat zustimmen.[52] Dies ist laut Sachverhalt gegeben. Die Zuständigkeitsvoraussetzungen für § 8 der Polizeiverordnung sind mithin erfüllt.

> Eigentlich ist nach der Regelung des § 44 Abs. 3 Satz 1 Halbsatz 2 der Gemeindeordnung von Baden-Württemberg der Gemeinderat „für den Erlass von Satzungen und Rechtsverordnungen zuständig, soweit Vorschriften anderer Gesetze nicht entgegenstehen." Hier steht aber eben § 21 PolG entgegen, der die Zuständigkeit für den Erlass von Polizeiverordnungen an den Bürgermeister vergibt.[53]

Sonstige formelle Fehler sind nicht ersichtlich.

2.   Materielle Verfassungsmäßigkeit von § 8 der Polizeiverordnung
§ 8 der Polizeiverordnung ist hinreichend bestimmt: Der Bürger kann erfassen, was unter „öffentlichen Straßen, Wegen und Plätzen, (…) öffentlichen Anlagen und (…) öffentlichen Einrichtungen" zu verstehen ist.

Zwar kommt es aufgrund der Vorschrift zu einem Eingriff in Art. 2 Abs. 1 GG (Verbot des Taubenfütterns als grundsätzlich gegebenes Schutzgut der allgemeinen Handlungsfreiheit). Die Schrankentrias des Art. 2 Abs. 1 GG gestattet jedoch Einschränkungen durch die verfassungsmäßige Rechtsordnung, also die Gesamtheit der Normen, die formell und materiell der Verfassung gemäß sind. Hierzu gehört auch eine Polizeiverordnung als Teil der materiellen Gesetze. Diese ist vorliegend gestützt auf eine formellgesetzliche Norm (§ 17 PolG). Eine eigenständige Regelung durch Parlamentsgesetz vor dem Horizont der Wesentlichkeitsgarantie und den insofern denkbaren Delegationsverboten als Grenzen des Art. 80 Abs. 1 GG[54] wäre nur erforderlich, wenn der demokratische Parlamentsvorbehalt dies verlangen würde.[55] Davon kann bei einem „Gebrauchsklassiker des Ordnungsrechts" wie der auf einer formellgesetzlichen Verordnungsermächtigung beruhenden Fütterungsuntersagung nicht ausgegangen werden.[56]

Auch sonst können in materieller Hinsicht keine Bedenken hinsichtlich der Verfassungsmäßigkeit der Verordnungsnorm bestehen. Art. 20a GG („Tierschutz") gebietet zwar den Schutz der Tiere (wozu auch das Füttern von Tauben gehören könnte). Bei dieser Norm handelt es sich indes um eine sog. Staatszielbestimmung (siehe dazu unter Rn. 148), die andere Rechtsgüter nicht von vornherein überlagert, sondern die durch entgegenstehende Werte

---
52 Vgl. *Reinhardt* in: BeckOK Polizeirecht Baden-Württemberg, 32. Edition, Stand: 15.3.2024, § 23 Rn. 1 ff.
53 Vgl. hierzu *Behrendt* in: BeckOK Kommunalrecht Baden-Württemberg, 26. Edition, Stand: 1.8.2024, § 44 GemO BW Rn. 19 ff.
54 Hierzu *Uhle* in: BeckOK Grundgesetz, 58. Edition, Stand: 15.6.2024, Art. 80 Rn. 7 ff.
55 Vgl. *Rixen* in: Sachs, Grundgesetz, 10. Aufl. 2024, Art. 2 Rn. 89 f.
56 Vgl. *Hamann*, Die Gefahrenabwehrverordnung – ein Gebrauchsklassiker des Ordnungsrechts? NVwZ 1994, 669 ff.

begrenzt werden. Es ist insofern nicht ersichtlich, dass § 8 der Polizeiverordnung in unzulässiger Weise gegen Art. 20a GG „verstoßen" würde:

Dem Eingriff in die allgemeine Handlungsfreiheit der Taubenfütterer (und ggf. dem Aspekt „Tierschutz") stehen nämlich gewichtige Rechtsgüter von Verfassungsrang gegenüber, namentlich das Grundrecht auf Leben und körperliche Unversehrtheit (Art. 2 Abs. 2 Satz 1 GG), welches der Verordnungsgeber in Erfüllung seiner Schutzpflichten für dieses Grundrecht zu wahren sucht. Art. 20a GG darf dabei nicht so ausgelegt werden, dass die Norm staatliche Schutzpflichten, die sich aus den Grundrechten ergeben, abzuschwächen vermag: Die Pflicht des Staates, Leben und körperliche Unversehrtheit vor schädlichen Umwelteinwirkungen zu schützen, ist präziser gefasst als Art. 20a GG, mit einem subjektiven Anspruch verbunden, steht selbstständig neben dem Staatsziel und wird durch dessen Konkretisierungsbedürftigkeit nicht relativiert.[57] Tauben können dort, wo sie in größeren Scharen auftreten, nicht nur Schäden an Gebäuden verursachen, sondern führen durch Verunreinigungen auch zu Beeinträchtigungen von Menschen. Durch die Regelung soll vermieden werden, dass namentlich Grünanlagen oder Kinderspielplätze durch stark ätzenden Taubenkot verschmutzt werden. Dadurch werden Gefährdungen für die Gesundheit – etwa durch allergische Reaktionen beim Einatmen von Feder- oder Kotstaub – verhindert. Es ist zwanglos anzunehmen, dass ein ursächlicher Zusammenhang zwischen der Fütterung von Tauben und der Gefahr einer nicht unerheblichen Verschmutzung durch die Tauben gerade dann besteht, wenn auf Straßen und in Anlagen gefüttert wird. Durch das verringerte Nahrungsangebot kann das Brutverhalten der Tauben eingeschränkt bzw. eine etwaige Taubenüberpopulation beseitigt werden.[58]

Das Fütterungsverbot ist auch nicht unverhältnismäßig, handelt es sich doch nur um einen bereits örtlich sehr begrenzten Eingriff in die Freiheit der Ausübung der Tierliebe, der das mildeste geeignete Mittel zur Verminderung der durch Tauben ausgelösten Beeinträchtigungen ist.[59] § 8 der Polizeiverordnung von Schwäbisch Hall ist damit verfassungsmäßig.

> Wie bereits angemerkt: In einer realen SVR-Klausur würden diese umfassenden Erwägungen von Ihnen nicht erwartet. Dafür ist bereits der in der Prüfung regelmäßig zur Verfügung stehende Zeitansatz zu kurz.

V. Verfassungsmäßigkeit der Maßnahme

> Wie Sie sehen, führt die in dieser Klausur erforderliche zusätzliche Prüfung des § 8 der Polizeiverordnung als gefährdetes Schutzgut der öffent-

---

57 *Murswiek* in: Sachs, Grundgesetz, 10. Aufl. 2024, Art. 20a Rn. 21.
58 Vgl. BayVerfGH, Entsch. v. 9.11.2004 – Vf.5-VII-03 = BeckRS 2004, 15893.
59 BayVerfGH, Entsch. v. 9.11.2004 – Vf.5-VII-03 = BeckRS 2004, 15893.

lichen Sicherheit zu einer anderen Durchnummerierung der folgenden Prüfungspunkte.

1. Zuständigkeit, Verfahren, Form

Die sachliche Zuständigkeit der Polizeibeamten folgt aus § 105 Abs. 3 PolG (Parallelzuständigkeit), die örtliche Zuständigkeit aus §§ 120, 121 Abs. 1 Nr. 1 PolG. Von der Einhaltung der Verfahrens- und Formvorschriften hinsichtlich des ausgesprochenen Platzverweises als Verwaltungsakt (§§ 35 ff. LVwVfG) kann ausgegangen werden, insbesondere ist die nach § 28 Abs. 2 LVwVfG grundsätzlich erforderliche Anhörung ausweislich der Informationen des Sachverhaltes erfolgt.

2. Tatbestandsvoraussetzungen

Tatbestandlich erfordert § 30 Abs. 1 PolG eine „Gefahr" oder eine „Störung". Welche Schutzgüter gemeint sind, denen eine „Gefahr" droht oder hinsichtlich derer eine „Störung" bereits eingetreten ist, benennt die Norm nicht ausdrücklich. Insofern greifen die allgemeinen polizeirechtlichen Bestimmung der §§ 1, 3 PolG.[60] Geschützt ist demnach jedenfalls die öffentliche Sicherheit, also der Schutz zentraler Rechtsgüter wie Leben, Gesundheit, Freiheit, Ehre, Eigentum und Vermögen des Einzelnen sowie die Unversehrtheit der Rechtsordnung und der staatlichen Einrichtungen.[61] Nach herrschender, wenngleich nicht unumstrittener Meinung, erfasst § 30 Abs. 1 PolG aber auch das Schutzgut der öffentlichen Ordnung, also die sozial-ethisch zentralen „ungeschriebenen Regeln", die für das Verhalten des Einzelnen in der Öffentlichkeit gelten.[62] Letzteres bedarf vorliegend keiner abschließenden Entscheidung, da hier jedenfalls die öffentliche Sicherheit in Gestalt der Unversehrtheit der Rechtsordnung durch den anstehenden Verstoß des A gegen § 8 der Polizeiverordnung bedroht ist. Dass es sich dabei um einen drohenden Verstoß gegen – „nur" – eine Polizeiverordnung handelt, spielt tatbestandlich keine Rolle: Zur „Rechtsordnung" gehört das gesamte geschriebene Recht, also auch Normen unterhalb der Ebene formeller Gesetze.[63]

Die insofern bestehende Gefahr i. S. d. § 30 Abs. 1 PolG war auch konkret, da bei ungehindertem Verlauf der Dinge A im Stadtpark Tauben gefüttert und somit gegen § 8 der Polizeiverordnung von Schwäbisch Hall verstoßen hätte.

---

60 *Enders* in: BeckOK Polizeirecht Baden-Württemberg, 32. Edition, Stand: 15.3.2024, § 30 PolG Rn. 14.
61 Vgl. BVerfG, Beschl. v. 14.5.1985, 1 BvR 233/81 – 1 BvR 341/81 = NJW 1985, 2395, 2398.
62 *Enders* in: BeckOK Polizeirecht Baden-Württemberg, 32. Edition, Stand: 15.3.2024, § 30 PolG Rn. 19 ff.
63 Vgl. hierzu *Trurnit* in: BeckOK Polizeirecht Baden-Württemberg, 32. Edition, Stand: 15.3.2024, § 1 Rn. 36 ff.

3. Schranken-Schranken

a) Hinreichende Bestimmtheit der Maßnahme

Ausweislich der Informationen des Sachverhaltes erteilen die Beamten dem A bis 21.00 Uhr einen Platzverweis für die – räumlich ausdrücklich abgegrenzten – Bereiche des Stadtparks. Insofern ist die Maßnahme hinreichend bestimmt (vgl. § 37 Abs. 1 LVwVfG).

> Die Bestimmtheit der Maßnahme ist nach dem oben ausgeführten Schema nicht stets in der SVR-Klausur anzusprechen, sondern nur dann, wenn der Sachverhalt Anlass dazu bietet. Vorliegend ist die Bestimmtheit recht unproblematisch, weshalb es jedenfalls kein erhebliches Defizit wäre, wenn man diesen Punkt gar nicht anspräche. Andererseits gehört es stets zu den zentralen Grunderfordernissen eines jeden Platzverweises, dass dieser inhaltlich – also vor allem zeitlich und örtlich – hinreichend bestimmt ist. Darauf ist in der Praxis sowie in Polizeirechtsklausuren stets zu achten.

b) Wahrung des Verhältnismäßigkeitsgrundsatzes

aa) Geeignetheit

Der Platzverweis für den Stadtpark bis 21.00 Uhr, laut Sachverhalt also etwa bis zum Sonnenuntergang, ist angesichts der Tagesaktivität von Tauben ein geeignetes Mittel, ihre Fütterung durch A zu unterbinden. Der Platzverweis erstreckt sich zwar nur auf den Stadtpark und nicht auf weitere Gebiete im Innenstadtbereich von Schwäbisch Hall, in denen das Füttern von Tauben ebenfalls verboten ist. Dem Sachverhalt lässt sich indes nicht entnehmen, dass A angekündigt hätte, dann eben auf einen anderen Fütterungsort auszuweichen.

bb) Erforderlichkeit

Ein milderes Mittel ist nicht ersichtlich. Insbesondere wäre als solches wohl nicht die Beschlagnahme des Futters (§ 38 Abs. 1 Nr. 1 PolG) anzusehen, weil eine solche Maßnahme – „zusätzlich" zum Fütterungsverbot als Eingriff in Art. 2 Abs. 1 GG – zu einem Eingriff in das Grundrecht auf Eigentum (Art. 14 GG) in Gestalt der Verfügungsbefugnis des Eigentümers über sein Eigentum führen würde.

cc) Angemessenheit

Die Maßnahme war auch angemessen. Ein verfassungsrechtlich schützenswertes Überwiegen des Interesses des A, im Stadtpark von Schwäbisch Hall Tauben zu füttern, kann angesichts der Wertigkeit der durch das entsprechende Verbot geschützten Rechtsgüter auch im konkreten Einzelfall nicht angenommen werden. Insofern kann auf die Ausführungen unter III. 2. verwiesen werden.

Ergebnis: Die Anordnung des Platzverweises durch PHMin Müller und POM Schneider war verfassungsrechtlich in Ordnung.

> **Zusatzfrage:**
> Bei dem ausgesprochenen Platzverweis handelt es sich um einen Verwaltungsakt.[64] Dieser hat sich mittlerweile erledigt, sodass als Möglichkeit gerichtlichen Rechtsschutzes nur die Fortsetzungsfeststellungsklage nach § 113 Abs. 1 Satz 4 VwGO analog in Betracht kommt. Die Erforderlichkeit einer analogen Anwendung resultiert aus dem Umstand, dass § 113 Abs. 1 Satz 4 VwGO seinem Wortlaut nach nur Konstellationen regelt, in welchen das erledigende Ereignis – anders als hier – nach Klageerhebung eintritt.[65]

---

64 Vgl. *Enders* in: BeckOK Polizeirecht Baden-Württemberg, 32. Edition, Stand: 15.3.2024, § 30 PolG Rn. 1.
65 Vgl. *Decker* in: BeckOK VwGO, 70. Edition, Stand: 1.7.2024, § 113 Rn. 90.

Fall 2 „Weisen Sie sich aus!"
Übungsfall zu Art. 2 Abs. 1 GG i. V. m. Art. 1 Abs. 1 GG und Art. 2 Abs. 2 Satz 2 GG/Art. 104 GG

127 Angenommen, an einem lauen Samstagabend im Mai 2025 rufen Anwohner einer baden-württembergischen Kleinstadt über Notruf die Polizei. Im angrenzenden Stadtpark schreie eine Person lauthals herum, sie werde jetzt hier „alles kaputt machen". POKin Müller und POM Schmidt vom örtlich zuständigen Polizeirevier fahren daraufhin beschleunigt den Stadtpark an. Schon nach kurzer Suche finden Sie dort eine männliche Person an einem Baum stehen. Auf die Ansprache der Polizeibeamten, was er denn dort mache, schreit der Mann, dass „alles Scheiße" sei, weil seine Freundin soeben mit ihm „Schluss gemacht" habe. Er wolle jetzt einfach nur „in Ruhe gelassen werden und seinen Frust rauslassen, am besten an den Laternen des Parks". POKin Müller und POM Schmidt fordern daraufhin den Mann auf, sich auszuweisen. Der Mann antwortet, dass er keine Ausweispapiere dabeihabe. Infolgedessen teilen die Beamten dem Mann mit, dass er nun für eine Durchsuchung seiner Bekleidung nach Ausweispapieren vor Ort bleiben müsse. Nach kurzer Zeit kann in der Jackentasche des Mannes ein Ausweisdokument gefunden werden. Da sich zunächst aber noch gewisse Zweifel hinsichtlich der Echtheit dieses Dokuments auftun, zieht sich die Maßnahme noch weitere zehn Minuten hin. Dann ist die Identität des Manns zweifelsfrei geklärt. Weil sich die Situation zwischenzeitlich beruhigt hat und der Mann – A – glaubhaft erklärt, jetzt doch „besser nach Hause zu gehen", sehen die Beamten von weiteren Maßnahmen ab.

Am nächsten Tag trifft A zufällig eine befreundete Rechtsanwältin, erzählt dieser von dem Vorgang und fragt, ob das denn alles verfassungsgemäß gewesen sei, was die Beamten gemacht hätten. Eigentlich habe er doch gar nichts gemacht, was die Beamten berechtigt hätte, ihre Maßnahmen zu treffen. Er fühle sich in seinem „Datenschutzrecht", seiner Freiheit und seiner körperlichen Unversehrtheit beeinträchtigt.

Aufgabe:
Prüfen Sie, ob die Maßnahmen der Polizeibeamten gegenüber dem Mann verfassungsrechtlich in Ordnung waren.

Fall 2: „Weisen Sie sich aus!"

Bearbeitungshinweis:
Eine Prüfung von Art. 2 Abs. 1 GG (allgemeine Handlungsfreiheit in Bezug auf das verhinderte Austreten von Laternen) ist nicht vorzunehmen.

Zugelassene Hilfsmittel:
Grundgesetz, Polizeigesetz Baden-Württemberg, Strafgesetzbuch

Lösungsvorschlag:

> **Vorbemerkung:** Diese Klausur weist insgesamt einen mittleren Schwierigkeitsgrad auf. Zu erkennen ist freilich, dass hier mehrere Grundrechte nebeneinander zu erörtern sind.

I. Schutzbereich des Grundrechts

1. Sachlicher Schutzbereich

Vorliegend könnte zum einen der Schutzbereich des Grundrechts der Freiheit der Person, Art. 2 Abs. 2 Satz 2 GG, Art. 104 GG, betroffen sein, da A während der identitätsfeststellenden Maßnahmen insgesamt gut 10 Minuten vor Ort bleiben musste.

> **Tipp:** Wenn es um das Freiheitsgrundrecht geht, sollten Sie in der Klausur immer Art. 2 Abs. 2 Satz 2 GG und Art. 104 GG erwähnen, da es sich insoweit um eine in der Verfassung normierte „Gewährleistungsverdoppelung" handelt, die entstehungsgeschichtliche Gründe hat.[66] Im Übrigen ergibt sich erst aus Art. 104 GG, dass es sich bei der Freiheit der Person um ein Grundrecht mit qualifiziertem Gesetzesvorbehalt handelt.

Das Recht auf Freiheit der Person schützt die körperliche Bewegungsfreiheit, insbesondere die Freiheit, einen gegenwärtigen Aufenthaltsort zu verlassen.[67]

> Da die Beamten während ihrer Maßnahme jedenfalls in erster Hinsicht den A während der Identitätsfeststellung daran hindern, fortzugehen, bedarf es hier keiner Diskussion der Frage, ob und inwieweit das Freiheitsgrundrecht auch die Hinbewegungsfreiheit an einen bestimmten Ort schützt.[68]

Der sachliche Schutzbereich des Grundrechts der Freiheit der Person ist damit eröffnet.

---

66 Siehe dazu etwa *Kingreen/Poscher*, Grundrechte Staatsrecht II, 40. Aufl. 2024, Rn. 592.
67 *Lang* in: BeckOK Grundgesetz, 58. Edition, Stand: 15.6.2024, Art. 2 Rn. 84.
68 Vgl. dazu BVerfG, Urt. v. 14.5.1996 – 2 BvR 1516/93 („*Fraport*") = NVwZ 1996, 678 ff.

Ferner könnte hinsichtlich der identitätsfeststellenden Maßnahmen der Polizeibeamten der sachliche Schutzbereich des allgemeinen Persönlichkeitsrechts in der Ausprägung des Rechts auf informationelle Selbstbestimmung eröffnet sein.

Das Bundesverfassungsgericht hat das allgemeine Persönlichkeitsrecht als „unbenanntes Freiheitsrecht" entwickelt und verortet dieses in Art. 2 Abs. 1 GG i. V. m. Art. 1 Abs. 1 GG.[69] Es ist gegliedert in verschiedene Ausprägungen, darunter das Recht auf informationelle Selbstbestimmung. In dieser Ausprägung gewährleistet das Grundrecht die Befugnis des Einzelnen, grundsätzlich selbst über die Preisgabe und Verwendung seiner persönlichen Daten zu bestimmen.[70]

> Bezeichnen Sie das Grundrecht in der Klausur daher bitte immer als „allgemeines Persönlichkeitsrecht" und führen dann dessen konkrete Ausprägung an.

Bei der Einordnung der Schutzgüter des allgemeinen Persönlichkeitsrechts stützt sich das Bundesverfassungsgericht[71] auf die sog. „Sphärentheorie"[72]: Die höchste Schutzintensität genießt wegen der besonderen Nähe zur Menschenwürde die Intimsphäre, die jeder Abwägbarkeit unzugänglich ist; die Privatsphäre umfasst den engeren persönlichen Lebensbereich, die Sozialsphäre umfasst die gesamte Teilnahme des Grundrechtsträgers am öffentlichen Leben. Das Recht auf informationelle Selbstbestimmung als Ausprägung des allgemeinen Persönlichkeitsrechts liegt dabei allerdings in gewisser Weise „quer zu diesen Sphären"[73], da es Informationen über eine Person, unabhängig aus welcher Sphäre[74] sie stammen, für schutzbedürftig erachtet[75], weshalb die spezifische Sensibilität dieser Daten für die Eröffnung des sachlichen Schutzbereiches bzw. die Feststellung eines Eingriffs in diese Ausprägung des Grundrechts nicht von Belang ist.[76]

> Die vorgenannte Einordnung kann in der Klausur nicht in der gebotenen verfassungsdogmatischen Tiefe von Ihnen verlangt werden. Es reicht daher aus, wenn Sie in solchen Konstellationen kurz darlegen, dass es

---

69 BVerfG, Beschl. v. 3.6.1980 – 1 BvR 185/77 = NJW 1980, 2070 ff.
70 BVerfG, Urt. v. 15.12.1983 – 1 BvR 209/83 u. a. („*Volkszählung*") = NJW 1984, 419 ff.
71 Vgl. etwa BVerfG, Beschl. v. 16.7.1969 – 1 BvL 19/63 = NJW 1969, 1707 f.; BVerfG, Beschl. v. 15.1.1970 – 1 BvR 13/68 = NJW 1970, 555 f.; weitere Nachweise bei *Lang* in: BeckOK Grundgesetz, 58. Edition, Stand: 15.6.2024, Art. 2 Rn. 36.
72 Eine übersichtliche Darstellung findet sich bspw. bei *Lang* in: BeckOK Grundgesetz, 58. Edition, Stand: 15.6.2024, Art. 2 Rn. 45a.
73 *Lang* in: BeckOK Grundgesetz, 58. Edition, Stand: 15.6.2024, Art. 2 Rn. 45.
74 *Di Fabio* in: Dürig/Herzog/Scholz, Grundgesetz-Kommentar, 103. EL Januar 2024, Art. 2 Abs. 1 Rn. 174.
75 Vgl. *Kingreen/Poscher*, Grundrechte Staatsrecht II, 40. Aufl. 2024, Rn. 532.
76 *Lang* in: BeckOK Grundgesetz, 58. Edition, Stand: 15.6.2024, Art. 2 Rn. 45a.

Fall 2: „Weisen Sie sich aus!"

> die Sphärentheorie des Bundesverfassungsgerichts gibt, diese aber auf die Ausprägung des Rechts auf informationelle Selbstbestimmung hinsichtlich der Frage der Eröffnung des Schutzbereichs und dem Vorliegen eines Eingriffs nicht direkt anwendbar ist, weil jenes Recht quasi „quer zu den Ebenen der Sphärentheorie" liegt.

Bei den im Rahmen einer Identitätsfeststellung erhobenen Daten des Betroffenen der Maßnahme[77] handelt es sich um individualisierte Informationen, welche dem Schutzbereich des Rechts auf informationelle Selbstbestimmung unterliegen.[78]

Der sachliche Schutzbereich des allgemeinen Persönlichkeitsrechts, Art. 2 Abs. 1 GG i. V. m. Art. 1 Abs. 1 GG, in der Ausprägung des Rechts auf informationelle Selbstbestimmung ist daher ebenfalls eröffnet.

> Da Sie in der Klausur regelmäßig einem nicht unerheblichen Zeitdruck unterliegen, bietet es sich übrigens an, bei der ersten Nennung dieses Grundrechts so zu verfahren: „Allgemeines Persönlichkeitsrecht (im Folgenden: APR)"/„Recht auf informationelle Selbstbestimmung (im Folgenden: RiS)". Im weiteren Verlauf können Sie dann nur noch die Abkürzungen verwenden, wenigstens einmal sollten die Begriffe aber ausgeschrieben werden.

Da die beiden vorbezeichneten Grundrechte unterschiedliche Rechtsgüter schützen (Bewegungsfreiheit und persönliche Daten) und zudem auch auf unterschiedlichen Maßnahmen beruhen (Festhalten/Durchsuchen; eigentliche Datenerhebung), stehen sie selbstständig nebeneinander,[79] ein Zurücktreten des einen oder anderen Grundrechts kommt nicht in Betracht.

> Es handelt sich hier also um einen Fall, bei dem auch im weiteren Verlauf der Bearbeitung mehrere Grundrechte – zweckmäßigerweise parallel – zu erörtern sind. Alternativ wäre es auch möglich, die Grundrechte nacheinander zu prüfen.

Nicht hingegen vom sachlichen Schutzbereich her einschlägig ist das Grundrecht der körperlichen Unversehrtheit, Art. 2 Abs. 2 Satz 1 GG. Dieses Grundrecht schützt die Gesundheit im biologisch-physischen wie auch

---

77 „Personalien", also in erster Linie Name, Vorname, Geburtstag, Geburtsort, Wohnanschrift, Staatsangehörigkeit, soweit zu Identifizierung des Betroffenen erforderlich; vgl. *Enders* in: BeckOK Polizeirecht Baden-Württemberg, 32. Edition, Stand: 15.3.2024, § 27 Rn. 7 f.
78 *Di Fabio* in: Dürig/Herzog/Scholz, Grundgesetz-Kommentar, 103. EL Januar 2024, Art. 2 Abs. 1 Rn. 176.
79 *Enders* in: BeckOK Polizeirecht Baden-Württemberg, 32. Edition, Stand: 15.3.2024, § 27 Rn. 6.

ggf. im psychischen Bereich.[80] Die bloße Durchsuchung der Bekleidung des A betrifft diese Schutzgüter nicht. Dies käme – im Gegenteil zur Durchsuchung – lediglich bei einer körperlichen Untersuchung in Betracht, von der im Fall aber nicht die Rede sein kann.

> Da A laut Sachverhalt ausdrücklich seine körperliche Unversehrtheit anspricht, müssen Sie diese Sachverhaltsinformation auch aufgreifen, können sich hier aber kurzfassen, da der Schutzbereich offensichtlich nicht eröffnet ist. Das baden-württembergische Polizeigesetz kennt übrigens keine spezielle Rechtsgrundlage für Maßnahmen der körperlichen Untersuchung. Aufgrund der nicht unerheblichen Grundrechtsrelevanz könnte eine solche Maßnahme auch nicht auf die Generalklausel der §§ 1, 3 PolG gestützt werden.

2. Persönlicher Schutzbereich
Es handelt sich sowohl beim allgemeinen Persönlichkeitsrecht, Art. 2 Abs. 1 i. V. m. Art. 1 Abs. 1 GG, als auch beim Freiheitsgrundrecht, Art. 2 Abs. 2 Satz 2 GG, um Jedermannsgrundrechte, auf die sich A unabhängig von seiner Staatsangehörigkeit berufen kann.

II. Eingriff
Eingriff ist jedes staatliche Handeln, das die Ausübung des geschützten Verhaltens erschwert oder unmöglich macht.

A wurde für insgesamt etwas mehr als 10 Minuten am Ort der polizeilichen Maßnahmen festgehalten. Mit Blick auf das Ziel effektiven Grundrechtsschutzes wird wohl anzunehmen sein, dass diese Zeitspanne den Bereich übersteigt, bei dem auch die Auffassung in Betracht kommen könnte, dass kein Eingriff in das Freiheitsgrundrecht, sondern allenfalls ein solcher in das Grundrecht der allgemeinen Handlungsfreiheit anzunehmen sei.[81]

> Eine andere Auffassung mag hier vertretbar sein, Sie müssten dann entsprechend am Maßstab des Art. 2 Abs. 1 GG weiterprüfen. Bei Zweifelsfällen bietet es sich an (sowohl in der Klausur als auch in der Praxis), die Voraussetzungen eines Eingriffs in das betreffende Spezialgrundrecht mit dem Argument des effektiven Grundrechtsschutzes zu bejahen.

Sobald ein Eingriff in das Freiheitsgrundrecht vorliegt, ist zu unterscheiden, ob es sich um eine Freiheitsbeschränkung oder sogar um eine Freiheitsentziehung handelt. Die Abgrenzung erfolgt nach der Intensität der

---

80 *Kingreen/Poscher*, Grundrechte Staatsrecht II, 40. Aufl. 2024, Rn. 566.
81 Vgl. *Di Fabio* in: Dürig/Herzog/Scholz, Grundgesetz-Kommentar, 103. EL Januar 2024, Art. 2 Abs. 2 Satz 2 GG Rn. 32; *Lang* in: BeckOK Grundgesetz, 58. Edition, Stand: 15.6.2024, Art. 2 Rn. 87a.

Maßnahme, was eine Gesamtbetrachtung von Dauer, Art und Zweck verlangt.[82]

> Diese Unterscheidung ist von Bedeutung, weil für Freiheitsbeschränkungen hinsichtlich Art. 104 GG nur die Anforderungen des ersten Absatzes gelten, bei Freiheitsentziehungen jedoch die Vorgaben des gesamten Artikels zu beachten sind. Anders als bei anderen Grundrechten müssen Sie bei der Freiheit der Person im Prüfungspunkt „Eingriff" also etwas ausführlichere Darlegungen vornehmen.

Oftmals wird in zeitlicher Hinsicht davon ausgegangen, dass eine Freiheitsbeeinträchtigung, die nicht länger als ca. eine Stunde andauert, als bloße Freiheitsbeschränkung anzusehen ist.[83] Vorliegend dauert das Festhalten des A lediglich gut 10 Minuten, sodass es eines Eingehens auf die weiteren Kriterien der Art und des Zwecks nicht bedürfte.

Aber auch bei Betrachtung dieser Kriterien wird von einer Freiheitsbeschränkung auszugehen sein: A wurde nicht auf die Dienststelle verbracht oder gar in einer Gewahrsamszelle eingesperrt;[84] er wurde auch nicht fixiert.[85] Über die Beschränkung seiner Fortbewegungsfreiheit als solcher durch polizeiliche Anweisung erfolgten keine weiteren einengenden Maßnahmen.[86] Auch war die Freiheitsbeeinträchtigung (anders als etwa bei einer Inhaftierung) nicht eigentlicher Zweck des polizeilichen Handeln, sondern nur „Nebenfolge" der Identitätsfeststellung.[87]

Daher ist in vorliegendem Fall von einem Eingriff in das Freiheitsgrundrecht in Gestalt einer Freiheitsbeschränkung auszugehen.

Durch die Erhebung der Personendaten des A, welche als individualisierte Informationen dem Schutzbereich des Rechts auf informationelle Selbstbestimmung unterliegen, liegt unproblematisch auch ein Eingriff in das allgemeine Persönlichkeitsrecht vor.

III. Verfassungsrechtliche Rechtfertigung des Eingriffs

1. Einschränkbarkeit des Grundrechts

Beim Grundrecht der Freiheit der Person, Art. 2 Abs. 2 Satz 2 GG i. V. m. Art. 104 GG, handelt es sich aufgrund der Anforderungen des Art. 104 GG um ein Grundrecht mit qualifiziertem Gesetzesvorbehalt. Das Grundrecht kann also nur durch oder aufgrund eines Gesetzes und nur – in hiesiger Konstellation der Freiheitsbeschränkung – unter Beachtung der Vorgaben des Art. 104 Abs. 1 GG eingeschränkt werden.

---

82 Siehe etwa *Radtke* in: BeckOK Grundgesetz, 58. Edition, Stand: 15.6.2024, Art. 104 Rn. 2 ff.
83 Vgl. etwa *Trurnit*, Eingriffsrecht, 5. Aufl. 2024, Rn. 200.
84 Vgl. dazu BVerfG, Beschl. v. 8.3.2011 – 1 BvR 47/05 = NStZ 2011, 529 ff.
85 Vgl. dazu BVerfG, Urt. v. 24.7.2018 – 2 BvR 309/15, 2 BvR 502/16 = NJW 2018, 2619 ff.
86 Vgl. *Radtke* in: BeckOK Grundgesetz, 58. Edition, Stand: 15.6.2024, Art. 104 Rn. 3a.
87 Vgl. *Zeitler/Trurnit*, Polizeirecht für Baden-Württemberg, 4. Aufl. 2022, Rn. 417.

> Art. 104 Abs. 1 GG erlaubt zum einen nur Einschränkungen aufgrund eines „förmlichen Gesetzes". Hier wird der Parlamentsvorbehalt wegen der Bedeutung des Grundrechts ausdrücklich genannt, was in der Klausur freilich regelmäßig unproblematisch sein dürfte.[88] Zum anderen erzwingt Art. 104 Abs. 1 GG die Einhaltung der in der Rechtsgrundlage vorgesehenen Formen der Vornahme der Freiheitsbeschränkung; die Verletzung von einfachgesetzlichen Verfahrens- und Formvorschriften führt also nicht nur zu einem – für den Erfolg einer Verfassungsbeschwerde grundsätzlich irrelevanten – Verstoß gegen einfaches Recht, sondern gleichzeitig auch zu einem Verfassungsverstoß,[89] weil Art. 104 Abs. 1 GG die Verfahrens- und Formvorschriften des einfachen Rechts quasi auf Verfassungsrang „hochzont".

Das allgemeine Persönlichkeitsrecht in der Ausprägung des Rechts auf informationelle Selbstbestimmung, Art. 2 Abs. 1 GG i. V. m. Art. 1 Abs. 1 GG, unterliegt der sog. Schrankentrias des Art. 2 Abs. 1 GG. Maßgeblich ist hier die verfassungsmäßige Ordnung. „Verfassungsmäßige Ordnung" meint die Gesamtheit aller formell und materiell verfassungsmäßigen Normen. Im Ergebnis handelt es sich daher um einen einfachen Gesetzesvorbehalt. Im Vergleich zu Eingriffen in die allgemeine Handlungsfreiheit, Art. 2 Abs. 1 GG, ist aber bei Eingriffen in das allgemeine Persönlichkeitsrecht, Art. 2 Abs. 1 GG i. V. m. Art. 1 Abs. 1 GG, eine wesentlich strengere Verhältnismäßigkeitsprüfung vorzunehmen.[90]

2. Verfassungsmäßigkeit der Rechtsgrundlage

a) Rechtsgrundlage für die Maßnahme
Rechtsgrundlage für die Identitätsfeststellung als solche ist § 27 Abs. 1 Nr. 1 PolG. Rechtsgrundlage für das Festhalten des A während der Identitätsfeststellung ist § 27 Abs. 2 PolG.

b) Gesetzgebungskompetenz für die Rechtsgrundlage
Bei § 27 PolG handelt es sich um eine landesrechtliche Norm auf dem Gebiet der Gefahrenabwehr. Nach der grundgesetzlichen Aufgabenverteilung (Art. 70 ff. GG) obliegt die Gefahrenabwehr im Grundsatz der Zuständigkeit der Länder (Art. 70 Abs. 1 GG).

c) Anforderungen der Grundrechtsschranke
Als formelles Landesgesetz und damit Teil der verfassungsmäßigen Ordnung erfüllt § 27 Abs. 1 Nr. 1 PolG die Anforderungen der in Art. 2 Abs. 1 GG niedergelegten Schrankentrias in Bezug auf den Eingriff in das allgemeine Persönlichkeitsrecht des A.

---

88 Vgl. *Radtke* in: BeckOK Grundgesetz, 58. Edition, Stand: 15.6.2024, Art. 104 Rn. 6.
89 *Radtke* in: BeckOK Grundgesetz, 58. Edition, Stand: 15.6.2024, Art. 104 Rn. 7.
90 *Lang* in: BeckOK Grundgesetz, 58. Edition, Stand: 15.6.2024, Art. 2 Rn. 52.

In Bezug auf das Freiheitsgrundrecht, Art. 2 Abs. 2 Satz 2 GG i. V. m. Art. 104 Abs. 1 GG, erfüllt § 27 Abs. 2 GG als formelles Landesgesetz die Anforderungen des qualifizierten Gesetzesvorbehalts des Art. 104 Abs. 1 GG.

d) Grenzen der Einschränkbarkeit

aa) Hinreichende Bestimmtheit der Rechtsgrundlage

§ 27 Abs. 1 Nr. 1 PolG und § 27 Abs. 2 PolG sind hinreichend bestimmt. Tatbestandsvoraussetzungen und Rechtsfolgen beider Normen sind für den Bürger erkennbar. Soweit dort unbestimmte Rechtsbegriffe enthalten sind (z. B. „öffentliche Sicherheit"/„öffentliche Ordnung"), sind diese durch Auslegung konkretisierbar.

> Bei § 27 Abs. 1 Nr. 1 PolG und § 27 Abs. 2 PolG sind insofern keine besonderen Bedenken ersichtlich, sodass Sie sich hier kurzfassen können. Erheblichen Zweifeln hinsichtlich der Bestimmtheit begegnen hingegen – wie bereits erwähnt – die § 27 Abs. 1 Nr. 2 PolG (Identitätsfeststellung bei öffentlichen Veranstaltungen und Ansammlungen) und § 27 Abs. 1 Nr. 7 PolG (Identitätsfeststellung im Rahmen der sog. „Schleierfahndung").[91]

bb) Wahrung des Verhältnismäßigkeitsgrundsatzes

aaa) Geeignetheit

Eine Identitätsfeststellung nach § 27 Abs. 1 Nr. 1 PolG ist in doppelter Weise geeignet, Gefahren für die öffentliche Sicherheit und Ordnung abzuwehren. Zum einen dient die Maßnahme dazu, Erkenntnisse über den Betroffenen als Grundlage für gegen ihn gerichtete weitere polizeiliche Maßnahmen zu erlangen.[92] Zum anderen kann bereits der Umstand, dass der Betroffene durch die Maßnahme „aus der Anonymität herausgelöst"[93] wird, ggf. schon für sich genommen dazu führen, dass er von seinem beabsichtigten polizeiwidrigen Tun Abstand nimmt.[94]

Die in § 27 Abs. 2 PolG – nicht abschließend aufgeführten – Mittel sind geeignet, die Identität eines Betroffenen in Erfahrung zu bringen.

bbb) Erforderlichkeit

Eine Identitätsfeststellung kann den geringstmöglichen Eingriff darstellen, insbesondere dann, wenn bereits diese Maßnahme den Betroffenen von

---

91 Vgl. *Nachbaur*, Das neue baden-württembergische Polizeigesetz – in Teilen verfassungswidrig, VBlBW 2021, 55 ff.
92 *Enders* in: BeckOK Polizeirecht Baden-Württemberg, 32. Edition, Stand: 15.3.2024, § 27 Rn. 18.
93 *Enders* in: BeckOK Polizeirecht Baden-Württemberg, 32. Edition, Stand: 15.3.2024, § 27 Rn. 12.
94 VGH BW, Urt. v. 14.12.2010 – 1 S 338/10 = NVwZ-RR 2011, 231, 233.

polizeiwidrigem Handeln abhält, ohne dass es weiterer Maßnahmen bedarf.

Auch § 27 Abs. 2 PolG erscheint unter Erforderlichkeitsgesichtspunkten unproblematisch, zumal das Erfordernis des geringstmöglichen Eingriffs dort ausdrücklich bereits als Tatbestandsmerkmal formuliert wird („erforderlich"/„wenn die Identität auf andere Weise nicht oder nur unter erheblichen Schwierigkeiten festgestellt werden kann").

ccc) **Angemessenheit**
Auch hier bestehen keine Bedenken. Zwar wird mit der dem Einzelnen auferlegten Maßnahme eine hoheitliche Misstrauensbekundung ausgesprochen.[95] Sofern es um die Abwehr von Gefahren für die öffentliche Sicherheit und Ordnung geht, mag dies jedoch eine angemessene staatliche Reaktion auf (anstehendes) polizeiwidriges Verhalten sein, zumal bereits tatbestandlich die im Raum stehende „Gefahr" eine konkrete Gefahr[96] sein muss.

Auch § 27 Abs. 2 PolG begegnet unter Angemessenheitsgesichtspunkten keinen Bedenken, zumal bei länger dauernden Freiheitsbeeinträchtigungen die gesonderten Voraussetzungen des Identitätsgewahrsams (§ 33 Abs. 1 Nr. 3 PolG) einzuhalten sind.

Zwischenergebnis: §§ 27 Abs. 1 Nr. 1, 27 Abs. 2 PolG sind verfassungsgemäß.

3. Verfassungsmäßigkeit der Maßnahme

a) **Zuständigkeit, Verfahren, Form**
Maßnahmen nach § 27 PolG fallen gemäß § 105 Abs. 3 PolG in den Bereich der Parallelzuständigkeit von Polizeivollzugsdienst und Ordnungsbehörde. Bei POKin Müller und POM Schmidt handelt es sich um Angehörige des Polizeivollzugsdienstes, die laut Sachverhalt auch örtlich zuständig waren (§§ 120, 121 PolG).

Die Maßnahme der Identitätsfeststellung nach § 27 Abs. 1 Nr. 1 PolG stellt einen Verwaltungsakt dar.[97] Auch die Anordnung der Duldung der Maßnahmen nach § 27 Abs. 2 PolG (hier: das Festhalten und Durchsuchen) ist als Verwaltungsakt i. S. d. § 35 Abs. 1 Satz 1 LVwVfG einzuordnen.[98] Anhaltspunkte für Verstöße gegen Verfahrens- und Formvorschriften bestehen nicht, insbesondere kann ein Verwaltungsakt auch mündlich erlassen werden. Zudem wurde A angehört (§ 28 Abs. 1 LVwVfG).

---

95 *Enders* in: BeckOK Polizeirecht Baden-Württemberg, 32. Edition, Stand: 15.3.2024, § 27 Rn. 13.
96 *Enders* in: BeckOK Polizeirecht Baden-Württemberg, 32. Edition, Stand: 15.3.2024, § 27 Rn. 15.
97 VGH BW, Urt. v. 14.12.2010 – 1 S 338/10 = NVwZ-RR 2011, 231, 232.
98 *Enders* in: BeckOK Polizeirecht Baden-Württemberg, 32. Edition, Stand: 15.3.2024, § 27 Rn. 20.

b) Tatbestandsvoraussetzungen

Vor dem Hintergrund der eigenen Angaben des A bestanden hinreichende Anhaltspunkte für die Annahme, dass dieser vorhatte, im Stadtpark Laternen kaputtzutreten. Insofern kann von einer konkreten Gefahr für die öffentliche Sicherheit in Gestalt der bevorstehenden Begehung von Straftaten (§§ 303, 304[99] StGB) ausgegangen werden. Die Tatbestandsvoraussetzungen des § 27 Abs. 1 Nr. 1 PolG sind mithin gegeben.

> Der Tatbestand des § 304 StGB – gemeinschädliche Sachbeschädigung – muss in einer „SVR-Klausur" nicht zwingend genannt werden, wenngleich Sie diesen durchaus kennen sollten. Auf jeden Fall aber wäre dazulegen, dass hier der drohende Tatbestand der „Sachbeschädigung" als Gefahr für die öffentliche Sicherheit im Raum stand.

Da die Voraussetzungen einer Identitätsfeststellung nach § 27 Abs. 1 Nr. 1 PolG gegeben sind, können Maßnahmen nach § 27 Abs. 2 PolG getroffen werden. Vorliegend haben die Polizeibeamten den A festgehalten und durchsucht. Beide Maßnahmen sind im nicht abschließenden Katalog des § 27 Abs. 2 PolG ausdrücklich aufgeführt. Angesichts der kurzen Dauer des Festhaltens (zudem ohne Fixierung) ist hier unproblematisch von einer Freiheitsbeschränkung auszugehen, die – anders als eine Freiheitsentziehung – auf § 27 Abs. 2 PolG gestützt werden kann.

c) Rechtsfolge, insbesondere Verhältnismäßigkeitsprüfung

aa) Hinreichende Bestimmtheit der Maßnahme

Hier bestehen keine Bedenken, weder in Bezug auf die Aufforderung der Beamten an A, sich auszuweisen, noch in der dann vollzogenen Ankündigung der Durchsuchung der Bekleidung des A nach Ausweispapieren.

bb) Wahrung des Verhältnismäßigkeitsgrundsatzes

aaa) Geeignetheit

Die Identitätsfeststellung nach § 27 Abs. 1 Nr. 1 PolG war geeignet zur Abwehr der drohenden Gefahr für die öffentliche Sicherheit, was sich bereits daran zeigt, dass sich A – nach Abschluss der Maßnahme und „Herauslösung aus der Anonymität"[100] – einsichtig gezeigt hat und von seinem Vorhaben Abstand genommen hat.

Das Festhalten und Durchsuchen des A nach § 27 Abs. 2 PolG war ebenfalls geeignet zur Ermöglichung der Identitätsfeststellung. Dies zeigt der Umstand, dass nach kurzer Zeit bereits ein Ausweisdokument des A gefun-

---

99 Laternen stellen Gegenstände des öffentlichen Nutzens i. S. d. § 304 Abs. 1 StGB dar, vgl. *Hecker* in: Schönke/Schröder, Strafgesetzbuch, 30. Aufl. 2019, § 304 Rn. 9.
100 VGH BW, Urt. v. 14.12.2010 – 1 S 338/10 = NVwZ-RR 2011, 231, 233.

den wurde, anhand dessen letztlich seine Identität zweifelsfrei festgestellt werden konnte.

bbb) Erforderlichkeit

Ein milderes Mittel als die Identitätsfeststellung, die bereits dafür sorgte, dass A von seinem Vorhaben des Laternen-Kaputttretens Abstand nahm, ist nicht ersichtlich. Insbesondere ein stattdessen denkbarer Gewahrsam nach § 33 Abs. 1 Nr. 1 PolG wäre ein deutlich schwerwiegender Grundrechtseingriff gewesen.

Auch mildere Mittel als das kurzfristige Festhalten und Durchsuchen des A sind nicht ersichtlich. Auf diese Weise konnte nach recht kurzer Zeit die Identität des A zweifelsfrei festgestellt werden, ohne dass es intensiverer Maßnahmen, wie etwa das Verbringen des A auf die Dienststelle, bedurfte.

ccc) Angemessenheit

Mit Blick auf den drohenden Verstoß gegen strafrechtliche Normen war der Eingriff in das allgemeine Persönlichkeitsrecht des A in Gestalt des Rechts auf informationelle Selbstbestimmung auch angemessen, zumal das Beschädigen von Laternen als Gegenstände, die der Erfüllung einer Gemeinwohlfunktion gewidmet sind,[101] auch nicht als Bagatelle angesehen werden kann, was namentlich die im Vergleich zur „normalen" Sachbeschädigung nach § 303 StGB erhöhte Strafandrohung des § 304 StGB zeigt.

Zur Erreichung des Zwecks der gefahrenabwehrenden Identitätsfeststellung waren auch die durchgeführten Maßnahmen des vorübergehenden Festhaltens und Durchsuchens des A angemessen. Die Freiheitsbeeinträchtigung war von nur kurzer Dauer. Die Durchsuchung bezog sich lediglich auf die Bekleidung des A.

Ergebnis: Die polizeilichen Maßnahmen sind verfassungsrechtlich nicht zu beanstanden.

---

[101] *Hecker* in: Schönke/Schröder, Strafgesetzbuch, 30. Aufl. 2019, § 304 Rn. 8.

Fall 3 „Ein tödlicher Schuss"
Übungsfall zu Art. 2 Abs. 2 Satz 1 GG

128 Angenommen, im März 2025 überfällt A frühmorgens im Innenstadtbereich von Karlsruhe eine Bank. Der einzigen Anwesenden in der Bank, der dort angestellten B, gelingt es, einen Notruf abzusetzen. Schon nach kurzer Zeit umstellen starke örtliche Polizeikräfte die Bank, wenig später rücken auch Einsatzkräfte des SEK BW (Polizeipräsidium Einsatz) an. Als A das Großaufgebot der Polizei erkennt, zwingt er mit einer vorgehaltenen – augenscheinlich scharfen – Schusswaffe die Bankangestellte an die Eingangstür der Bank. Dort kündigt er lauthals an, B zu erschießen, wenn er nicht unverzüglich freies Geleit erhalte. Der Einsatzleiter des SEK fordert A daraufhin über Lautsprecher auf, die Geisel unverzüglich freizulassen, anderenfalls wären die Einsatzkräfte gezwungen, von der Schusswaffe Gebrauch zu machen. A lacht über diese Ankündigung lauthals, kündigt an, dass er jetzt ohnehin nichts mehr zu verlieren habe und beginnt mit einem „Countdown": „10 … 9 … 8 …". Bei „2" gibt der Einsatzleiter des SEK den Befehl der Schussabgabe. Ein Einsatzbeamter des SEK gibt einen gezielten Schuss auf den Kopf des A ab, der – wie vorhersehbar – zu dessen Tode führt. Aufgrund der schwierigen Sichtverhältnisse sowie mit Blick auf den Umstand, dass A – erkennbar – eine Art von ballistischer Schutzweste trägt, wäre ein Schuss auf nicht lebenswichtige Körperbereiche mit dem Ziel, den A lediglich außer Gefecht zu setzen, nicht hinreichend erfolgversprechend gewesen. Im weiteren Verlauf stellt sich heraus, dass es sich bei der Waffe des A tatsächlich um eine geladene Schusswaffe handelte.

Wenige Tage später begibt sich die Tochter des A zu einem Rechtsanwalt und fragt um Rat. Sie ist der Auffassung, der Staat habe hier in unvertretbarer Art und Weise in die Menschenwürde sowie weitere Grundrechte ihres Vaters eingegriffen. Sie bittet den Anwalt um Auskunft, ob ihre Einschätzung zutreffend sei.

Aufgabe:
Was wäre – auf Grundlage einer gutachterlichen Prüfung, die auf alle im Sachverhalt aufgeworfenen rechtlichen Belange eingeht – der Tochter zu antworten?

Bearbeitungshinweis:
Ein etwaiger Eingriff in das Grundrecht der allgemeinen Handlungsfreiheit des A (Art. 2 Abs. 1 GG) ist nicht zu prüfen.

Zugelassene Hilfsmittel:
Grundgesetz, Polizeigesetz Baden-Württemberg, DVO PolG, EMRK

Lösungsvorschlag:

I. Schutzbereich des Grundrechts

1. Sachlicher Schutzbereich

Die Tochter des A macht namentlich eine Verletzung der Menschenwürde des A, Art. 1 Abs. 1 GG, aufgrund dessen staatlich veranlasster Tötung geltend. Bei Art. 1 Abs. 1 GG handelt es sich um ein Grundrecht, auch wenn bei systematischer Auslegung der Wortlaut des Art. 1 Abs. 3 GG („Die nachfolgenden Grundrechte" …) dagegensprechen könnte.[102]

> Auf die Frage der Grundrechtsqualität des „Höchstwertes der Verfassung" müssen Sie im Rahmen der Klausur nicht zwingend eingehen, wenngleich es nicht schadet, sich jene „Problematik" zu merken. Für die Grundrechtsqualität des Art. 1 Abs. 1 GG sprechen in systematischer Hinsicht die Verortung im ersten Abschnitt des Grundgesetzes („Die Grundrechte") sowie der Wortlaut des Art. 142 GG („Ungeachtet der Vorschrift des Artikels 31 bleiben Bestimmungen der Landesverfassungen auch insoweit in Kraft, als sie in Übereinstimmung mit den Artikeln 1 bis 18 dieses Grundgesetzes Grundrechte gewährleisten."). Auch inhaltlich erscheint eine solche Einordnung geboten.[103]

Zentrales Gebot des Menschenwürdegrundsatzes ist nach der Objektformel des Bundesverfassungsgerichts, dass der Mensch nicht zum bloßen Objekt staatlichen Handelns gemacht werden darf.[104] Geschützt ist der soziale Wert- und Achtungsanspruch jedes Menschen, der es verbietet, ihn einer Behandlung auszusetzen, die seine Subjektqualität prinzipiell infrage stellt.[105]

> Die Objektformel des Bundesverfassungsgerichts beschreibt also in gewisser Weise den sachlichen Schutzbereich der Menschenwürde „vom Eingriff her".

---

102 BVerfG, Beschl. v. 19.10.1982 – BvL 34/80, 1 BvL 55/80 = 1983, 559 f.
103 Vgl. *Herdegen* in: Dürig/Herzog/Scholz, Grundgesetz-Kommentar, 103. EL Januar 2024, Art. 1 Rn. 29.
104 Zu den Grenzen der „Leistungskraft" der Objektformel siehe aber BVerfG, Urt. v. 3.3.2004 – 1 BvR 2378/98 u. 1 BvR 1084/99 („*Großer Lauschangriff*") = NJW 2004, 999, 1001.
105 BVerfG, Urt. v. 5.2.2004 – 2 BvR 2029/01 („*Sicherungsverwahrung*") = NJW 2004, 739.

Keine Rolle spielt dabei die „Würdigkeit" des Menschen, die Menschenwürde steht auch dem – wie man im Fall ja annehmen könnte – „Unwürdigen" uneingeschränkt zu.

Allerdings ist zu beachten, dass die staatlich veranlasste Tötung eines Menschen keineswegs *per se* einen Eingriff in dessen Menschenwürde darstellt, obwohl es sich ja streng genommen um den schwersten denkbaren Eingriff handelt. Einer solchen Annahme stünde bereits der (einfache!) Gesetzesvorbehalt des Art. 2 Abs. 2 Satz 3 GG entgegen, der im Grundsatz Eingriffe in das Grundrecht auf Leben erlaubt und keinen Anwendungsbereich hätte, wenn jede staatlich veranlasste Tötung eines Menschen mit Blick auf Art. 1 Abs. 1 GG einen Eingriff dessen Menschenwürde (und mangels Abwägbarkeit[106] eines solchen Eingriffs automatisch auch eine Verletzung dieses Grundrechts) wäre.

Auch die Europäische Menschenrechtskonvention, die bei der Auslegung von Reichweite und Bedeutungsgehalt der Grundrechte des Grundgesetzes als sog. Auslegungshilfe herangezogen werden darf,[107] verbietet in Art. 2 EMRK nicht ausnahmslos die staatliche veranlasste Tötung von Menschen.

> Sie erinnern sich: Die EMRK als völkerrechtlicher Vertrag erlangte in Deutschland Geltung durch ein Vertragsgesetz[108] nach Art. 59 Abs. 2 GG. Dieses Vertragsgesetz ist ein „einfaches"/„normales" formelles Bundesgesetz. Dementsprechend hat die EMRK in der deutschen Normenhierarchie grundsätzlich den Rang eines Bundesgesetzes, steht also unterhalb der Verfassung und ist damit kein Prüfungsmaßstab für das Bundesverfassungsgericht, welches nur Verletzungen des – im Vergleich zur EMRK höherrangigen – Grundgesetzes prüft. Vor dem BVerfG kann eine Verletzung der EMKR also nicht unmittelbar gerügt werden; die Konventionsrechte sind aber mit Blick auf die „Grundrechts- und Völkerrechtsfreundlichkeit" des Grundgesetzes bei der Auslegung der Grundrechte zu berücksichtigen. Hierzu das Bundesverfassungsgericht[109]: „Der innerstaatliche Rang der Europäischen Menschenrechtskonvention entspricht dem eines Bundesgesetzes. (…) Gleichwohl besitzen die Gewährleistungen der Europäischen Menschenrechtskonvention verfassungsrechtliche Bedeutung, indem sie die Auslegung der Grundrechte und rechtsstaatlichen Grundsätze des Grundgesetzes beeinflussen."

---
106 Vgl. *Höfling* in: Sachs, Grundgesetz, 10. Aufl. 2024, Art. 1 Rn. 11.
107 BVerfG, Beschl. v. 26.3.1978 – 2 BvR 589/79, 740/10, 2333/08, 1152/10, 571/10 („*Sicherungsverwahrung*") = NJW 2011, 1931.
108 Das entsprechende Ratifizierungsgesetz stammt vom 7.8.1952 (BGBl. II 1952 S. 685).
109 BVerfG, Urt. v. 4.5.2011 – 2 BvR 2365/09 = BVerfGE 128, 326, 367.

Einen Eingriff in die Menschenwürdegarantie des Art. 1 Abs. 1 GG stellt die staatlich veranlasste Tötung eines Menschen also nur dar, wenn – ganz im Sinne der Objektformel – über den Akt der Tötung als solchen hinaus die Maßnahme ihren Adressaten zum bloßen Objekt staatlichen Handelns degradiert und die Subjektqualität des betroffenen Menschen grundsätzlich infrage stellt. Davon kann vorliegend keine Rede sein, wenn sich der Staat gegen einen rechtswidrigen Angriff – hier die Drohung des A, die Bankangestellte zu erschießen – zur Wehr setzt und den Angriff in Erfüllung seiner Schutzpflicht für Leben und körperliche Unversehrtheit der B, deren Leben A auszulöschen gedenkt, abwehrt; im Gegenteil entspricht es gerade der Subjektstellung des A als Angreifer, wenn ihm die Folgen seines selbstbestimmten Verhaltens – das er ja jederzeit auch beenden konnte[110] – persönlich zugerechnet werden und er für das von ihm in Gang gesetzte Geschehen in Verantwortung genommen wird; er wird daher in seinem Recht auf Achtung der auch ihm eigenen menschlichen Würde nicht beeinträchtigt.[111]

Das Grundrecht der Menschenwürde aus Art. 1 Abs. 1 GG ist vorliegend mithin nicht tangiert.

Offenkundig einschlägig vom sachlichen Schutzbereich her ist hingegen das Grundrecht auf Leben (Art. 2 Abs. 2 Satz 1 Alt. 1 GG), welches die biologisch-physische Existenz (auch von Geiselnehmern) schützt.

2. Persönlicher Schutzbereich
Beim Grundrecht auf Leben und körperliche Unversehrtheit handelt es sich um ein Jedermannsgrundrecht, auf welches sich A unabhängig von seiner Staatsangehörigkeit berufen konnte.

II. Eingriff
Eingriff ist jedes staatliche Handeln, das die Ausübung des geschützten Verhaltens erschwert oder unmöglich macht.

Durch den tödlichen Schuss wurde das körperliche Dasein des A ausgelöscht, mithin in sein Grundrecht auf Leben eingegriffen.

III. Verfassungsrechtliche Rechtfertigung des Eingriffs

1. Einschränkbarkeit des Grundrechts
Beim Grundrecht auf Leben und körperliche Unversehrtheit handelt es sich gemäß Art. 2 Abs. 2 Satz 3 GG um ein Grundrecht mit einfachem Gesetzesvorbehalt. In das Grundrecht kann also durch oder aufgrund eines Gesetzes eingegriffen werden.

---

110 *Kersten* in: Dürig/Herzog/Scholz, Grundgesetz-Kommentar, 103. EL Januar 2024, Art. 102 Rn. 68.
111 Vgl. BVerfG, Urt. v. 15.2.2006 – 1 BvR 357/05 („*Luftsicherheitsgesetz*") = NJW 2006, 751, 760.

Wegen der besonderen Bedeutung des Grundrechts auf Leben als „Alles-oder-Nichts-Grundrecht"[112] bedarf es dabei aber einer besonders sorgfältigen Verhältnismäßigkeitsprüfung.

> Mit Blick darauf, dass es sich trotz des hochrangigen Schutzgutes „nur" um ein Grundrecht mit einfachem Gesetzesvorbehalt handelt, „schadet" die ausdrückliche Erwähnung der besonders intensiven Verhältnismäßigkeitsprüfung in der Klausur an dieser Stelle sicherlich nicht.

2. Verfassungsmäßigkeit der Rechtsgrundlage

a) Rechtsgrundlage
Rechtgrundlage für den „finalen Rettungsschuss" als Maßnahme unmittelbaren Zwangs sind die §§ 66–68 PolG, dort insbesondere § 68 Abs. 2 PolG.

> Da die Tatbestandsvoraussetzungen des unmittelbaren Zwangs auf einer konsekutiven Reihung der §§ 66–68 PolG beruhen, bietet es sich an, in der Klausur nicht allein § 68 Abs. 2 PolG zu nennen.

b) Gesetzgebungskompetenz für die Rechtsgrundlage
Bei den §§ 66–68 PolG handelt es sich um landesrechtliche Normen auf dem Gebiet der Gefahrenabwehr. Nach der grundgesetzlichen Aufgabenverteilung, Art. 70 ff. GG, obliegt die Gefahrenabwehr grundsätzlich der Gesetzgebungszuständigkeit der Länder (Art. 70 Abs. 1 GG).

c) Anforderungen der Grundrechtsschranke
Als formelle landesgesetzliche Normen erfüllen §§ 66–68 PolG die Voraussetzungen der Grundrechtsschranke des Art. 2 Abs. 2 Satz 3 GG.

d) Grenzen der Einschränkbarkeit

aa) Hinreichende Bestimmtheit der Rechtsgrundlage
Die hinsichtlich ihrer Tatbestandsvoraussetzungen auf einer konsekutiven Reihung beruhenden Regelungen zur Anwendung unmittelbaren Zwangs – hier: der mit an Sicherheit grenzender Wahrscheinlichkeit tödlich wirkende Schusswaffengebrauch – erscheinen hinreichend bestimmt. Die Normen lassen ihren Anwendungsbereich hinreichend deutlich erkennen, der Bürger kann erkennen, unter welchen Voraussetzungen eine solche Maßnahme tatbestandlich zulässig ist.

bb) Spezielle verfassungsrechtliche „Schranken-Schranken"?
Spezielle Regelungen im Grundgesetz, die einem „finalen Rettungsschuss" entgegenstehen könnten, sind nicht ersichtlich. Insbesondere steht dieser Maßnahme nicht Art. 102 GG entgegen (Verbot der Todesstrafe), weil es

---

112 *Lang* in: BeckOK Grundgesetz, 58. Edition, Stand: 15.6.2024, Art. 2 Rn. 72.

sich beim „finalen Rettungsschuss" nicht um eine Strafe im Rahmen eines Strafverfahrens[113], sondern um eine Maßnahme der Gefahrenabwehr handelt.[114]

> Das Grundgesetz enthält verschiedentlich ausdrücklich normierte „Schranken-Schranken". Art. 102 GG ist ein Beispiel hierfür. Als weiteres Beispiel wäre das in Art. 104 Abs. 1 Satz 2 GG normierte Verbot der Misshandlung in staatlichem Gewahrsam befindlicher Personen zu nennen. Solche speziellen „Schranken-Schranken" sind – sofern einschlägig – vor den allgemeinen „Schranken-Schranken" zu prüfen. Es bietet sich insofern an, in diesen Fällen das Prüfungsschema um den entsprechenden Unterpunkt zu ergänzen. Sollten Sie in einer Klausur wie der vorliegenden Art. 102 GG nicht bedenken, wäre dies sicherlich kein „Beinbruch". Eine kurze Passage hierzu mag aber ggf. mit einem Sonderpunkt belegt werden, weil es Ihr Verständnis von Zusammenhängen belegt.

cc) **Wahrung des Verhältnismäßigkeitsgrundsatzes**

aaa) **Geeignetheit**
Die Möglichkeit des „finalen Rettungsschusses" kann ein im Einzelfall geeignetes Mittel sein, um der staatlichen Schutzpflicht für das Leben und die körperliche Unversehrtheit bedrohter Personen nachzukommen.

bbb) **Erforderlichkeit**
Die Tatbestände zur Durchführung eines „finalen Rettungsschusses" erfüllen auch das Erfordernis des im Einzelfall geringstmöglichen Eingriffs. In § 68 Abs. 2 PolG ist namentlich normiert, dass eine solche Maßnahme nur zulässig ist, wenn sie „das einzige Mittel" zur Zweckerreichung darstellt.

ccc) **Angemessenheit**
Die Regelungen zum „finalen Rettungsschuss" sind auch angemessen. Zwar stellt das menschliche Leben innerhalb der grundgesetzlichen Ordnung einen Höchstwert dar.[115] Dieser gilt aber nicht absolut, sondern kann im Einzelfall der Abwägung unterliegen.[116] Dementsprechend gestattet Art. 2 Abs. 2 Satz 3 GG unter engen Voraussetzungen auch staatliche Eingriffe in dieses Rechtsgut. Art. 2 EMRK steht dem ebenfalls nicht entgegen, auch nach dieser Bestimmung sind Eingriffe in das Recht auf Leben unter – engen – Voraussetzungen möglich. Dies gilt beim „finalen Rettungs-

---

113 *Kersten* in: Dürig/Herzog/Scholz, Grundgesetz-Kommentar, 103. EL Januar 2024, Art. 102 Rn. 68.
114 *Di Fabio* in: Dürig/Herzog/Scholz, Grundgesetz-Kommentar, 103. EL Januar 2024, Art. 2 Abs. 2 Satz 1 Rn. 40.
115 BVerfG, Urt. v. 25.2.1975 – 1 BvF 1/74 bis 6/74 („*Strafbarkeit des Schwangerschaftsabbruchs*") = NJW 1975, 573, 575.
116 *Di Fabio* in: Dürig/Herzog/Scholz, Grundgesetz-Kommentar, 103. EL Januar 2024, Art. 2 Abs. 2 Satz 1 Rn. 37.

schuss" für die Konstellationen, in welchen besonders wichtige Rechtsgüter (hier: das Leben der B) der vom Aggressor bedrohten Personen gefährdet sind, der Staat diese Rechtsgüter durch ein auf seine Schutzpflichten gestütztes[117] Handeln zu bewahren gedenkt und die Maßnahme *ultima ratio* ist.[118] § 68 Abs. 2 PolG trifft insofern eine gesetzgeberische Entscheidung im Konflikt zwischen – hier – zwei Menschenleben, von denen voraussichtlich nur eines gerettet werden kann.[119] Und von diesen beiden Menschenleben wird im Fall der Bedrohung des Lebens der Geisel durch einen Geiselnehmer dem Grundrecht der Geisel der Vorrang im Rahmen der Abwägung zu geben sein, hat doch der Aggressor selbst sein bedrohendes Verhalten in der Hand, wohingegen sein Opfer ihm schutzlos und nicht selbstbestimmt ausgeliefert ist.

> Unzutreffend dürfte hingegen der Begründungsansatz sein, der Geiselnehmer habe aufgrund seines Verhaltens den Anspruch auf Achtung seines Grundrechts auf Leben schon prinzipiell verloren ("verwirkt"). Solches entspricht nicht der Systematik der Verfassung. Eine Verwirkung von Grundrechten (Art. 18 GG) ist für das Grundrecht auf Leben nicht im Grundgesetz vorgesehen.[120] Vielmehr handelt es sich um eine Frage der Abwägung.

dd) Wahrung der Wesensgehaltsgarantie

Fraglich ist, ob die Wesensgehaltsgarantie des Art. 19 Abs. 2 GG durch die gesetzlich normierte Möglichkeit des „finalen Rettungsschusses" verletzt wird. Zwar handelt es sich beim Grundrecht auf Leben um ein „Alles-oder-Nichts-Grundrecht"[121]: Die Maßnahme löscht das Leben der betroffenen Person unwiderruflich aus, ihr grundrechtlicher Schutzgegenstand wird durch den Eingriff insgesamt beseitigt.[122] Dies kann jedoch nicht zu einem Verstoß gegen die Wesensgehaltsgarantie des Art. 19 Abs. 2 GG führen, da ansonsten der gemäß Art. 2 Abs. 2 Satz 3 GG prinzipiell mögliche Eingriff in das Grundrecht auf Leben „durch die Hintertür des Art. 19 Abs. 2 GG" unmöglich gemacht würde. Vielmehr kann man in solchen Fällen den Wesensgehalt eines Grundrechts erst dann angetastet sehen, wenn durch den Eingriff die aus der Grundrechtsqualität folgende Bindungswirkung für die Staatsgewalt prinzipiell negiert wird;[123] der Wesensgehalt ist also sinnigerweise beim Grundrecht auf Leben nicht als Individualrecht, sondern als

---

117 *Kastner* in: BeckOK Polizeirecht Baden-Württemberg, 32. Edition, Stand: 15.3.2024, § 68 Rn. 42.2.
118 *Wolff*, Der finale Rettungsschuss setzt sich durch = NVwZ 2021, 695 ff.
119 *Kastner* in: BeckOK Polizeirecht Baden-Württemberg, 32. Edition, Stand: 15.3.2024, § 68 Rn. 42.
120 *Wolff*, Der finale Rettungsschuss setzt sich durch = NVwZ 2021, 695 ff.
121 *Lang* in: BeckOK Grundgesetz, 58. Edition, Stand: 15.6.2024, Art. 2 Rn. 72.
122 *Sachs/von Coelln* in: Sachs, Grundgesetz, 10. Aufl. 2024, Art. 19 Rn. 46.
123 *Sachs/von Coelln* in: Sachs, Grundgesetz, 10. Aufl. 2024, Art. 19 Rn. 46.

institutionelle Garantie im Sinne einer Gewährleistung für die Allgemeinheit (Kollektivrecht) zu verstehen.[124] Diese wird durch die Regelungen zum „finalen Rettungsschuss" nicht beeinträchtigt, weshalb Art. 19 Abs. 2 GG im Ergebnis nicht verletzt wird.

> Die Wesensgehaltsgarantie des Art. 19 Abs. 2 GG ist nach dem hier zugrunde gelegten Schema nicht standardmäßig zu prüfen, sondern nur „situativ", also wenn der Fall dazu ausnahmsweise Anlass gibt. Das zu erkennen ist freilich sehr anspruchsvoll. Das heißt umgekehrt: Wenn Sie das Problem nicht erkannt haben, können Sie immer noch eine gute Klausur schreiben.
> Wer in der spezifischen Konstellation der Betroffenheit des Grundrechts auf Leben das hier inhärente – schwierige – Problem erkennt, mag in der Klausur z. B. schreiben: „Die Wesensgehaltsgarantie des Art. 19 Abs. 2 GG ist nicht verletzt, da diese beim Grundrecht des Lebens systemimmanent nur als institutionelle Garantie/als Kollektivrecht verstanden werden kann."

3. Verfassungsmäßigkeit der Maßnahme

a) Zuständigkeit, Verfahren, Form

Der „finale Rettungsschuss" ist eine Maßnahme unmittelbaren Zwangs (§ 64 PolG). Gemäß § 65 PolG obliegt die Anwendung unmittelbaren Zwangs den Beamten des Polizeivollzugsdienstes. Bei den Beamten des Spezialeinsatzkommandos Baden-Württemberg handelt es sich um Polizeivollzugsbeamte. Sie sind organisatorisch dem Polizeipräsidium Einsatz (§ 115 Abs. 1 Nr. 2 PolG) zugeordnet (§ 15 DVO PolG). Die örtliche Zuständigkeit der Angehörigen des Polizeipräsidiums Einsatz folgt aus § 121 Abs. 2 PolG. Von einer Einhaltung der Verfahrens- und Formvorschriften kann vorliegend ausgegangen werden. Namentlich wurde der Gebrauch der Schusswaffe gegenüber A zuvor angedroht (§ 66 Abs. 2 PolG).

> In einer „SVR-Klausur" liegen die Schwerpunkte der Ihnen abverlangten Darstellungen naturgemäß nicht im Bereich des einfachen Rechts (hier: PolG). Die entsprechenden Ausführungen können also regelmäßig knapp ausfallen.

b) Tatbestandsvoraussetzungen

Da es sich beim Schusswaffengebrauch des „finalen Rettungsschusses" um eine Maßnahme unmittelbaren Zwangs handelt, ist eine Grundverfügung zu identifizieren, welche mit dem Zwangsmittel durchgesetzt wird. Diese

---

[124] Vgl. *Kingreen/Poscher*, Grundrechte Staatsrecht II, 40. Aufl. 2024, Rn. 579 ff.; *Enders* in: BeckOK Grundgesetz, 58. Edition, Stand: 15.6.2024, Art. 19 Rn. 27 f.

Grundverfügung liegt hier in dem vom polizeilichen Einsatzleiter ausgesprochenen Gebot, die Geisel unverzüglich freizulassen.[125] Dabei handelt es sich um einen Verwaltungsakt auf Grundlage der §§ 1, 3 PolG, welcher dem A ausweislich der Informationen des Sachverhalts auch bekannt gegeben wurde (§ 41 LVwVfG). Da keine Nichtigkeitsgründe i. S. d. § 44 LVwVfG erkennbar sind, ist von einem wirksamen Verwaltungsakt auszugehen (§ 43 LVwVfG), der auch vollstreckungsfähig ist (§ 66 Abs. 4 PolG i. V. m. §§ 2 Nr. 1, 21 LVwVG bzw. § 66 Abs. 4 PolG i. V. m. § 2 Nr. 2 LVwVG, § 80 Abs. 2 Nr. 2 VwGO).

> **Tipp:** Lesen Sie die verschiedenen Ansätze zur Vollstreckbarkeit von Maßnahmen des Polizeivollzugsdienstes nochmal in Ruhe durch, auch wenn bei einer staats- und verfassungsrechtlichen Klausur – allenfalls – die Nennung der einschlägigen Normen von Ihnen verlangt wird. In einer polizeirechtlichen Klausur kann hier unter Umständen auch mal ein Schwerpunkt der erwarteten Darlegungen begründet sein.

Die Grundvoraussetzungen der Anwendung unmittelbaren Zwangs (§ 66 PolG), einschließlich des Gebrauchs von Schusswaffen gegenüber Personen (§§ 67, 68 PolG), sind ausweislich der Angaben des Sachverhalts im Ergebnis unproblematisch zu bejahen. Der polizeiliche Zweck der Maßnahme (die Rettung der Geisel) war durch andere Maßnahmen, einschließlich dem unmittelbaren Zwang gegen Sachen, nicht erreichbar (§ 66 Abs. 1 Satz 1 und Satz 2 PolG). Das angewandte Mittel war nach Art und Maß dem Verhalten, dem Alter und dem Zustand der betroffenen Person angemessen (§ 66 Abs. 1 Satz 3 PolG). Die Anwendung einfacher körperlicher Gewalt sowie etwaig verfügbarer Hilfsmittel der körperlichen Gewalt oder mitgeführter Hiebwaffen versprach offensichtlich keinen Erfolg (§ 67 Abs. 1 Satz 1 PolG). Der polizeiliche Zweck war auch durch Waffenwirkung gegen Sachen nicht zu erreichen (§ 67 Abs. 1 Satz 2 PolG). Da der Schusswaffengebrauch das einzige Mittel zur Abwehr einer gegenwärtigen Lebensgefahr der Geisel war, stellte deren etwaige Gefährdung durch die Maßnahme als unbeteiligte Person[126] keinen Hinderungsgrund i. S. d. § 67 Abs. 2 PolG dar. Ausweislich der Informationen des Sachverhalts war für den Einsatzbeamten bei Schussabgabe die tödliche Folge vorhersehbar. Auch dies steht der Zulässigkeit der Maßnahme nicht entgegen, weil sie offenkundig das einzige Mittel zur Abwehr einer gegenwärtigen Lebensgefahr für die Geisel war (§ 68 Abs. 2 PolG). Etwaige Alternativmaßnahmen, wie etwa Verhandlungen mit dem Geiselnehmer, versprachen angesichts dessen Verhaltens

---

125 Vgl. *Kastner* in: BeckOK Polizeirecht Baden-Württemberg, 32. Edition, Stand: 15.3.2024, § 68 Rn. 8.
126 Dazu *Kastner* in: BeckOK Polizeirecht Baden-Württemberg, 32. Edition, Stand: 15.3.2024, § 67 Rn. 15.

keinen Erfolg. Die Tatbestandsvoraussetzungen des „finalen Rettungsschusses" waren mithin gegeben.

> Wie bereits angedeutet: In einer polizeirechtlichen Klausur lägen hier womöglich die Schwerpunkte der abverlangten Bearbeitung. Davon ist üblicherweise in einer „SVR-Klausur" schon mangels dafür verfügbarer Zeit nicht auszugehen. Die Tatbestandsvoraussetzungen der Maßnahme sind daher knapp und präzise zu prüfen. In diesem Zusammenhang ist zu beachten, dass die Regelungen zur Anwendung unmittelbaren Zwangs in systematischer Hinsicht zahlreiche Aspekte der Verhältnismäßigkeit bereits in die Tatbestandsvoraussetzungen der Maßnahme vorverlagern[127] („bereits auf Gesetzesebene gesteuert"[128]). Dieses Prozedere ist auch bei anderen Maßnahmen des PolG nicht unüblich (vgl. bspw. § 27 Abs. 2 Satz 3 PolG: *„wenn die Identität auf andere Weise nicht oder nur unter erheblichen Schwierigkeiten festgestellt werden kann"*). Insofern sollten diese Erfordernisse auch bereits unter III. 2. des Prüfungsschemas erörtert werden. Im Rahmen der anschließenden – „üblichen" – Verhältnismäßigkeitsprüfung unter Prüfungspunkt III. 3. c) kann dann regelmäßig weitgehend nach oben verwiesen werden.

c) Rechtsfolge, insbesondere Verhältnismäßigkeitsprüfung

aa) Geeignetheit
Der „finale Rettungsschuss" war geeignet, das legitime Ziel der Rettung des Lebens der Geisel zu erreichen.

bb) Erforderlichkeit
Mildere Maßnahmen waren nicht ersichtlich. Insofern kann auf die obigen Ausführungen zu den Tatbestandsvoraussetzungen der Maßnahme verwiesen werden.

cc) Angemessenheit
Die Maßnahme war auch angemessen. Das Grundgesetz gestattet unter engen Voraussetzungen die staatlich veranlasste Tötung von Menschen. Vorliegend greift der Staat in Erfüllung seiner Schutzpflichten für das Grundrecht auf Leben und körperliche Unversehrtheit einer Person (der Geisel) in das Grundrecht auf Leben und körperliche Unversehrtheit einer anderen Person (des Geiselnehmers) ein. Jene Schutzpflicht gebietet es dem Staat und seinen Organen, sich schützend und fördernd vor das Leben jedes Einzelnen zu stellen; das heißt vor allem, es auch vor rechtswidrigen An-

---

127 *Kastner* in: BeckOK Polizeirecht Baden-Württemberg, 32. Edition, Stand: 15.3.2024, § 5 Rn. 15.
128 *Kastner* in: BeckOK Polizeirecht Baden-Württemberg, 32. Edition, Stand: 15.3.2024, § 5 Rn. 12.

und Eingriffen von Seiten Dritter zu bewahren.[129] Dies entspricht auch den Wertungen der Europäischen Menschenrechtskonvention: Art. 2 EMRK verbietet dem Staat nicht nur ungerechtfertigte Tötungen, sondern verpflichtet ihn auch, in seiner Rechtsordnung die erforderlichen Maßnahmen zum Schutze des Lebens von Personen in seiner Hoheitsgewalt zu ermöglichen.[130] Bei einer Abwägung zwischen dem Lebensgrundrecht der „unschuldigen" Geisel und demjenigen des „rechtswidrig agierenden" Geiselnehmers wird vorliegend dem Leben der Geisel der Vorrang zu geben sein. Dem Staat ist mit Blick auf vorstehende Erwägungen aufgetragen, alles ihm Mögliche zu tun, um rechtswidrig bedrohtes oder gefährdetes Leben zu retten. Letztlich ist hier auch das Grundrecht der Menschenwürde des Opfers, Art. 1 Abs. 1 GG, in den Blick zu nehmen, welches unter den gegebenen Voraussetzungen gebietet (auch in Bezug auf die Menschenwürde besteht eine Schutzpflicht des Staates[131]), notfalls den Aggressor zu töten, der die Situation eigenverantwortlich herbeigeführt hat[132] und Veranlasser der Gefahr für das Leben der zu rettenden Personen ist.[133] Insofern muss der finale Rettungsschuss zwar stets *ultima ratio* sein, war bei situationsbezogener Betrachtung vorliegend indes angemessen.[134]

Ergebnis: Der Tochter des A wäre zu antworten, dass die gegenüber ihrem Vater polizeilicherseits veranlasste Maßnahme des „finalen Rettungsschusses" keinen verfassungsrechtlichen Bedenken begegnet.

---

129 BVerfG, Urt. v. 15.2.2006 – 1 BvR 357/05 („*Luftsicherheitsgesetz*") = NJW 2006, 751, 757.
130 EGMR, Urt. v. 20.12.2004 – 50385/99 („*Makaratzis/Griechenland*") = NJW 2005, 3405, 3407.
131 BVerfG, Urt. v. 15.2.2006 – 1 BvR 357/05 („*Luftsicherheitsgesetz*") = NJW 2006, 751, 757.
132 Vgl. *Schmidbauer* in: Schmidbauer/Steiner, Polizeiaufgabengesetz Polizeiorganisationsgesetz, 5. Aufl. 2020, Art. 83 PAG Rn. 14.
133 Vgl. *Sittard/Ulbrich*, Fortgeschrittenenklausur – Öffentliches Recht: Das Luftsicherheitsgesetz = JuS 2005, 432, 435.
134 Vgl. *Rixen* in: Sachs, Grundgesetz, 10. Aufl. 2024, Art. 2 Rn. 182.

Fall 4 „Serienstraftäter auf der Flucht"
Übungsfall zu Art. 2 Abs. 1 i. V. m. Art. 1 Abs. 1 GG; Art. 1 Abs. 1 GG; Art. 2 Abs. 1 Satz 1 Alt. 2 GG

129 Der mehrfach wegen Körperverletzungsdelikten und zuletzt wegen Totschlags straffällig gewordene Serienstraftäter S verbüßt seit 2019 eine zwölfjährige Haftstrafe in der Justizvollzugsanstalt (JVA) Freiburg. Am Morgen des 7. Dezember 2024 gelingt dem S die Flucht aus der JVA. Nach Bekanntwerden der Flucht des S erlässt die Staatsanwaltschaft Freiburg sofort einen rechtmäßigen Haftbefehl gegen den S nach § 457 Abs. 2, § 451 Abs. 1 Satz 1 StPO. Mehr unternimmt die Staatsanwaltschaft Freiburg zunächst nicht.

Die ebenfalls sofort alarmierte Polizei schätzt den S als hoch gefährlich ein; er sei jederzeit zu massiver Gewalt gegenüber Dritten bereit. Das Polizeipräsidium Freiburg veranlasst daher noch am Vormittag des 7. Dezember 2024 eine hinreichend bestimmte Öffentlichkeitsfahndung nach § 131 Abs. 3 StPO. Mildere Formen der Aufenthaltsermittlung, etwa durch Veröffentlichung im Intranet der Polizei, waren zu diesem Zeitpunkt erheblich weniger Erfolg versprechend. Im Rahmen der Öffentlichkeitsfahndung werden der Name, eine Personenbeschreibung und ein Foto von S veröffentlicht. Im Fahndungstext, der über polizeieigene Server im Internet sowie im Rundfunk veröffentlicht wird, bittet die Polizei die Bevölkerung in und rund um Freiburg darum, verschiebbare Tätigkeiten im Freien nach Möglichkeit zu unterlassen. Das Polizeipräsidium Freiburg nahm die Öffentlichkeitsfahndung ohne vorherige Kontaktaufnahme zu einem Gericht oder der Staatsanwaltschaft vor.

Am Mittag des 7. Dezember 2024 zeitigt die Öffentlichkeitsfahndung einen Erfolg: Der 14 Kilometer nördlich von Freiburg lebender Rentner R meldet telefonisch bei der Polizei in Freiburg, dass er an seinem Fenster stehend soeben einen Autodiebstahl beobachtet habe. Das Aussehen des Diebes gleiche laut R genau dem ausgeschriebenen Foto des S.

Am Nachmittag des 7. Dezember 2024 wird der gestohlene Fluchtwagen auf der Bundesautobahn A 5 (BAB 5) gesichtet. Der Wagen bewegt sich trotz massiver Verkehrsdichte mit hoher Geschwindigkeit und unter Missachtung der an dieser Stelle begrenzten zulässigen Höchstgeschwindigkeit von Freiburg in Richtung Basel. Polizeiliche Versuche, das Fluchtauto mit dem Fahrer S „konventionell" zu stoppen, misslingen: Zeichen des An-

Fall 4: „Serienstraftäter auf der Flucht" **129**

haltens wurden von S ignoriert, die Verfolgung mit Streifenwagen scheitert. Daraufhin bekommen zwei vorausfahrende Streifenwagen von der sachlich und örtlich zuständigen Polizeibehörde die Weisung, die Geschwindigkeit des Verkehrs auf der BAB 5 in Richtung Basel zu drosseln, indem sie ca. drei Kilometer vor dem Fluchtauto Schlangenlinien mit Sonderzeichen, Polizeikelle und einer Geschwindigkeit von ca. 30 km/h fahren. So entsteht rasch der von den Beamten beabsichtigte „künstliche Stau", an dessen Ende die 37-jährige Deutsche A zum Stehen kommt. A schaltet augenblicklich die Warnblinkanlage ihres Fahrzeugs an. Die Polizei geht fest davon aus, dass der herannahende S vor dem Stauende rechtzeitig abbremst, anhält und sodann festgenommen werden kann. Tatsächlich bremst der mit hoher Geschwindigkeit herannahende S jedoch nicht rechtzeitig und fährt mit Wucht auf das Stauende auf. Durch die heftige Kollision mit dem Auto der A werden sowohl A als auch S schwer verletzt. Beide müssen eine Woche stationär behandelt werden. A beklagt sich später, sie sei „vom Staat instrumentalisiert und ihre Gesundheit vollkommen unverhältnismäßig geopfert" worden, nur um den S rasch festzunehmen.

Aufgabe:
Prüfen Sie in einem Gutachten, das – gegebenenfalls hilfsgutachterlich – auf alle aufgeworfenen Rechtsfragen eingeht, ob die im Sachverhalt näher beschriebene Öffentlichkeitsfahndung sowie der durch das Schlangenlinienfahren der Polizeibeamten verursachte „künstliche Stau" mitsamt dessen Folgen im konkreten Sachverhalt verfassungsmäßig sind.

Bearbeitungshinweise:
1. Die Einhaltung etwaiger Verfahrens- und Formvorschriften ist jeweils zu unterstellen.
2. Es ist zu anzunehmen, dass der „künstliche Stau" schwerpunktmäßig nicht repressiven, sondern präventiven Zwecken diente.
3. EMRK, RiStBV und Art. 14 GG sind nicht zu prüfen.
4. Die Verfassungsmäßigkeit des „künstlichen Staus" ist nicht im Hinblick auf die Beeinträchtigung Dritter (anderer Stauteilnehmer) zu prüfen.

Zulässige Hilfsmittel:
Grundgesetz, Strafprozessordnung, Polizeigesetz Baden-Württemberg

Lösungsvorschlag:

Erster Teil: Verfassungsmäßigkeit der Öffentlichkeitsfahndung

A. Benennung des nachfolgend geprüften Grundrechts: Art. 2 Abs. 1 i. V. m. Art. 1 Abs. 1 GG (APR)

I. Schutzbereich des Grundrechts

1. Sachlicher Schutzbereich

In sachlicher Hinsicht umfasst der Schutzbereich des Art. 2 Abs. 1 i. V. m. Art. 1 Abs. 1 GG den autonomen Bereich privater Lebensgestaltung, in dem jeder Mensch die Möglichkeit zur persönlichen Lebensführung sowie Entwicklung und Wahrung seiner persönlichen Individualität erhalten soll. Um diesen weiten Schutzbereich genauer zu umreißen, hat das BVerfG verschiedene Fallgruppen als Teilschutzbereiche entwickelt. Dazu zählt unter anderem das Recht zur informationellen Selbstbestimmung[135] und das Recht am eigenen Bild,[136] also das Recht, die Darstellung der eigenen Person anderen gegenüber selbst zu bestimmen (zusammengefasst: „Recht auf Selbstdarstellung").

Der sachliche Schutzbereich schützt damit auch Bild und Namen des S.

2. Persönlicher Schutzbereich

Der Sachverhalt sagt nichts über die Staatsangehörigkeit des S aus; darauf kommt es für den Schutzbereich des APR, der jede natürliche Person betrifft, aber auch nicht an. Es handelt sich um ein Jedermannsgrundrecht, auf das sich S berufen kann.

II. Eingriff

Eingriff ist jedes staatliche Handeln, das die Ausübung des APR erschwert oder unmöglich macht.

Das Polizeipräsidium Freiburg veranlasste eine Veröffentlichung des Namens des S mit Personenbeschreibung und Foto zu Fahndungszwecken, u. a. im Internet. Dieses staatliche Handeln greift massiv in das Recht des S zur informationellen Selbstbestimmung ein, da bei der Öffentlichkeitsfahndung persönlichkeitsbezogene Informationen einem potentiell unbegrenzten Kreis von Personen zugänglich gemacht werden und die Darstellung im Internet zudem eine besondere Prangerwirkung mit sich bringt, die – einmal im Internet veröffentlicht – kaum noch steuerbar erscheint (sog. „*Streisand*-Effekt").

---

135 BVerfGE 65, 1 ff.
136 BVerfGE 87, 334, 340.

III. Verfassungsrechtliche Rechtfertigung des Eingriffs

1. Einschränkbarkeit des Grundrechts

Das allgemeine Persönlichkeitsrecht steht unter dem Schrankenvorbehalt aus Art. 2 Abs. 1 GG und beinhaltet drei verschiedene Schranken („Schrankentrias"). Nach dieser Schrankentrias wird das allgemeine Persönlichkeitsrecht nur soweit gewährt, als das Verhalten des Betroffen nicht die Rechte anderer verletzt und weder gegen die verfassungsmäßige Ordnung noch gegen das Sittengesetz verstößt. Die Einhaltung der verfassungsmäßigen Ordnung ist dabei die wichtigste Einschränkung.

Unter der verfassungsmäßigen Ordnung sind nicht nur die Normen der Verfassung gemeint, sondern die Gesamtheit aller Normen, die formell oder materiell mit der Verfassung in Einklang stehen, also sowohl (verfassungsgemäße) Parlamentsgesetze, aber auch Rechtsverordnungen und Satzungen (einfacher Gesetzesvorbehalt). Allerdings nimmt das BVerfG wegen des Anteils des Art. 1 Abs. 1 GG am APR eine strengere Prüfung der Bestimmtheit sowie der Verhältnismäßigkeit der Schranke vor.[137]

2. Verfassungsmäßigkeit der Rechtsgrundlage

a) Rechtsgrundlage
Rechtsgrundlage für die Öffentlichkeitsfahndung ist § 131 Abs. 3 StPO.

b) Die Gesetzgebungskompetenz
Bei § 131 Abs. 3 StPO handelt es sich um eine bundesrechtliche Norm auf dem Gebiet des Strafverfahrens. Nach der grundgesetzlichen Kompetenzverteilung, Art. 72 Abs. 1 i. V. m. Art. 74 Abs. 1 Nr. 1 GG, gehört dieses Themengebiet zur konkurrierenden Gesetzgebung. Von seiner insofern bestehenden Zuständigkeit hat der Bund Gebrauch gemacht.

c) Anforderungen der Grundrechtsschranke:
§ 131 Abs. 3 StPO erfüllt als Parlamentsgesetz die oben unter I. 3. dargelegten Anforderungen der Grundrechtsschranke.

d) Grenzen der Einschränkbarkeit

aa) Hinreichende Bestimmtheit der Rechtsgrundlage
In § 131 Abs. 3 StPO finden sich zahlreiche vage Rechtsbegriffe („Gefahr im Verzug", „nicht rechtzeitig erreichbar", „Straftat von erheblicher Bedeutung", etc.). Jedoch sind Gesetze typischerweise allgemein formuliert, um eine unbestimmte Vielzahl von Einzelfällen regeln zu können. Die in § 131 Abs. 3 StPO verwendeten Begriffe sind zumindest durch Auslegung bestimmbar und wurden von der Rechtsprechung konkretisiert. Die Rechts-

---

137 Ebenso vertretbar: förmliches Gesetz als Schranke erforderlich, vgl. dazu BVerfG, NJW 2009, 3293, 3294.

grundlage ist daher hinreichend bestimmt (andere Auffassung mit entsprechender Argumentation noch vertretbar).

bb) Wahrung des Verhältnismäßigkeitsgrundsatzes
Die Rechtsgrundlage (§ 131 Abs. 3 StPO) müsste auch verhältnismäßig sein.

§ 131 Abs. 3 StPO ist zur Suche und Festnahme von Beschuldigten bzw. Straftätern prinzipiell geeignet.

§ 131 Abs. 3 StPO beschränkt die Möglichkeit der Öffentlichkeitsfahndung ausdrücklich auf Fälle, in denen andere Formen der Aufenthaltsermittlung nicht erheblich weniger Erfolg versprechend sind; die Vorschrift ist also erforderlich.

§ 131 Abs. 3 StPO lässt die Öffentlichkeitsfahndung nur unter strengen Voraussetzungen zu. Insbesondere kommt die Öffentlichkeitsfahndung nur bei erheblichen Straftaten nach § 131 Abs. 3 Satz 1 StPO in Betracht. Die Vorschrift ist daher auch angemessen und damit insgesamt verhältnismäßig (a. A. mit entsprechender Argumentation vertretbar, insbesondere mit Blick auf die Möglichkeit zur Nutzung des Internets mit all seinen Folgen [etwa Probleme der Resozialisierung wegen „Unlöschbarkeit", Verfälschungsmöglichkeiten, etc.]).

Zwischenergebnis: Die Rechtsgrundlage ist somit verfassungsgemäß.[138]

3. Prüfung der Verfassungsmäßigkeit der Maßnahme

a) Zuständigkeit
Problematisch ist die Frage, ob Ermittlungspersonen der Staatsanwaltschaft (§ 152 GVG) für die Anordnung der Öffentlichkeitsfahndung zuständig sind. Nach § 131 Abs. 3 Satz 1 StPO sind primär Richter und Staatsanwaltschaft für die Öffentlichkeitsfahndung zuständig. Polizeibeamtinnen und -beamte als Ermittlungspersonen der Staatsanwaltschaft sind gem. § 131 Abs. 3 Satz 2 StPO nur bei (eng auszulegender) Gefahr im Verzug zuständig und müssen in diesem Fall unverzüglich die Entscheidung der Staatsanwaltschaft herbeiführen (§ 131 Abs. 3 Satz 3 StPO). Bei der Flucht von Straftätern kommt Gefahr im Verzug i. S. d. § 131 Abs. 3 StPO grundsätzlich infrage (siehe BT-Drs. 14/2595, S. 27).

Vorliegend hatte die Staatsanwaltschaft Freiburg als Vollstreckungsbehörde einen Haftbefehl gegen S erlassen, sah jedoch von einer Öffentlichkeitsfahndung gerade ab. Das spricht gegen die Annahme einer Zuständigkeit der Polizei aus Gefahr im Verzug. Zudem hätte die Polizei zumindest den Versuch unternehmen müssen, die Staatsanwaltschaft bzw. das Gericht zu erreichen. Selbst wenn dies – kaum vertretbar – anders gesehen werden würde, bliebe es bei der Verfassungs- und Gesetzwidrigkeit der Anordnung durch die Polizei, da keine Entscheidung der Staatsanwaltschaft unverzüg-

---

138 A.A. vertretbar, siehe z. B. *Ranft*, StV 2002, 38, 41: „verfassungswidrig".

lich nach § 131 Abs. 3 Satz 3 StPO herbeigeführt wurde. Die Polizei war nicht für die Öffentlichkeitsfahndung zuständig.

4. Zwischenergebnis
Die Öffentlichkeitsfahndung ist gesetz- und damit verfassungswidrig.

Fortsetzung der Prüfung im Hilfsgutachten:

b) Tatbestandsvoraussetzungen
Da S wegen Totschlags verurteilt wurde, geht es im vorliegenden Fall um eine Straftat von erheblicher Bedeutung i. S. d. § 131 Abs. 3 StPO.
Zudem sind laut Sachverhalt andere Formen der Aufenthaltsermittlung erheblich weniger Erfolg versprechend.

c) Rechtsfolge, insbesondere Verhältnismäßigkeitsprüfung
Die Maßnahme ist bestimmt genug.
Die Öffentlichkeitsfahndung müsste verhältnismäßig sein.
Sie ist geeignet zur Suche und Verhaftung des S.
Sie ist auch erforderlich mangels milderer und gleich geeigneter Maßnahmen zur Aufenthaltsermittlung laut Sachverhalt.
Schließlich dürfte die Öffentlichkeitsfahndung im konkreten Fall auch angemessen sein, da das staatliche Interesse an der Festnahme des hoch gefährlichen Totschlägers S höher zu gewichten ist als das Interesse des S am Schutz seiner Persönlichkeitsrechte (a. A. aber vertretbar im Hinblick auf die Strenge des anzulegenden Verhältnismäßigkeitsmaßstabes [s. o. unter A. III. 1.] und die Fahndung über Internet, die besonders schwer in das Persönlichkeitsrecht des S eingreift und die spätere Resozialisierung erschwert).
Endergebnis: Die Öffentlichkeitsfahndung war mangels polizeilicher Zuständigkeit gesetzeswidrig und damit ein verfassungswidriger Eingriff in das Grundrecht des S aus Art. 2 Abs. 1 i. V. m. Art. 1 Abs. 1 GG.

Zweiter Teil: Verfassungsmäßigkeit des künstlichen Staus

Prüfung des Grundrechts auf Menschenwürde (Art. 1 Abs. 1 GG)

I. Schutzbereich des Grundrechts

1. Sachlicher Schutzbereich
In sachlicher Hinsicht schützt Art. 1 Abs. 1 GG die Würde des Menschen, also den sozialen Wert- und Achtungsanspruch, der jedem Menschen zukommt. Die Menschenwürde verbietet es, den Menschen zum bloßen Objekt zu machen, ihn zum bloßen Mittel herabzuwürdigen. Dadurch wird der Begriff der Menschenwürde von der Verletzungshandlung her, also dem möglichen Eingriff, bestimmt.

2. Persönlicher Schutzbereich

In persönlicher Hinsicht schützt das Grundrecht alle Menschen, also auch A und S. Auf die Staatsangehörigkeit des S kommt es nicht an.

II. Eingriff

Ein Eingriff in die Menschenwürde der A wäre anzunehmen, wenn sie bewusst als „Mittel zum Zweck", als „menschliches Schutzschild" oder als „notwendiges Opfer" herangezogen worden wäre, um den S festnehmen zu können. Ein solches Vorhaben verfolgte die Polizei indes nicht: Sie ging laut Sachverhalt fest davon aus, dass der S am Stauende anhält und dann sogleich festgenommen werden kann. Den sozialen Wert- und Achtungsanspruch der A wollte die Polizei nicht infrage stellen. Daher ist ein Eingriff in Art. 1 Abs. 1 GG abzulehnen.

Ergebnis: Die polizeiliche Maßnahme verstößt nicht gegen die Menschenwürde.

Prüfung des Grundrechts auf körperliche Unversehrtheit (Art. 2 Abs. 2 Satz 1 Alt. 2 GG)

I. Schutzbereich des Grundrechts

1. Sachlicher Schutzbereich

Das Grundrecht auf körperliche Unversehrtheit schützt zunächst vor Einwirkungen, die die menschliche Gesundheit im biologisch-physiologischen Sinn beeinträchtigen. Von der körperlichen Unversehrtheit umfasst sind damit vor allem die Gesundheit und das körperliche Wohlbefinden, aber auch die körperliche Integrität. Körperliche Unversehrtheit schützt u. a. das Freisein von Schmerzen. Schließlich schützt es – über den Gesetzeswortlaut hinaus – auch die Gesundheit im psychischen Sinne. A und S werden von diesem Schutz umfasst.

2. Persönlicher Schutzbereich

Art. 2 Abs. 2 Satz 1 Alt. 2 GG ist ein sog. Jedermannsgrundrecht, d. h. es sind alle natürlichen Menschen geschützt, mithin auch A und S.

II. Eingriff

Fraglich ist, ob in den Schutzbereich eingegriffen wurde. In Bezug auf Art. 2 Abs. 2 Satz 1 Alt. 2 GG ist als Eingriff jede Maßnahme zu verstehen, die die Integrität der körperlichen Unversehrtheit beeinträchtigt, insbesondere als Verletzungshandlung.

Hier hat der Staat nicht selbst die Gesundheit der A geschädigt, er hat aber den künstlichen Stau angelegt, was ursächlich dafür wurde, dass das Fahrzeug der A zum Stillstand kam und S in das Stauende fuhr, wodurch schwere Verletzungen bei A und S entstanden. Das Handeln der Polizei war mithin kausal für den Schaden. Gleichzeitig trat dieser Schaden aber nur mittelbar ein, die letzte Ursache für die Verletzungen setzte der S. Die Polizei muss sich diesen tragischen Geschehensablauf jedoch zurechnen lassen,

Fall 4: „Serienstraftäter auf der Flucht" **129**

auch wenn sie keinen Unfall intendierte: S war bekanntermaßen mit deutlich überhöhter Geschwindigkeit auf der BAB 5 unterwegs und ließ sich „konventionell" nicht stoppen. Dass der künstliche Stau vor diesem Hintergrund zu einer Kollision am Stauende führen könnte, war im Vorfeld abzusehen. Ein Eingriff in Art. 2 Abs. 2 Satz 1 Alt. 2 GG ist daher anzunehmen.

III. Verfassungsrechtliche Rechtfertigung des Eingriffs

1. Einschränkbarkeit des Grundrechts
Beim Grundrecht auf Leben und körperliche Unversehrtheit, Art. 2 Abs. 2 Satz 1 GG, handelt es sich um ein Grundrecht mit einfachem Gesetzesvorbehalt. Nach Art. 2 Abs. 2 Satz 3 GG kann dieses Grundrecht also – trotz seines Wortlauts („aufgrund") – durch oder aufgrund eines formellen Bundes- oder Landesgesetzes eingeschränkt werden.

2. Verfassungsmäßigkeit der Rechtsgrundlage

a) Rechtsgrundlage
Rechtsgrundlage für die Maßnahme sind §§ 1, 3 PolG, da der künstliche Stau laut Bearbeitungshinweis präventiven Zwecken diente.

b) Gesetzgebungskompetenz
Bei §§ 1, 3 PolG handelt es sich um landesrechtliche Normen auf dem Gebiet der Gefahrenabwehr. Nach der grundgesetzlichen Kompetenzverteilung, Art. 70 ff. GG, liegt die Zuständigkeit für dieses Themengebiet bei den Ländern (Art. 70 Abs. 1 GG).

c) Anforderungen der Grundrechtsschranke
Als formelle landesrechtliche Normen erfüllen die §§ 1, 3 PolG die Anforderungen der Grundrechtsschranke.

d) Grenzen der Einschränkbarkeit

aa) Hinreichende Bestimmtheit der Rechtsgrundlage
Die §§ 1, 3 PolG sind zwar in hohem Maße unbestimmt. Die unbestimmten Rechtsbegriffe sind aber bestimmbar und wurden über Jahrzehnte von der Rechtsprechung konkretisiert. Die Rechtsgrundlage ist damit ausreichend bestimmt.

bb) Wahrung des Verhältnismäßigkeitsgrundsatzes
An der Verhältnismäßigkeit der polizeilichen Generalklausel besteht kein Zweifel.

Zwischenergebnis: Die Rechtsgrundlage aus §§ 1,3 PolG ist verfassungsgemäß.

129 Zweiter Teil: Grundrechtliche Fallübungen

3. Prüfung der Verfassungsmäßigkeit der Maßnahme

a) Zuständigkeit

Die beiden Streifenwagen haben aufgrund einer Weisung (§ 110 PolG) der – laut Sachverhalt zuständigen – Polizeibehörde gehandelt; die Einhaltung der Verfahrens- und Formvorschriften ist zu unterstellen.

b) Tatbestandsvoraussetzungen

Von dem laut Sachverhalt hoch gefährlichen Entflohenen S, der unter Missachtung der zulässigen Höchstgeschwindigkeit auf der BAB 5 fuhr, geht offensichtlich eine Gefahr für die öffentliche Sicherheit aus.

c) Rechtsfolge, insbesondere Verhältnismäßigkeitsprüfung

Bei der Frage nach der verfassungsgemäßen Anwendung der Rechtsgrundlage ist allein problematisch, ob die polizeiliche Maßnahme verhältnismäßig ist. Nur diese Schranken-Schranke bedarf hier einer näheren Prüfung

> **Hinweis:** Die nachfolgenden Erwägungen könnten ggf. auch bereits unter dem Prüfungspunkt „Tatbestandsvoraussetzungen" geprüft werden, etwa unter dem Aspekt der Nichtstörerhaftung des § 9 PolG, die eine Ausprägung des Verhältnismäßigkeitsgrundsatzes ist.[139] Allerdings wird § 9 PolG grundsätzlich nicht auf Tatbestands-, sondern auf Rechtsfolgenseite geprüft.

aa) Geeignetheit

Eine polizeiliche Maßnahme ist ungeeignet, wenn sie aus ex-ante Sicht schlechthin untauglich erscheint. Durch die Erzeugung des künstlichen Staus sollte der S zum Stehen gebracht werden; dieser prognostizierte Geschehensablauf erscheint aus ex-ante-Sicht plausibel und mithin geeignet.

bb) Erforderlichkeit

Fraglich ist, ob die Veranlassung des künstlichen Staus erforderlich war. Als mildere Maßnahmen könnte etwa der Schuss auf die Reifen des Fluchtfahrzeugs, der Einsatz eines Nagelgurtes oder schlicht die weitere Verfolgung des S infrage kommen.[140] All diese Maßnahmen dürften aber nicht gleich effektiv sein wie die Herbeiführung des künstlichen Staus: Ob ein Schuss in die Reifen gelingt, ist bei der hohen Geschwindigkeit des Fluchtautos höchst unsicher, der Einsatz von Nagelgurten dürfte schon angesichts der hohen Verkehrsdichte ausscheiden und die Weiterverfolgung des S ist nicht gleichermaßen geeignet zur sofortigen Festnahme des S wie der „künstliche Stau". Die polizeiliche Maßnahme ist daher erforderlich.[141]

---

139 Vgl. dazu LG Bückeburg, NJW 2005, 3014, 3015; *Wiemers*, DÖV 2020, 930, 933.
140 Siehe *Robrecht*, NZV 2008, 441.
141 A.A. mit entsprechender Argumentation vertretbar.

cc) Angemessenheit

Fraglich ist, ob die Herbeiführung des künstlichen Staus und die daraus resultierte – wenngleich ex-ante nicht beabsichtigte – Gesundheitsbeschädigung der A und des S außer Verhältnis zum Ziel der Maßnahme, also der sofortigen Festnahme des gefährlichen S steht. Hierbei ist abzuwägen.

In die Abwägung sind auf der einen Seite die Wirksamkeit des Strafvollzugs und der Schutz des Lebens sowie der körperlichen Unversehrtheit Dritter (Art. 2 Abs. 2 Satz 1 GG), die durch den hoch gefährlichen S verletzt werden könnten, einzustellen. Insoweit ergibt sich für den Staat eine Schutzpflicht. Auch der Umstand, dass andere Verkehrsteilnehmer in ihrer Weiterfahrt beeinträchtigt sind (Art. 2 Abs. 1 GG), ist in die Abwägung einzustellen, allerdings mit vergleichsweise geringem Gewicht.

Auf der anderen Seite ist die Verletzung der A und des S, die in Art. 2 Abs. 2 Satz 1 GG massiv beeinträchtigt sind, zu berücksichtigen. Hinsichtlich S wiegt dieses Interesse nicht schwer, da er selbst die Ursache für seine Verletzungen gesetzt hat. Dagegen war die A Nichtstörerin. Dass sie durch die polizeiliche Maßnahme am Stauende körperlich zu Schaden kommt, war von der Polizei zwar nicht intendiert, aber angesichts der weit überhöhten Geschwindigkeit des Flüchtenden, der sich schon von „konventionellen Maßnahmen" nicht stoppen ließ, alles andere als fernliegend. Leben und Gesundheit einer nichtverantwortlichen Person dürfen nicht auf diese Weise gefährdet werden. Der „künstliche Stau" war daher eine unangemessene und mithin unverhältnismäßige polizeiliche Maßnahme.

Endergebnis: Der polizeilich veranlasste „künstliche Stau" verletzt die A in ihrem Grundrecht aus Art. 2 Abs. 2 Satz 1 GG.

> **Abschließende Hinweise zum Fall:** Die Beeinträchtigung durch den künstlichen Stau wirkt sich auch auf andere Verkehrsteilnehmer aus, die insoweit in ihrer allgemeinen Handlungsfreiheit betroffen sind. Der Eingriff in die allgemeine Handlungsfreiheit der anderen, nicht gesundheitlich beeinträchtigten Verkehrsteilnehmer wiegt jedoch nicht schwer und wäre daher als Mittel zur Festnahme des S auf der Grundlage von §§ 1, 3 PolG durchaus gerechtfertigt. Zu prüfen war all dies vorliegend jedoch nicht (wegen des vierten Bearbeitungshinweises).
> Der letzte Satz im Sachverhalt legt eine Prüfung von Art. 1 Abs. 1 GG und Art. 2 Abs. 2 Satz 1 Alt. 2 GG nahe. Sollte ein Eingriff in Art. 1 Abs. 1 GG – an sich unvertretbar – angenommen werden, so ist gleichwohl im Rahmen des abzufassenden Gutachtens noch auf Art. 2 Abs. 2 Satz 1 Alt. 2 GG einzugehen.

Fall 5 „Das überwachte Gebet"
Übungsfall zu Art. 4 Abs. 1 und Abs. 2 GG

130 Angenommen, im Frühjahr 2025 wird A im Stadtgebiet von Heidelberg von Beamten des örtlich zuständigen Reviers in polizeilichen Gewahrsam genommen. Er hatte in einem akuten psychischen Ausnahmezustand versucht, durch einen Sprung in den Neckar Suizid zu begehen und konnte gerade noch rechtzeitig zurückgehalten werden. A ist Angehöriger der regionalen Glaubensgemeinschaft der „Söhne Odins", welche den Göttervater der nordischen Mythologie als Schöpfer und Lenker der Welt verehren. Auf dem Weg in die Gewahrsamszelle beruhigt sich A zwar ein wenig, ist aber nach zutreffender Einschätzung des Dienstgruppenleiters PHK Schneider, der auch einen Arzt hinzugezogen hatte, weiterhin – womöglich auch aufgrund zuvor konsumierter psychotroper Substanzen – psychisch labil. Nachdem der zuständige Richter einen 24-stündigen Gewahrsam angeordnet hat, entscheidet PHK Schneider, den in der Gewahrsamszelle befindlichen A mittels einer Videokamera beobachten zu lassen. Die Kamera hängt sichtbar im Zellenraum, ein Schild weist zudem darauf hin, dass Aufnahme und Übertragung in den Wachraum laufen, sobald an der Kamera ein rotes Licht aufleuchtet. Eine akustische Überwachung erfolgt nicht. Zwar wurden dem A vor der Einlieferung in die Gewahrsamszelle etwaige zur Selbstgefährdung geeignete Gegenstände abgenommen, gleichwohl hat PHK Schneider die zutreffende Befürchtung, dass sich A auch auf andere Weise etwas antun könnte. Nach etwa einer Stunde entsprechend überwachten Aufenthalts in der Zelle, wendet sich A mittels Sprechgerät an die diensthabenden Beamten. Er teilt mit, dass er als „Sohn Odins" die Verpflichtung habe, in regelmäßigen Abständen zu beten. Nach seinen Glaubensvorschriften müsse dieses Gebet unbeobachtet erfolgen, da Odin Außenstehenden nur ungern Zugang zu kultischen Handlungen gestatte. Das Gebet dauere etwa eine Stunde, für diese Zeit bittet A die Beamten darum, die Videokamera abzuschalten. PHK Schneider lehnt das Ansinnen des A nach einer kurzen Bedenkzeit ab. Er begründet seine Entscheidung damit, dass er für Leben und körperliche Unversehrtheit des A verantwortlich sei. Diese Rechtsgüter seien gegenüber der kurzfristig beeinträchtigten Religionsfreiheit des A vorrangig. Die Videoüberwachung wird fortgesetzt, A verzichtet widerwillig auf sein Gebet zu Odin.

Unmittelbar nach Beendigung des Gewahrsams begibt sich A zu seinem Rechtsanwalt und fragt diesen um Rat. Nach Einschätzung des A sei die Ingewahrsamnahme als solche angesichts seines Zustandes völlig in Ordnung gewesen. Skandalös sei hingegen, dass es ihm entgegen den Vorgaben des Grundgesetzes verwehrt worden sei, nach seinen religiösen Überzeugungen und Verpflichtungen zu handeln.

Aufgabe:
Prüfen Sie, ob die die Auffassung des A, wonach er in verfassungswidriger Weise in seiner Religionsfreiheit verletzt worden sei, zutreffend ist.

Bearbeitungshinweis:
Von der Verfassungsmäßigkeit sowie der Erfüllung der Tatbestandsvoraussetzungen der polizeirechtlichen Gewahrsamsbestimmungen kann ausgegangen werden.

Zugelassene Hilfsmittel:
Grundgesetz, Polizeigesetz Baden-Württemberg

Lösungsvorschlag:

> **Vorbemerkung:** Es handelt sich vorliegend um eine Klausur mit eher durchschnittlichem Schwierigkeitsgrad. Wichtig ist dabei, entsprechend der Aufgabenstellung und der Bearbeitungshinweise im Blick zu behalten, was Sie nicht prüfen müssen!

I. Schutzbereich des Grundrechts

1. Sachlicher Schutzbereich

Einschlägig könnte vorliegend das Grundrecht der Religionsfreiheit, Art. 4 GG, sein. Auf den ersten Blick erscheinen in den beiden ersten Absätzen des Art. 4 GG unterschiedliche Einzelgrundrechte verankert zu sein. Mit der Rechtsprechung des Bundesverfassungsgerichts ist aber eine genaue Einordnung des (gewünschten) Verhaltens des A in eine der dort genannten Kategorien nicht erforderlich: In Bezug auf den glaubensbezogenen Grundrechtsschutz handelt es sich um ein einheitliches Grundrecht,[142] die in Art. 4 Abs. 2 GG genannte ungestörte Religionsausübung ist letztlich nur ein Bestandteil der in Art. 4 Abs. 1 GG verankerten Glaubens- und Bekenntnisfreiheit.[143] Unter Religion bzw. Weltanschauung ist eine mit der Person des Menschen verbundene Gewissheit über bestimmte Aussagen zum Weltganzen sowie zur Herkunft und zum Ziel des menschlichen Lebens zu verstehen; dabei legt die Religion eine den Menschen überschreitende und umgreifende („transzendente") Wirklichkeit zugrunde, während

---
142 Kokott in: Sachs, Grundgesetz, 10. Aufl. 2024, Art. 4 Rn. 13.
143 BVerfG, Beschl. v. 16.10.1968 – 1 BvR 241/66 = NJW 1969, 31 ff.

sich die Weltanschauung auf innerweltliche („immanente") Bezüge beschränkt.[144] Mit Blick darauf erscheint das Bekenntnis des A als Mitglied der „Söhne Odins", welche den Göttervater der nordischen Mythologie als Schöpfer und Lenker der Welt verehren, recht unproblematisch dem Bereich der Religion zuordenbar. Eine den Schutzbereich definierende Beurteilung dieser Religion nach theologischem Gehalt und geistigem Wert ist dem religiös und weltanschaulich neutralen Staat prinzipiell verschlossen, eine Beschränkung etwa auf das die historisch, kulturell und gesellschaftlich in Deutschland verwurzelten christlichen Konfessionen oder die sog. Weltreligionen ist nicht zulässig.[145] Ob der Glauben des A und die von ihm hieraus abgeleiteten Pflichten in der Gesellschaft auf Anerkennung oder auch nur Verständnis stoßen, spielt keine Rolle.

> Dies dürfte mittlerweile allgemeine verfassungsrechtliche Auffassung sein. Anders übrigens früher noch das Bundesverfassungsgericht, wonach Art. 4 GG nicht irgendeine, wie auch immer geartete freie Betätigung des Glaubens schützen (wolle), sondern nur diejenige, die sich bei den heutigen Kulturvölkern auf dem Boden gewisser übereinstimmender sittlicher Grundanschauungen im Laufe der geschichtlichen Entwicklung herausgebildet hat.[146] Dass es sich bei den vorgenannten „Weltreligionen" um den Buddhismus, das Christentum, den Hinduismus, den Islam und das Judentum handelt, ist zwar hier nicht prüfungsrelevant, dürfte aber zur Allgemeinbildung gehören!

Ebenfalls spielt es keine Rolle, dass es sich bei den „Söhnen Odins" laut Sachverhalt um eine lediglich regionale Gemeinschaft handelt. Auf die zahlenmäßige Stärke einer Gemeinschaft oder ihre soziale Relevanz kommt es bei der Frage der Eröffnung des Schutzbereichs des Art. 4 GG nicht an,[147] auch die vereinzelt auftretende Glaubensüberzeugung genießt den Schutz der Verfassung.[148]

Das Ansinnen des A, unbeobachtet zu seinem Gott Odin zu beten, unterfällt damit dem sachlichen Schutzbereich der Glaubens- und Religionsfreiheit des Art. 4 GG.

> Ein anderes Ergebnis dürfte in der Klausur jedenfalls nach heutigen verfassungsrechtlichen Maßstäben nicht vertretbar sein.

---

144 BVerwG, Urt. v. 27.3.1992 – 7 C 21/90 = NJW 1992, 2496 ff.
145 *Germann* in: BeckOK Grundgesetz, 58. Edition, Stand: 15.6.2024, Art. 4 Rn. 16.
146 BVerfG, Beschl. v. 8.11.1960 – 1 BvR 59/56 = NJW 1961, 211.
147 BVerfG, Beschl. v. 19.10.1971 – 1 BvR 387/65 = NJW 1972, 327 ff.
148 BVerfG, Beschl. v. 11.4.1972 – 2 BvR 75/71 = NJW 1972, 1183 ff.

2. Persönlicher Schutzbereich
Bei Art. 4 GG handelt es sich um ein sog. Jedermannsgrundrecht, auf welches sich A unabhängig von seiner Staatsangehörigkeit berufen kann.

II. Eingriff
Das Beobachten des A per Videokamera, welches dazu führte, dass dieser aufgrund der Vorschriften seines Glaubens von dem eigentlich für ihn gebotenen Gebet abließ, stellt unproblematisch einen staatlichen Eingriff in das Grundrecht der Glaubens- und Religionsfreiheit dar.

III. Verfassungsrechtliche Rechtfertigung des Eingriffs

1. Einschränkbarkeit des Grundrechts
Bei dem Grundrecht der Glaubens- und Religionsfreiheit handelt es sich um ein Grundrecht ohne Gesetzesvorbehalt. Eine Einschränkung des Grundrechts kann daher nur mit entgegenstehenden Verfassungswerten gerechtfertigt werden. Zusätzlich bedarf es auch einer formellgesetzlichen Rechtsgrundlage für die konkrete Eingriffsmaßnahme.[149]

2. Verfassungsmäßigkeit der Rechtsgrundlage

a) Rechtsgrundlage
Als Rechtsgrundlage für den Eingriff kommt § 44 Abs. 9 PolG in Betracht.

b) Gesetzgebungskompetenz für die Rechtsgrundlage
Bei § 44 Abs. 9 PolG handelt es sich um eine landesrechtliche Norm auf dem Gebiet der Gefahrenabwehr. Gemäß der grundgesetzlichen Aufgabenverteilung, Art. 70 ff. GG, liegt die gesetzgeberische Zuständigkeit für Regelungen zur Gefahrenabwehr grundsätzlich bei den Ländern (Art. 70 Abs. 1 GG).

c) Anforderungen der Grundrechtsschranke
Da es sich bei der in Art. 4 Abs. 1, Abs. 2 GG verankerten Glaubens- und Religionsfreiheit um ein Grundrecht ohne Gesetzesvorbehalt handelt, bedarf es eines entgegenstehenden Wertes von Verfassungsrang, um Eingriffe in das Grundrecht rechtfertigen zu können. Als solcher entgegenstehende Wert von Verfassungsrang kommt das Grundrecht auf Leben und körperliche Unversehrtheit des A, Art. 2 Abs. 2 Satz 1 GG, in Betracht. Dieses Grundrecht schützt den Bürger nicht nur vor ungerechtfertigten Eingriffen des Staates in sein Leben (die „klassische" Abwehrfunktion der Grund-

---

[149] Detailhinweis für besonders Interessierte: In seltenen Ausnahmefällen genügt es, wenn die konkreten Eingriffsmaßnahmen auf Verordnungsregelungen basieren (etwa § 21a Abs. 2 Satz 1 StVO bzw. § 23 Abs. 4 Satz 1 StVO), die freilich ihrerseits stets nur bei Bestehen einer Verordnungsermächtigung in einem Parlamentsgesetz möglich sind (wie etwa durch § 6 Abs. 1 StVG), vgl. BVerwG, NJW 2019, 3466 f. („Motorradhelmpflicht auch für Turbanträger") sowie OVG Rheinland-Pfalz, NJW 2024, 3532, 3534 („Verbot des Tragens eines Niqabs beim Führen eines Kraftfahrzeugs").

rechte), sondern gebietet ihm auch, sich schützend und fördernd vor dieses Leben zu stellen[150] (sog. Schutzpflichtenfunktion der Grundrechte). Dass diese Schutzpflicht insbesondere gegenüber Personen gelten muss, die sich – wie A – aufgrund einer hoheitlichen Anordnung des Staates in seiner Obhut befinden, liegt auf der Hand. Leben und körperliche Unversehrtheit können daher als Werte von Verfassungsrang grundsätzlich Eingriffe in das Grundrecht der Glaubens- und Religionsfreiheit rechtfertigen.

Neben dem insoweit gefundenen entgegenstehenden Wert von Verfassungsrang bedarf es auch bei Eingriffen in Grundrechte ohne Gesetzesvorbehalt stets einer formellgesetzlichen Rechtsgrundlage. § 44 PolG stellt ein solch formelles Gesetz dar.

d) Grenzen der Einschränkbarkeit

aa) Hinreichende Bestimmtheit der Rechtsgrundlage

§ 44 Abs. 9 PolG erscheint hinreichend bestimmt. Die Betroffenen können in genügender Weise die Rechtslage erkennen und ihr Verhalten darauf einrichten.

bb) Wahrung des Verhältnismäßigkeitsgrundsatzes

aaa) Geeignetheit

Die Videoüberwachung einer in Gewahrsam genommenen Person erscheint als geeignetes Mittel zum Schutz ihres Lebens und ihrer körperlichen Unversehrtheit. Die laufende Beobachtung ermöglicht es, auf etwaige Gefahrenlagen rasch zu reagieren.

bbb) Erforderlichkeit

Auch hier bestehen keine Bedenken. Insbesondere die Alternative der „Dauerbeobachtung live" mittels eines Polizeibeamten durch ein „Guckloch" der Zellentür würde den Grundrechtseingriff nicht vermindern. Auch die Variante einer womöglich weniger grundrechtsintensiven akustischen Überwachung kann mangels vergleichbarer Geeignetheit nicht vorzugswürdig sein, mag doch ein etwaiger Suizid auch „leise" in die Wege geleitet werden.

ccc) Angemessenheit

Auch hinsichtlich der Angemessenheit bestehen im Ergebnis keine Bedenken. Bei den Rechtsgütern des Lebens und der körperlichen Unversehrtheit handelt es sich um verfassungsrechtliche Positionen von hohem Wert. Gleichzeitig enthält § 44 Abs. 9 PolG einschränkende Regelungen, etwa dahingehend, dass die Überwachung offen – also für den Betroffenen erkennbar – sein muss und eine Speicherung der Aufnahmen nicht zulässig ist.

Soweit in Konstellationen wie der vorliegenden aufgrund § 44 Abs. 9 PolG nun nicht nur ein offenkundiger Eingriff in das allgemeine Persön-

---

150 BVerfG, Urt. v. 25.2.1975 – 1 BvF 6/74 („*Schwangerschaftsabbruch*") = NJW 1975, 573 ff.

lichkeitsrecht (Recht auf informationelle Selbstbestimmung[151]), sondern auch ein Eingriff in Art. 4 GG erfolgt, kann nichts anderes gelten. Eine Betroffenheit dieses Grundrechts kann ohnehin bereits nur in besonderen Konstellationen einschlägig sein, in aller Regel verbieten religiöse Pflichten ja nicht die „Unbeobachtetheit" der Glaubensausübung. Außerdem ist die von § 44 Abs. 9 PolG gedeckte Videobeobachtung nicht gezielt gegen die Glaubens- und Religionsfreiheit der Betroffenen gerichtet, sondern lediglich unbeabsichtigte Nebenfolge staatlichen Handelns zum Schutz eines Rechtsguts von hoher Bedeutung. Es handelt sich zudem nur um eine zeitlich begrenzte Beeinträchtigung, wohingegen es sich beim Leben, welches der Staat aufgrund der ihm obliegenden Schutzpflichten zu wahren gedenkt, um ein „Alles-oder-Nichts-Grundrecht"[152] handelt: Der Suizid würde das Leben der betroffenen Person unwiderruflich auslöschen, ihr grundrechtlicher Schutzgegenstand wäre insgesamt beseitigt.[153] Die Angemessenheit des § 44 Abs. 9 PolG ist mithin auch mit Blick auf Art. 4 GG gegeben.

Zwischenergebnis: § 44 Abs. 9 PolG ist verfassungsgemäß.

3. Verfassungsmäßigkeit der Maßnahme

a) Zuständigkeit, Verfahren, Form

In sachlicher Hinsicht besteht für Maßnahmen nach § 44 Abs. 9 PolG eine ausschließliche Zuständigkeit des Polizeivollzugsdienstes. Die örtliche Zuständigkeit der Beamten folgt aus §§ 120, 121 Abs. 1 Nr. 7 PolG. Eine Verletzung von Verfahrens- und Formvorschriften in Bezug auf den Realakt[154] der Videoüberwachung ist nicht erkennbar, insbesondere wurde die Maßnahme – wie es § 44 Abs. 9 PolG ausdrücklich fordert – offen durchgeführt.

> Sicherlich genauso vertretbar wäre es, den Aspekt der „Offenheit" der Beobachtung im Rahmen der Ausführungen zu den Tatbestandsvoraussetzungen des § 44 Abs. 9 PolG anzusprechen.

b) Tatbestandsvoraussetzungen

Die Tatbestandsvoraussetzungen des § 44 Abs. 9 PolG knüpfen an die Ingewahrsamnahme einer Person nach § 33 PolG an.[155] Die Voraussetzungen für eine Ingewahrsamnahme des A (Schutzgewahrsam nach § 33 Abs. 1 Nr. 2 c) PolG) sind laut Aufgabenstellung gegeben und müssen daher nicht erörtert werden. Ebenfalls laut Aufgabenstellung konnte PHK Schneider

---

151 Hierzu *Nusser* in: BeckOK Polizeirecht Baden-Württemberg, 32. Edition, Stand: 15.3.2024, § 44 Rn. 7 ff.
152 *Lang* in: BeckOK Grundgesetz, 58. Edition, Stand: 15.6.2024, Art. 2 Rn. 72.
153 *Sachs/von Coelln* in: Sachs, Grundgesetz, 10. Aufl. 2024, Art. 19 Rn. 46.
154 *Borsdorff* in: Möllers, Wörterbuch der Polizei, 3. Aufl. 2018, „Videoüberwachung".
155 *Nusser* in: BeckOK Polizeirecht Baden-Württemberg, 32. Edition, Stand: 15.3.2024, § 44 Rn. 60.

davon ausgehen, dass die Videoüberwachung (eine unzulässige Aufzeichnung erfolgte nicht) aufgrund des vorangegangenen Suizidversuchs und der fortbestehenden psychischen Labilität des A zu dessen Schutz erforderlich war. Die „Erforderlichkeit" ist bei § 44 Abs. 9 PolG bereits als Tatbestandsmerkmal formuliert, insofern bestehen keine Bedenken, hier kann auf die Ausführungen zur Erforderlichkeit der Rechtsgrundlage verwiesen werden.

Die Tatbestandsvoraussetzungen des § 44 Abs. 9 PolG sind daher gegeben.

> Ohne den Bearbeitungshinweis wäre hier „inzident" zu prüfen gewesen, ob denn überhaupt die Voraussetzungen für einen Schutzgewahrsam nach § 33 Abs. 1 Nr. 2 c) PolG vorlagen. Wären diese nicht gegeben, dürfte ja konsequenterweise auch die Videoüberwachung des in Gewahrsam genommenen nicht rechtmäßig sein. In diesem Zusammenhang hätte dann ggf. kurz auf die Frage eingegangen werden müssen, ob ein freiverantwortlich geplanter Suizid überhaupt einen polizeirechtlichen Gewahrsam rechtfertigen kann, was nach dem „Sterbehilfeurteil" des Bundesverfassungsgerichts[156] im Ergebnis wohl zu verneinen wäre,[157] im Fall aber keiner Entscheidung bedurfte, weil laut Sachverhalt bei dem in einem psychischen Ausnahmezustand befindlichen A (wie auch in aller Regel bei den Suizidalen Ihrer polizeilichen Praxis) ohnehin nicht ernstlich von freiverantwortlichem Agieren die Rede sein kann.

c) Rechtsfolge, insbesondere Verhältnismäßigkeitsprüfung

aa) Geeignetheit
Die Videobeobachtung des A erscheint als geeignetes Mittel, etwaige Gefahren für dessen Leib und Leben rasch zu erkennen und dementsprechend zu reagieren.

bb) Erforderlichkeit
Mildere Maßnahmen waren nicht ersichtlich. Insofern kann auf die obigen Ausführungen verwiesen werden.

cc) Angemessenheit
Die Maßnahme war angemessen, auch insofern kann auf die obigen Ausführungen verwiesen werden. Die Frage, ob staatliche Maßnahmen zur Verhinderung eines Suizids bei freiverantwortlich agierenden Personen überhaupt mit Blick auf das Recht auf selbstbestimmtes Sterben als Ausprägung

---

156 BVerfG, Urt. v. 26.2.2020 – 2 BvR 2347/15 u. a. („*Verfassungswidrigkeit des Verbots der geschäftsmäßigen Förderung der Selbsttötung*") = NJW 2020, 905 ff.
157 Vgl. *Hauser* in: BeckOK Polizeirecht Baden-Württemberg, 32. Edition, Stand: 15.3.2024, § 33 Rn. 35.

des allgemeinen Persönlichkeitsrechts zulässig sein können,[158] bedarf hier keines Eingehens, da angesichts der im Sachverhalt beschriebenen, fortbestehenden psychischen Labilität des A nicht von einer solchen „Freiverantwortlichkeit" ausgegangen werden kann. Ergänzend kann noch angemerkt werden, dass A mitgeteilt hat, dass sein Gott Odin Außenstehenden „nur ungern" Zugang zu kultischen Handlungen gewähre. Hieraus folgt, dass die „Unbeobachtetheit" des Gebets offensichtlich kein absolutes Gebot ist.

Ergebnis: Die polizeiliche Maßnahme war verfassungsgemäß. Die Auffassung des A, wonach er in verfassungswidriger Weise in seiner Religionsfreiheit verletzt worden sei, ist unzutreffend.

---

158 BVerfG, Urt. v. 26.2.2020 – 2 BvR 2347/15 u. a. („*Verfassungswidrigkeit des Verbots der geschäftsmäßigen Förderung der Selbsttötung*") = NJW 2020, 905 ff.

Fall 6 „Rache am Ordnungsamt"
Übungsfall zu Art. 5 Abs. 1 Satz 1 GG

131 Angenommen, im Juni 2024 erhielt A vom Ordnungsamt der Stadt Stuttgart einen Bußgeldbescheid wegen einer Geschwindigkeitsüberschreitung im Innenstadtbereich. A geht gegen diesen Bescheid gerichtlich vor, unterliegt aber letztlich in allen Instanzen. Daraufhin beschließt A im Februar 2025, sich an dem zuständigen Beamten des Ordnungsamts, Herrn Jens Müller, zu „rächen", der seinerzeit den Bußgeldbescheid veranlasst hatte: Er bastelt sich ein Schild und schreibt darauf mit einem Stift:

> *Jens Müller, Ordnungsamt Stuttgart, ist ein Arschloch*

Mit diesem Schild begibt sich A vormittags vor das Dienstgebäude des Ordnungsamts Stuttgart und stellt sich direkt neben den Haupteingang. Zu dieser Uhrzeit wird das Ordnungsamt von zahlreichen Personen aufgesucht. Als der Pförtner der Behörde auf die Szenerie aufmerksam wird, ruft er die Polizei.

Wenig später erscheinen POKin Schneider und POK Schmidt vom zuständigen Polizeirevier 1 Theodor-Heuss-Straße. Auf ihre Ansprache hin zeigt sich A gänzlich uneinsichtig und erklärt, dass er hier so lange mit dem Schild stehen werde, „bis ganz Stuttgart weiß, was der Müller für einer ist". Freiwillig herausgeben werde er das Schild auf keinen Fall. Daraufhin erklären die Beamten dem A die Beschlagnahme des Schilds und nehmen es an sich. Dabei stützen sie ihre Maßnahme auf § 94 Abs. 2 StPO, weil A ihrer Auffassung nach eine Beleidigung nach § 185 StGB begehe und das Schild insofern als Beweismittel von Bedeutung sei; ferner unterliege das Schild als Tatmittel der Einziehung (§ 74 StGB), sodass die Beschlagnahme zusätzlich auch auf § 111b StPO zu stützen sei. Zuvor hatten die beiden Polizisten noch mehrfach vergeblich versucht, in dieser Sache einen Staatsanwalt der zuständigen Staatsanwaltschaft Stuttgart sowie den zuständigen Ermittlungsrichter des Amtsgerichts Stuttgart telefonisch zu erreichen.

Am nächsten Tag begibt sich A zu seinem Rechtsanwalt und fragt, ob das Vorgehen der Beamten rechtmäßig gewesen sei. Seiner Auffassung nach hätten die Polizisten „massive Grundrechtsverletzungen" begangen, welche „durch nichts zu rechtfertigen seien".

Aufgabe:
Prüfen Sie gutachterlich, ob die Beschlagnahme des Schildes durch POKin Müller und POK Schmidt verfassungsmäßig war.

Bearbeitungshinweise:
Ein möglicher Eingriff in das Eigentumsgrundrecht (Art. 14 GG) ist nicht zu prüfen. Mit Blick auf § 1 II. Nr. 1 der baden-württembergischen Staatsanwaltschafts-ErmittlungspersonenVO handelt es sich bei POKin Schneider und POK Schmidt um Ermittlungspersonen der Staatsanwaltschaft.

Die Verfassungsmäßigkeit der §§ 98, 111b, 111j StPO, §§ 74, 185 StGB kann unterstellt werden.

Zugelassene Hilfsmittel:
Grundgesetz, Strafgesetzbuch, Strafprozessordnung

Lösungsvorschlag:

I. Schutzbereich des Grundrechts

1. Sachlicher Schutzbereich
Einschlägig könnte vorliegend die Meinungsfreiheit sein, Art. 5 Abs. 1 Satz 1 GG. Fraglich ist, ob die Aussage auf dem Schild dem Begriff der „Meinung" im Sinne dieses Grundrechts zugerechnet werden kann. Mit Blick darauf, dass die Meinungsfreiheit nicht nur individualschützende Bedeutung hat, sondern als „schlechthin konstituierend' für die freiheitlich demokratische Ordnung"[159] angesehen wird, ist dieser Begriff grundsätzlich weit zu verstehen.[160] Meinungen sind durch das Element der Stellungnahme, des Dafürhaltens, der Beurteilung geprägt.[161]

Insofern könnte die Äußerung des A auf dem Schild durchaus als dessen „Meinung" verstanden werden. Daran kann auch der Umstand nichts ändern, dass der Ordnungsamtsmitarbeiter durch den Text auf dem Schild diffamiert wird: Sog. „Schmähkritik" fällt nämlich nicht von vornherein aus dem Schutzbereich des Art. 5 Abs. 1 Satz 1 GG heraus. Unter Schmähkritik sind Äußerungen zu verstehen, in deren Rahmen jenseits polemischer und überspitzter Kritik nicht mehr die Auseinandersetzung in der Sache, sondern die Diffamierung der Person im Vordergrund steht. Insofern wäre zwar der sachliche Schutzbereich eröffnet, bei der späteren Abwägung zwischen dem Ehrenschutz und der Meinungsäußerungsfreiheit träte

---
159 BVerfG, Beschl. v. 10.10.1995 – 1 BvR 1476/91 u. a. (*„Soldaten sind Mörder"*) = NJW 1995, 3303, 3304.
160 *Schemmer* in: BeckOK Grundgesetz, 58. Edition, Stand: 15.6.2024, Art. 5 Rn. 4.
161 BVerfG, Beschl. v. 22.6.1982 – 1 BvR 1376/79 = NJW 1983, 1415, 1416.

in Fällen der Schmähkritik die Meinungsfreiheit aber regelmäßig hinter dem Ehrenschutz zurück.[162]

Anders verhält es sich hingegen, wenn die „Meinung" des A nicht nur als Schmähkritik, sondern sogar als Formalbeleidigung einzustufen wäre. Bei Formalbeleidigungen ist nämlich bereits der sachliche Schutzbereich der Meinungsfreiheit nicht eröffnet.[163] Mit Blick auf die weite Auslegung des Meinungsbegriffs unterfallen aber letztlich nur die Äußerungen der Kategorie der Formalbeleidung, welche allein der persönlichen Herabsetzung eines anderen Menschen dienen, so beispielsweise demütigende Schimpfwörter mit eindeutig obszöner Konnotation.[164]

Vorliegend wird die Äußerung des A wohl als Formalbeleidigung zu werten sein. Eine meinungsrelevante „Kritik" ist in dem Text nicht zu finden. Außer der Personenbezeichnung des Titulierten findet sich dort nur die Titulierung selbst. Der Transport einer irgendwie gearteten inhaltlichen Aussage – neben der Beschimpfung als solcher – ist nicht erkennbar. A verwendet eine kontextunabhängig gesellschaftlich missbilligte und tabuisierte Begrifflichkeit aus der Fäkalsprache, um den Ordnungsamtsmitarbeiter unabhängig von einem etwaigen sachlichen Anliegen herabzusetzen.[165] Insofern ist vorliegend bereits der sachliche Schutzbereich des Grundrechts aus Art. 5 Abs. 1 Satz 1 GG nicht eröffnet.

> Da in der Literatur wie auch in der Rechtsprechung des Bundesverfassungsgerichts die Abgrenzung zwischen Formalbeleidigung und Schmähkritik nicht durchgehend konsistent ist, wäre es im Ergebnis wohl auch vertretbar, den Text auf dem Schild als Schmähkritik einzuordnen. In diesem Falle wäre angesichts der Eröffnung des Schutzbereichs des Art. 5 GG eine gesonderte Prüfung der allgemeinen Handlungsfreiheit als Auffanggrundrecht entbehrlich. Das Endergebnis der Bearbeitung (Rechtmäßigkeit der Beschlagnahme des Schildes) wird aber bei allen Varianten gleich sein.

---

162 BVerfG, Beschl. v. 19.4.1990 – 1 BvR 40/86, 42/86 = NJW 1990, 1980, 1981.
163 BVerfG, Beschl. v. 19.4.1990 – 1 BvR 40/86, 42/86 = NJW 1990, 1980, 1981 – „solche Äußerungen (genießen) nicht den Schutz des Grundrechts"; BVerfG, Beschl. v. 20.4.1982 – 1 BvR 426/80 = NJW 1982, 2655 f.
164 Vgl. *Grabenwarter* in: Dürig/Herzog/Scholz, Grundgesetz-Kommentar, 103. EL Januar 2024, Art. 5 Rn. 62; siehe bspw. auch BVerfG, Beschl. v. 25.3.1992 – 1 BvR 514/90 = NJW 1992, 2073, 2074 – dort: Bezeichnung eines Menschen als „Krüppel"; insofern abweichend *Schemmer* in: BeckOK Grundgesetz, 58. Edition, Stand: 15.6.2024, Art. 5 Rn. 4, wonach „Formalbeleidigungen und Schmähkritiken (…) grundrechtlich geschützt" seien. Auch das BVerfG unterscheidet nicht durchgehend trennscharf zwischen Schmähkritik und Formalbeleidigung, vgl. BVerfG, Beschl. v. 19.5.2020 – 1 BvR 2397/19 = NJW 2020, 2622, 2624 Rn. 21, wonach die Formalbeleidigung teilweise auch als „Unterfall" der Schmähkritik verstanden werde und es in beiden Konstellationen „im Regelfall nicht erforderlich (ist), in eine Grundrechtsabwägung einzutreten".
165 BVerfG, Beschl. v. 19.5.2020 – 1 BvR 2397/19 = NJW 2020, 2622, 2624.

Hingegen ist vorliegend der sachliche Schutzbereich der allgemeinen Handlungsfreiheit, Art. 2 Abs. 1 GG, eröffnet: Hierbei handelt es sich um ein Auffanggrundrecht, das nur dann einschlägig ist, wenn keine spezielleren Grundrechtsnormen ein bestimmtes Verhalten schützen.[166] In diesem Falle schützt das Grundrecht letztlich jede Form menschlichen Handelns.[167] Auch sozialschädliche, ja sogar strafbare Handlungen fallen in den sachlichen Schutzbereich des Art. 2 Abs. 1 GG; die Beschränkung der Freiheit erfolgt erst auf der Ebene der die Schrankentrias konkretisierenden Gesetze, nicht auf der Ebene des Schutzbereichs der allgemeinen Handlungsfreiheit.[168]

2. Persönlicher Schutzbereich
Bei der allgemeinen Handlungsfreiheit gemäß Art. 2 Abs. 1 GG handelt es sich um ein sog. Jedermannsgrundrecht. Der persönliche Schutzbereich ist daher unproblematisch für A unabhängig von seiner Staatsangehörigkeit eröffnet.

II. Eingriff
Eingriff ist jedes staatliche Handeln, das die Ausübung des geschützten Verhaltens erschwert oder unmöglich macht.

Durch die Beschlagnahme des Schildes verwehren es die Polizeibeamten dem A, das von ihm beabsichtigte Verhalten fortzuführen. Ein Eingriff liegt mithin vor.

III. Verfassungsrechtliche Rechtfertigung des Eingriffs

1. Einschränkbarkeit des Grundrechts
Das Grundrecht der allgemeinen Handlungsfreiheit unterliegt der sogenannten Schrankentrias des Art. 2 Abs. 1 GG. Praktische Bedeutung kommt dabei nur der „verfassungsmäßigen Ordnung" zu, da die „Rechte anderer" und das „Sittengesetz" positiviert und somit bereits Bestandteil der verfassungsmäßigen Ordnung sind.[169] Verfassungsmäßige Ordnung meint die verfassungsmäßige Rechtsordnung, also die Gesamtheit der Normen, die formell und materiell der Verfassung gemäß sind.[170]

---

166 Vgl. *Antoni* in: Hömig/Wolff/Kluth, Grundgesetz für die Bundesrepublik Deutschland, 14. Aufl. 2025, Art. 2 Rn. 3.
167 BVerfG, Beschl. v. 6.6.1989 – 1 BvR 921/85 = NJW 1989, 2525. („*Reiten im Walde*"); BVerfG, Urt. v. 16.1.1957 – 1 BvR 253 56 = NJW 1957, 297, 298 („*Elfes*"); siehe hierzu auch *Lang* in: BeckOK Grundgesetz, 58. Edition, Stand: 15.6.2024, Art. 2 Rn. 2 ff.
168 *Rixen* in: Sachs, Grundgesetz, 10. Aufl. 2024, Art. 2 Rn. 53.
169 *Lang* in: BeckOK Grundgesetz, 58. Edition, Stand: 15.6.2024, Art. 2 Rn. 24.
170 BVerfG, Urt. v. 16.1.1957 – 1 BvR 253 56 = NJW 1957, 297 („*Elfes*").

2. Verfassungsmäßigkeit der Rechtsgrundlage

a) Rechtsgrundlage
Als Rechtsgrundlage kommen §§ 94 Abs. 1 i. V. m. Abs. 2, 111b StPO in Betracht.

> Grundsätzlich käme auch eine präventivpolizeiliche Beschlagnahme in Betracht. Mit Blick auf die Gleichrangigkeit von Gefahrenabwehr und Strafverfolgung stünde dem auch nicht entgegen, dass die Beschlagnahme nach der StPO höheren Anforderungen unterläge (grundsätzlicher Richtervorbehalt).[171] Da im Sachverhalt die von den Polizeibeamten gewählte (repressive) Rechtsgrundlage genannt ist, kann aber erwartet werden, dass Sie hier nicht auf das Gefahrenabwehrrecht umschwenken. Gemäß Bearbeitungshinweis konnte die Verfassungsmäßigkeit von § 111b StPO unterstellt werden. § 111b StPO ist an dieser Stelle also nicht zu prüfen.

b) Gesetzgebungskompetenz für die Rechtsgrundlage
Bei § 94 StPO handelt es sich um eine bundesrechtliche Norm auf dem Gebiet des (straf-)gerichtlichen Verfahrens (wozu auch sein unmittelbares Vorfeld, die Aufklärung, Ermittlung und Verfolgung von Straftaten zählt[172]). Gemäß der grundgesetzlichen Aufgabenverteilung unterfallen Regelungen auf dem Gebiet des gerichtlichen Verfahrens der konkurrierenden Gesetzgebungskompetenz (Art. 74 Abs. 1 Nr. 1 GG). Der Bund hat insofern von seiner Kompetenz Gebrauch gemacht.

c) Anforderungen der Grundrechtsschranke
Bei § 94 StPO handelt es sich um ein formelles Bundesgesetz, welches unproblematisch Teil der verfassungsmäßigen Ordnung i. S. d. Art. 2 Abs. 1 GG ist und somit Eingriffe in die allgemeine Handlungsfreiheit zu rechtfertigen vermag.

d) Grenzen der Einschränkbarkeit

aa) Hinreichende Bestimmtheit der Rechtsgrundlage
§§ 94 StPO ist hinreichend bestimmt. Die Betroffenen können in genügender Weise die Rechtslage erkennen und ihr Verhalten darauf einrichten.

bb) Wahrung des Verhältnismäßigkeitsgrundsatzes
Hier bestehen keine Bedenken, zumal § 94 StPO eine Beschlagnahme nur gestattet, wenn der Gegenstand von seinem Gewahrsamsinhaber nicht frei-

---

171 Hierzu lesenswert BGH, Urt. v. 26.4.2017 – 2 StR 247/16 = NJW 2017, 651 ff. („*legendierte Kontrollen*").
172 *Seiler* in: BeckOK Grundgesetz, 58. Edition, Stand: 15.6.2024, Art. 74 Rn. 11.

Fall 6: „Rache am Ordnungsamt" **131**

willig herausgegeben wird. Zudem unterliegt die Maßnahme grundrechtssichernden Verfahrensregeln (§§ 97, 98 StPO).

> Wie bereits mehrfach erwähnt: Falsch wäre es an dieser Stelle, auf die hinreichende Bestimmtheit und Verhältnismäßigkeit der polizeilichen Maßnahme einzugehen! Diese Fragen werden erst später (unter III. 3.) relevant. Die Ausführungen hier können – und sollen! – kurz gehalten bleiben.

Zwischenergebnis: § 94 StPO ist verfassungsgemäß.

Die Verfassungsmäßigkeit von § 185 StGB war laut Bearbeitungshinweis nicht zu prüfen.

3. Verfassungsmäßigkeit der Maßnahme

a) Zuständigkeit, Verfahren, Form

Gemäß § 98 Abs. 1 StPO obliegt die Anordnung einer Beschlagnahme gemäß § 94 StPO grundsätzlich dem Richter. Nur bei Gefahr im Verzug sind auch die Staatsanwaltschaft sowie deren Ermittlungspersonen zu einer entsprechenden Anordnung befugt. Ausweislich des Bearbeitungshinweises handelt es sich bei POKin Schneider und POK Schmidt gemäß § 1 II. Nr. 1 der baden-württembergischen Staatsanwaltschafts-ErmittlungspersonenVO um Ermittlungspersonen der Staatsanwaltschaft.

> Diese – letztlich dienstgradabhängige – Einstufung sollte Ihnen zwar eigentlich bekannt sein, da es sich aber vorliegend um eine Klausur aus dem Bereich Staats- und Verfassungsrecht handelt, wurde diese Fragestellung bewusst bereits in der Aufgabenstellung beantwortet.

Ausweislich des Sachverhaltes haben die Beamten mehrfach vergeblich versucht, einen Beamten der zuständigen Staatsanwaltschaft Stuttgart bzw. den zuständigen Ermittlungsrichter telefonisch zu erreichen. Insofern war von Gefahr im Verzug auszugehen, da eine anderweitige Sicherstellung des Schildes vor Ort zu Beweiszwecken angesichts des unkooperativen Verhaltens des A nicht in Betracht kam. Die Polizisten konnten mithin die Beschlagnahme selbst anordnen.

> Für die Annahme von Gefahr im Verzug mag es wohl ausreichen, wenn die Ermittlungsbeamten der Staatsanwaltschaft keinen Dezernenten der Staatsanwaltschaft als „Herrin des Ermittlungsverfahrens" erreichen. Ob eine zusätzliche direkte Hinwendung an den Richter erforderlich ist, ist

> allerdings nicht ganz unumstritten.[173] Auf diesen Aspekt müssen Sie indes schon deswegen nicht eingehen, weil laut Sachverhalt weder ein Staatsanwalt noch ein Richter erreicht werden konnte.

Besondere gesetzliche Verfahrens- und Formvorschriften, gegen welche vorliegend verstoßen worden sein könnte, sind nicht ersichtlich.

Gleiches gilt bei einer Beschlagnahme nach § 111b StPO. Hier gestattet – bei beweglichen Sachen – § 111j Abs. 1 StPO ebenfalls eine Beschlagnahme durch die Ermittlungspersonen der Staatsanwaltschaft. Bei dem Schild handelte es sich um eine bewegliche Sache, hinsichtlich der Annahme von Gefahr im Verzug kann auf die obigen Ausführungen verwiesen werden.

b)   Tatbestandsvoraussetzungen
Nach § 94 StPO kann ein Gegenstand beschlagnahmt werden, wenn er als Beweismittel von Bedeutung ist und der Gewahrsamsinhaber den Gegenstand nicht freiwillig herausgibt. Vorliegend bestand gegen A jedenfalls der Anfangsverdacht einer Straftat (§ 185 StGB), deren Tatmittel das Schild war. Die Tatbestandsvoraussetzungen der strafprozessualen Beschlagnahme sind hier unproblematisch gegeben. Insbesondere schadet es nicht, dass es sich bei dem Delikt der Beleidigung nach § 185 StGB um ein Antragsdelikt handelt und laut Sachverhalt nicht von einem bereits gestellten Strafantrag auszugehen war.

Solange ein Verfahrenshindernis – hier der fehlende Strafantrag – behebbar ist, fordert das Legalitätsprinzip von der Polizei Ermittlungen; der Gegenstand kann potenzielle Beweisbedeutung haben und ist damit der Beschlagnahme zugänglich.[174]

> Hierauf muss in einer verfassungsrechtlichen Klausur nicht zwingend eingegangen werden, entsprechende Überlegungen Ihrerseits wären freilich positiv zu bewerten.

Auch die Tatbestandsvoraussetzungen des § 111b StPO lagen vor, da der Verdacht bestand, dass das Schild des A im weiteren Verfahren als Tatmittel der Beleidigung einer Einziehung nach § 74 StGB unterliegen würde.

c)   Rechtsfolge, insbesondere Verhältnismäßigkeitsprüfung

aa)   Geeignetheit
Die Beschlagnahme war geeignet, das Schild den Strafverfolgungsbehörden als Beweismittel zugänglich zu machen und der späteren Einziehung als Tatmittel zuzuführen.

---

173 Siehe dazu etwa *Hartmann* in: Dölling/Duttge/König/Rössner, Gesamtes Strafrecht, 5. Aufl. 2022, § 98 Rn. 4; *Metz*, Rangverhältnis der Staatsanwaltschaft zu ihren Ermittlungspersonen bei Gefahr im Verzug, NStZ 2012, 242 ff.
174 Vgl. *Gerhold* in: BeckOK StPO mit RiStBV und MiStra, 52. Edition, Stand: 1.7.2024, § 94 Rn. 13.

bb) Erforderlichkeit

Ein milderes Mittel als die Beschlagnahme (z. B. Sicherstellung) kam bereits angesichts des unkooperativen Verhaltens des A nicht in Betracht. Mit Blick auf eine spätere Einziehung wäre als mildere Maßnahme auch nicht das bloße Fotografieren des Schildes zu Beweiszwecken in Bedacht zu nehmen gewesen.

cc) Angemessenheit

Im Rahmen einer wertenden Gesamtbetrachtung sind nun der Eingriff in das Recht des A nach Art. 2 Abs. 1 GG und der von der Maßnahme bezweckte Rechtsgüterschutz gegeneinander abzuwägen. Hier erscheint offensichtlich, dass die von der allgemeinen Handlungsfreiheit geschützten Rechtspositionen des A zurücktreten müssen. Hier können letztlich die Wertungen Anwendung finden, die bereits bei der Prüfung des spezielleren Freiheitsrechts des Art. 5 Abs. 1 Satz 1 GG zur Verneinung des sachlichen Schutzbereichs des Grundrechts führten:

Unabhängig davon, in welche Kategorie (Schmähkritik/Formalbeleidigung) im Rahmen von Art. 5 GG die Titulierung des Behördenmitarbeiters durch A einzustufen wäre: Es handelt sich hier um eine Äußerung, bei der es dem Äußernden erkennbar nicht um die Sache, sondern in erster Linie um die vorsätzliche Kränkung einer Person ging.[175] Die allgemeine Handlungsfreiheit des A, solche Begriffe zu verwenden, muss daher hinter dem allgemeinen Persönlichkeitsrecht (Art. 2 Abs. 1 i. V. m. Art. 1 GG), welchem die Strafrechtsvorschriften zum Ehrschutz dienen, zurückstehen.

> Eine andere Auffassung wird hier nicht vertretbar sein.

Ergebnis: Die Beschlagnahme des Schildes durch POKin Müller und POK Schmidt ist verfassungsrechtlich nicht zu beanstanden.

---

175 Vgl. *Grabenwarter* in: Dürig/Herzog/Scholz, Grundgesetz-Kommentar, 103. EL Januar 2024, Art. 5 Rn. 61.

Fall 7 „Meinungsfreiheit und Naziherrschaft"
Übungsfall zu Art. 5 Abs. 1 Satz 1 GG

132 Angenommen, im Dezember 2024 erhielt A vom zuständigen Amtsgericht Stuttgart einen Strafbefehl über 120 Tagessätze zu je 20 EUR wegen einer Straftat nach § 130 Abs. 4 StGB. A hatte wenige Wochen zuvor – entsprechend den insofern gegebenen Tatbestandsvoraussetzungen der Strafnorm – in einer öffentlichen Versammlung den öffentlichen Frieden in einer die Würde der Opfer verletzenden Weise dadurch gestört, dass er die nationalsozialistische Gewalt- und Willkürherrschaft billigte, verherrlichte und rechtfertigte (ohne dabei aber den Holocaust zu leugnen). Gegen diesen Strafbefehl legte A form- und fristgerecht Einspruch ein, sodass der Fall vor dem Amtsgericht – Strafrichter – Stuttgart in erster Instanz zur Hauptverhandlung kam. Dort wurde sein Einspruch verworfen. Auch Berufung und Revision des A blieben erfolglos. Am Tag nach Erhalt der Revisionsentscheidung des zuständigen Oberlandesgerichts begibt sich A zu seiner Rechtsanwältin. Er schildert ihm den – aus seiner Sicht unfassbaren – Justizskandal und fragt, ob hier womöglich eine Verfassungsbeschwerde zum Bundesverfassungsgericht Aussicht auf Erfolg habe. Die Urteile verletzten nämlich in eklatanter Art und Weise sein grundgesetzlich geschütztes Recht auf Meinungsfreiheit, weil sie auf einer „offenkundig verfassungswidrigen Strafnorm" – § 130 Abs. 4 StGB – basierten.

Aufgabe:
Prüfen Sie gutachterlich, ob die Auffassung des A, wonach § 130 Abs. 4 StGB wegen Verstoßes gegen das Grundrecht der Meinungsfreiheit verfassungswidrig sei und die strafgerichtlichen Verurteilungen deswegen jenes Grundrecht verletzten, zutreffend ist.

Bearbeitungshinweis:
Als Prüfungsmaßstab ist lediglich das Grundrecht der Meinungsfreiheit zu prüfen.

Fall 7: „Meinungsfreiheit und Naziherrschaft"   **132**

Zugelassene Hilfsmittel:
Grundgesetz, Strafgesetzbuch

Lösungsvorschlag:

Vorbemerkung: Die Besonderheiten bei dieser Klausur liegen zum einen darin, dass hier als staatliche Handlung nicht wie üblicherweise eine polizeiliche Maßnahme, sondern ein Gerichtsurteil zu überprüfen ist. Zum anderen liegt die Besonderheit des Falls darin, dass es sich bei § 130 Abs. 4 StGB um eine Norm des deutschen Rechts handelt, die sich konkret gegen eine bestimmte, dem Schutzbereich des Art. 5 Abs. 1 GG unterfallende Meinung richtet und insofern den eigentlich erforderlichen qualifizierten Schrankenvorbehalt der „allgemeinen Gesetze" i. S. d. Art. 5 Abs. 2 GG nicht erfüllt. Auch § 130 Abs. 3 StGB ist kein allgemeines Gesetz, die Leugnung des Holocaust als eine der dort erfassten Tatbestandsvarianten unterfällt aber nach der Rechtsprechung des Bundesverfassungsgerichts als bewusst unwahre Tatsachenbehauptung schon gar nicht dem Schutzbereich des Art. 5 Abs. 1 GG, sodass es auch auf die Einschränkungsvoraussetzungen des Art. 5 Abs. 2 GG nicht ankommt.

I. Schutzbereich des Grundrechts

1. Sachlicher Schutzbereich

Vorliegend könnte der Schutzbereich des Grundrechts der Meinungsfreiheit, Art. 5 Abs. 1 Satz 1 GG, in sachlicher Hinsicht eröffnet sein. Dafür müsste das Billigen, Rechtfertigen und Verherrlichen der nationalsozialistischen Gewaltherrschaft dem Begriff der „Meinung" im Sinne des Grundrechts subsumiert werden können. Der Begriff ist grundsätzlich weit zu verstehen:[176] Meinungen sind durch das Element der Stellungnahme, des Dafürhaltens, der Beurteilung geprägt; jeder soll frei sagen können, was er denkt, auch wenn er keine nachprüfbaren Gründe für sein Urteil angibt oder angeben kann.[177] Für die Bewertung einer Äußerung als Meinung spielt es auch – was vorliegend nicht unwichtig ist – keine Rolle, ob diese „richtig" oder „falsch", emotional oder rational begründet ist.[178] Scharfe und übersteigerte Äußerungen fallen, namentlich im öffentlichen Meinungskampf, grundsätzlich ebenfalls in den Schutzbereich des Grundrechts.[179] Auch die Mitteilung von Tatsachen kann dem Schutzbereich des Art. 5 Abs. 1 Satz 1 GG unterfallen. Zwar sind solche im strengen Sinne keine Äußerung einer „Meinung", weil der Tatsachenbehauptung ja die

---
176 *Schemmer* in: BeckOK Grundgesetz, 58. Edition, Stand: 15.6.2024, Art. 5 Rn. 4.
177 BVerfG, Beschl. v. 22.6.1982 – 1 BvR 1376/79 = NJW 1983, 1415.
178 BVerfG, Beschl. v. 14.3.1972 – 2 BvR 41/71 = NJW 1972, 811, 813.
179 BVerfG, Beschl. v. 22.6.1982 – 1 BvR 1376/79 = NJW 1983, 1415; *Krebs*, VBlBW 2024, 1, 4.

Elemente der Stellungnahme, des Dafürhaltens und der Beurteilung fehlen; vom sachlichen Schutzbereich erfasst ist die Tatsachenmitteilung aber insoweit, als dass sie Grundlage und Voraussetzung der Bildung von Meinungen ist.[180] Nicht geschützt sind lediglich – die selten denkbaren – Tatsachenbehauptungen, welche zur Meinungsbildung nichts beitragen können, wie ggf. rein statistische Angaben.[181] Insbesondere auch nicht geschützt nach der Rechtsprechung des Bundesverfassungsgerichts sind bewusst unwahre Tatsachenbehauptungen, so etwa die Leugnung des Holocaust,[182] der nun einmal eine zweifelsfrei erwiesene Tatsache aus den dunkelsten Zeiten der deutschen Gesichte ist. Eine solche Äußerung wäre nach § 130 Abs. 3 StGB strafbewehrt, erfolgte durch A ausweislich des Sachverhalts indes nicht.

> Soweit man die Leugnung des Holocausts nicht isoliert äußert, sondern – wie es in der Realität solcher Behauptungen ja üblich ist – in den Kontext bestimmter Meinungen stellt, mag die Äußerung – so das BVerfG – zwar auf der Schutzbereichsebene von der Meinungsfreiheit erfasst sein (Gemisch aus unwahrer Tatsachenbehauptung und Meinung[183]), insofern sind dann aber – recht unproblematisch! – Einschränkungen über Art. 5 Abs. 2 GG möglich.[184]

Insofern ist davon auszugehen, dass die Äußerungen des A dem sachlichen Schutzbereich der Meinungsfreiheit zugeordnet werden können.

2. Persönlicher Schutzbereich
Bei dem Grundrecht der Meinungsfreiheit, Art. 5 Abs. 1 Satz 1 GG, handelt es sich um ein sog. Jedermannsgrundrecht, auf welches sich A unabhängig von seiner Staatsangehörigkeit berufen kann.

II. Eingriff
Eingriff ist jedes staatliche Handeln, das die Ausübung des geschützten Verhaltens erschwert oder unmöglich macht.

---

180 BVerfG, Beschl. v. 22.6.1982 – 1 BvR 1376/79 = NJW 1983, 1415, 1416.
181 Vgl. *Grabenwarter* in: Dürig/Herzog/Scholz, Grundgesetz-Kommentar, 103. EL Januar 2024, Art. 5 Abs. 1, Abs. 2 Rn. 48 m. w. N.
182 BVerfG, Beschl. v. 13.4.1994 – 1 BvR 23/94 („*Auschwitzlüge*") = NJW 1994, 1779.
183 Wenn die Holocaust-Leugnung in Verbindung mit Werturteilen steht (sog. gemischte Äußerung bzw. meinungserhebliche Tatsache) bzw. die Leugnung nur auf eigene Schlussfolgerungen und Bewertungen gestützt wird, kann der sachliche Schutzbereich der Meinungsfreiheit mithin eröffnet sein, siehe näher dazu *Hong* unter: https://verfassungsblog.de/holocaust-meinungsfreiheit-und-sonderrechtsverbot-bverfg-erklaert-%C2 %A7-130-iii-stgb-fuer-verfassungsgemaess/.
184 Vgl. BVerfG, Beschl. v. 13.4.1994 – 1 BvR 23/94 („*Auschwitzlüge*") = NJW 1994, 1779 ff.

Eine – wie vorliegend – strafrechtliche Sanktionierung einer geäußerten Meinung stellt zweifelsohne einen Eingriff in das Grundrecht der Meinungsfreiheit dar.[185]

III. Verfassungsrechtliche Rechtfertigung des Eingriffs

1. Einschränkbarkeit des Grundrechts

Vergleichbar der allgemeinen Handlungsfreiheit (Art. 2 Abs. 1 GG) unterliegen auch die Grundrechte des Art. 5 Abs. 1 GG einer – im zweiten Absatz der Norm geregelten – „Schrankentrias". Als Schranken genannt sind dort die Vorschriften der allgemeinen Gesetze, die gesetzlichen Bestimmungen zum Schutze der Jugend und das Recht der persönlichen Ehre. Maßgeblich sind hier in erster Linie die allgemeinen Gesetze; dem (gesetzlich ja positivierten, vgl. §§ 185 ff. StGB) Ehrschutz kommt verfassungsrechtlich wohl letztlich keine eigenständige Bedeutung zu,[186] zumal Vorschriften zu dessen Schutze ebenfalls – wie auch die im Fall nicht einschlägigen Bestimmungen zum Schutze der Jugend – die Anforderung eines „allgemeinen" Gesetzes zu erfüllen haben.[187] Unter allgemeinen Gesetzen sind solche zu verstehen, die nicht eine Meinung als solche verbieten und sich nicht gegen die Äußerung der Meinung als solche richten, sondern die vielmehr dem Schutze eines schlechthin, ohne Rücksicht auf eine bestimmte Meinung, zu schützenden Rechtsguts dienen.[188] Mit dem Erfordernis der Allgemeinheit soll Sonderrecht gegen den Prozess freier Meinungsbildung ausgeschlossen werden.[189] Im Ergebnis handelt es sich daher bei der Meinungsfreiheit um ein Grundrecht mit qualifiziertem Gesetzesvorbehalt.[190]

> Für die Klärung der Frage des Vorliegens eines allgemeinen Gesetzes hat das Bundesverfassungsgericht in der „Wunsiedel"-Entscheidung[191] (Pflichtlektüre!) eine Art Prüfungsschema entwickelt: *„Ausgangspunkt für die Prüfung, ob ein Gesetz ein allgemeines ist, ist zunächst die Frage, ob eine Norm an Meinungsinhalte anknüpft. Erfasst sie das fragliche Verhalten völlig unabhängig von dem Inhalt einer Meinungsäußerung, bestehen hinsichtlich der Allgemeinheit keine Zweifel. Knüpft sie demgegenüber an den Inhalt einer Meinungsäußerung an, kommt es darauf an, ob die Norm dem Schutz eines auch sonst in der Rechtsordnung geschützten Rechtsguts dient. Ist dies der Fall, ist in der Regel zu vermuten, dass das Gesetz nicht gegen eine bestimmte*

---

185 Vgl. etwa BVerfG, Beschl. v. 10.10.1995 – 1 BvR 1476/91, 1 BvR 1980/91, 1 BvR 102/92 u. 1 BvR 221/92 („*Soldaten sind Mörder*"), NJW 1995, 3303.
186 *Schemmer* in: BeckOK Grundgesetz, 58. Edition, Stand: 15.6.2024, Art. 5 Rn. 111.
187 BVerfG, Beschl. v. 4.11.2009 – 1 BvR 2150/08 („*Wunsiedel*") = NJW 2010, 47, 50.
188 BVerfG, Urt. v. 15.1.1958 – 1 BvR 400/57 („*Lüth*") = NJW 1958, 257, 258.
189 BVerfG, Beschl. v. 3.12.1985 – 1 BvL 15/84 = NJW 1986, 1239.
190 *Sachs/Mann* in: Sachs, Grundgesetz, 10. Aufl. 2024, Vorb. zu Abschnitt I, Rn. 116.
191 BVerfG, Beschl. v. 4.11.2009 – 1 BvR 2150/08 („*Wunsiedel*") = NJW 2010, 47 ff.

> *Meinung gerichtet ist, sondern meinungsneutral-allgemein auf die Abwehr von Rechtsgutverletzungen zielt. Insoweit nimmt nicht schon jede Anknüpfung an den Inhalt von Meinungen als solche einem Gesetz den Charakter als allgemeines Gesetz. Vielmehr sind auch inhaltsanknüpfende Normen dann als allgemeine Gesetze zu beurteilen, wenn sie erkennbar auf den Schutz bestimmter Rechtsgüter und nicht gegen eine bestimmte Meinung gerichtet sind. Hiervon ausgehend hat das BVerfG in Bezug auf Art. 5 II GG etwa die Vorschriften zu den politischen Mäßigungspflichten der Soldaten und Beamten (...), zur Strafbarkeit der Verunglimpfung des Staates und seiner Symbole gem. § 90a StGB (...), zur Beleidigung nach § 185 StGB (...) oder zur Vorgängerfassung des Volksverhetzungstatbestands nach § 130 StGB a. F. (...) als allgemeine Gesetze beurteilt."*

2. Verfassungsmäßigkeit der Rechtsgrundlage

a) Rechtsgrundlage für die Maßnahme
Rechtsgrundlage der Verurteilung des A ist § 130 Abs. 4 StGB.

b) Gesetzgebungskompetenz für die Rechtsgrundlage
Bei § 130 Abs. 4 StGB handelt es sich um eine bundesrechtliche Norm auf dem Gebiet des materiellen Strafrechts. Gemäß Art. 72 Abs. 1 GG i. V. m. Art. 74 Abs. 1 Nr. 1 GG unterfällt das Strafrecht der konkurrierenden Gesetzgebung. Von seiner insofern bestehenden Gesetzgebungskompetenz hat der Bund Gebrauch gemacht.

c) Anforderungen der Grundrechtsschranke
Bei § 130 Abs. 4 StGB handelt es sich um ein formelles Bundesgesetz.
  Fraglich ist indes, ob es sich bei § 130 Abs. 4 StGB auch um ein allgemeines Gesetz i. S. d. Art. 5 Abs. 2 GG handelt. Dies hat das Bundesverfassungsgericht im Jahre 2009 in der „Wunsiedel"-Entscheidung[192] wie folgt verneint:

> In einer verfassungsrechtlichen Klausur kann es zumindest nicht schaden, wenn Sie die gängigen „Namen" bekannter Leitentscheidungen des Bundesverfassungsgerichts kennen und erwähnen.

„Zwar dient die Vorschrift dem öffentlichen Frieden und damit dem Schutz eines Rechtsguts, das auch sonst in der Rechtsordnung vielfältig geschützt wird. Jedoch gestaltet § 130 IV StGB diesen Schutz nicht in inhaltsoffener, allgemeiner Art aus, sondern bezogen allein auf Meinungsäußerungen, die eine bestimmte Haltung zum Nationalsozialismus ausdrücken. Die Vorschrift dient nicht dem Schutz von Gewaltopfern allgemein und stellt bewusst nicht auf die Billigung, Verherrli-

---
192 BVerfG, Beschl. v. 4.11.2009 – 1 BvR 2150/08 („Wunsiedel") = NJW 2010, 47, 50.

chung und Rechtfertigung der Gewalt- und Willkürherrschaft totalitärer Regime insgesamt ab, sondern ist auf Äußerungen allein in Bezug auf den Nationalsozialismus begrenzt. (…) Sie ist insoweit die Reaktion des Gesetzgebers auf konkrete politische, als besonders gefährlich beurteilte Auffassungen im öffentlichen Meinungskampf. Die Vorschrift pönalisiert Meinungsäußerungen, die sich allein aus einer bestimmten Deutung der Geschichte und einer entsprechenden Haltung ergeben können. Sie ist damit nicht blind gegenüber vorfindlichen Grundpositionen, sondern normiert bereits im Tatbestand konkret-standpunktbezogene Kriterien. Damit ist sie kein allgemeines Gesetz, sondern Sonderrecht zur Abwehr von speziell solchen Rechtsgutverletzungen, die sich aus der Äußerung einer bestimmten Meinung, nämlich der Gutheißung der nationalsozialistischen Gewalt- und Willkürherrschaft, ergeben."

Auch wenn es sich bei § 130 Abs. 4 StGB also nicht um ein allgemeines Gesetz handelt, vermag die Norm nach dem Bundesverfassungsgericht gleichwohl als taugliche Schranke der Meinungsfreiheit zu wirken:

„Angesichts des sich allgemeinen Kategorien entziehenden Unrechts und des Schreckens, die die nationalsozialistische Herrschaft über Europa und weite Teile der Welt gebracht hat, und der als Gegenentwurf hierzu verstandenen Entstehung der Bundesrepublik Deutschland ist Art. 5 I und II GG für Bestimmungen, die der propagandistischen Gutheißung des nationalsozialistischen Regimes in den Jahren zwischen 1933 und 1945 Grenzen setzen, eine Ausnahme vom Verbot des Sonderrechts für meinungsbezogene Gesetze immanent. Von dem Erfordernis der Allgemeinheit meinungsbeschränkender Gesetze gem. Art. 5 II GG ist eine Ausnahme anzuerkennen für Vorschriften, die auf die Verhinderung einer propagandistischen Affirmation der nationalsozialistischen Gewalt- und Willkürherrschaft zwischen den Jahren 1933 und 1945 zielen. Das menschenverachtende Regime dieser Zeit, das über Europa und die Welt in unermesslichem Ausmaß Leid, Tod und Unterdrückung gebracht hat, hat für die verfassungsrechtliche Ordnung der Bundesrepublik Deutschland eine gegenbildlich identitätsprägende Bedeutung, die einzigartig ist und allein auf der Grundlage allgemeiner gesetzlicher Bestimmungen nicht eingefangen werden kann. Das bewusste Absetzen von der Unrechtsherrschaft des Nationalsozialismus war historisch zentrales Anliegen aller an der Entstehung wie Inkraftsetzung des Grundgesetzes beteiligten Kräfte (…), insbesondere auch des Parlamentarischen Rates (…), und bildet ein inneres Gerüst der grundgesetzlichen Ordnung (vgl. nur Art. 1, 20 und 79 III GG). Das Grundgesetz kann weithin geradezu als Gegenentwurf zu dem Totalitarismus des nationalsozialistischen Regimes gedeutet werden und ist von seinem Aufbau bis in viele Details hin darauf ausgerichtet, aus den geschichtlichen Erfahrungen zu lernen und eine Wiederholung solchen Unrechts ein für alle Mal auszuschließen. Die endgültige Überwindung der nationalsozialistischen Strukturen und die Verhinderung des Wiedererstarkens eines totalitär nationalistischen Deutschlands war schon für die Wiedererrichtung deutscher Staatlichkeit durch die Alliierten ein maßgeblicher Beweggrund und bildete (…) eine wesentliche gedankliche Grundlage für die Frankfurter Dokumente vom 1.7.1948, in denen die Militärgouverneure die Ministerpräsidenten aus ihren Besatzungszonen mit der Schaffung einer neuen Verfassung beauftragten. Auch für die Schaffung der Europäischen Gemeinschaften sowie zahlreiche internationale Vertragswerke wie insbesondere auch die Europäische Menschenrechtskonvention ging von den Erfahrungen der Zerstörung aller zivilisatorischen Errungenschaften durch den Nationalsozialismus ein entscheidender Impuls aus. Sie prägen die gesamte Nachkriegsordnung und die Einbindung der Bundesrepublik Deutschland in die Völkergemeinschaft bis heute nachhaltig. Vor diesem Hintergrund entfaltet die propagandistische Gutheißung der historischen nationalsozialistischen Gewalt- und Willkürherrschaft mit all dem schrecklichen tatsächlich Geschehenen, das sie zu verantworten hat, Wirkungen, die über die allgemeinen Spannungslagen des öffentlichen Meinungskampfs weit hinausgehen und allein auf der Grundlage der allgemeinen Regeln zu den Grenzen der Meinungsfreiheit nicht erfasst werden können. Die Befürwortung dieser Herrschaft ist in Deutschland ein Angriff auf die Identität des Gemeinwesens nach innen mit friedensbedrohendem Potenzial. Insofern ist sie mit anderen Meinungsäußerungen nicht vergleichbar und kann nicht zuletzt auch im Ausland tiefgreifende Beunruhigung auslösen. Dieser geschichtlich begründeten Sonderkonstellation durch besondere Vorschriften Rechnung zu tragen, will Art. 5 II GG nicht ausschließen. Das Erfordernis der Allgemeinheit meinungsbeschränkender Gesetze, mit dem Art. 5 II GG den Gesetzgeber in Anknüpfung an lange Traditionslinien darauf verpflichtet, Rechtsgüterschutz vor Meinungsäußerungen unabhängig von bestimmten Überzeugungen, Haltungen und Ideologien zu gewährleisten, kann für diese die geschichtsgeprägte Identität der Bundesrepublik Deutschland betreffende, auf andere Konflikte nicht übertragbare einzigartige Konstellation keine Geltung beanspruchen. § 130 IV StGB ist dementsprechend nicht deshalb verfassungswidrig, weil er eine Sonderbestimmung ist, die allein die Bewertung der nationalsozialistischen Gewalt- und Willkürherrschaft zu ihrem Gegenstand hat."[193]

Dabei ist allerdings zu beachten, dass das Grundgesetz kein „*allgemeines antinationalsozialistisches Grundprinzip*" kennt, welches „*ein Verbot der Verbreitung rechtsradikalen oder auch nationalsozialistischen Gedankenguts schon in Bezug auf die geistige Wirkung seines Inhalts*" erlaubt: „*Das Grundgesetz gewährt Meinungsfreiheit im Vertrauen auf die Kraft der freien öffentlichen Auseinandersetzung vielmehr grundsätzlich auch den Feinden der Freiheit. (...) Entsprechend gewährleistet Art. 5 I und II GG die Meinungsfreiheit als Geistesfreiheit unabhängig von der inhaltlichen Bewertung ihrer Richtigkeit, rechtlichen Durchsetzbarkeit oder Gefährlichkeit (...). Art. 5 I und II GG erlaubt nicht den staatlichen Zugriff auf die Gesinnung, sondern ermächtigt erst dann zum Eingriff, wenn Meinungsäußerungen die rein geistige Sphäre des Für-richtig-Haltens verlassen und in Rechtsgutverletzungen oder erkennbar in Gefährdungslagen umschlagen. (...)* " Dem Gesetzgeber ist es also lediglich gestattet, „*für Mei-*

---

193 BVerfG, Beschl. v. 4.11.2009 – 1 BvR 2150/08 („*Wunsiedel*") = NJW 2010, 47, 49 ff.

Fall 7: „Meinungsfreiheit und Naziherrschaft" **132**

nungsäußerungen, die eine positive Bewertung des nationalsozialistischen Regimes in ihrer geschichtlichen Realität zum Gegenstand haben, gesonderte Bestimmungen zu erlassen, die an die spezifischen Wirkungen gerade solcher Äußerungen anknüpfen und ihnen Rechnung tragen."[194] Die Norm dient insofern – eben anknüpfend an die Wirkungen solcher Äußerungen – „*dem Schutz des öffentlichen Friedens*".[195]

> Selbstredend müssen Sie die – hier ganz bewusst angesichts der Prägnanz der Urteilsgründe im Wortlaut wiedergegebenen – Erwägungen des Bundesverfassungsgerichts nicht auswendig kennen oder gar in Ihre Klausurbearbeitung aufnehmen. Die zentralen Erwägungen des Gerichts sollten Ihnen aber bekannt sein, also:
> - Bei § 130 Abs. 4 StGB handelt es sich entgegen der eigentlich bestehenden Anforderung des Art. 5 Abs. 2 GG nicht um ein „allgemeines" Gesetz, weil die Norm – bei Erfüllung der dortigen Tatbestandsvoraussetzungen – die Äußerung bestimmter Meinungen gezielt unter Strafe stellt.
> - Das Grundgesetz gewährt Meinungsfreiheit auch den Feinden der Freiheit und kennt insofern kein grundsätzliches Verbot der Verbreitung nationalsozialistischen Gedankenguts.
> - Gleichwohl ist unsere Verfassung in ihrer Gesamtheit als Gegenpol zu den grausamen und menschenverachtenden Zeiten des NS-Unrechtsregimes konzipiert.
> - Sobald Äußerungen des Billigens, des Verherrlichens oder Rechtfertigens der nationalsozialistischen Gewalt- und Willkürherrschaft die rein geistige Sphäre des Für-richtig-Haltens verlassen und in Rechtsgutverletzungen oder erkennbar in Gefährdungslagen umschlagen, kann der Staat diese pönalisieren.
> - Schutzgut ist insofern der öffentliche Friede.

d) Grenzen der Einschränkbarkeit

aa) Hinreichende Bestimmtheit der Rechtsgrundlage
§ 130 Abs. 4 StGB ist hinreichend bestimmt i. S. d. Art. 103 Abs. 2 GG.

> Bei Normen des materiellen Strafrechts folgt das Bestimmtheitsgebot nicht „nur" aus seiner Verankerung im Rechtsstaatsprinzip (Art. 20 Abs. 3 GG), sondern ist ausdrücklich in Art. 103 Abs. 2 GG niedergelegt, den Sie insofern in der Klausur auch anführen sollten.

---

194 BVerfG, Beschl. v. 4.11.2009 – 1 BvR 2150/08 („*Wunsiedel*") = NJW 2010, 47, 52.
195 BVerfG, Beschl. v. 4.11.2009 – 1 BvR 2150/08 („*Wunsiedel*") = NJW 2010, 47, 52.

Die Begriffe der Billigung, Verherrlichung oder Rechtfertigung der nationalsozialistischen Gewalt- und Willkürherrschaft sowie die tatbestandlichen Modalitäten „öffentlich oder in einer Versammlung" und „in einer die Würde der Opfer verletzenden Weise" sind schon von ihrer sprachlichen Fassung her hinreichend deutlich und begrenzt, um im Sinne der Anforderungen der Rechtsprechung auslegungsfähig zu sein.[196] Im Ergebnis gilt dies auch für das Tatbestandsmerkmal der Störung des öffentlichen Friedens: Als allein strafbegründendes Tatbestandsmerkmal oder als ergänzendes Tatbestandsmerkmal in Straftatbeständen, die nicht schon durch andere Tatbestandsmerkmale grundsätzlich tragfähige und hinreichend begrenzte Konturen erhalten, könnte die Vereinbarkeit dieses Begriffs aufgrund seiner Offenheit für verschiedene Deutungen zwar vor dem Horizont des Art. 103 Abs. 2 GG Bedenken[197] ausgesetzt sein. Dies gilt jedoch nicht, *„wenn die Störung des öffentlichen Friedens durch andere, ihrerseits hinreichend bestimmte Tatbestandsmerkmale konkret umschrieben wird, die bereits für sich die Strafandrohung jedenfalls grundsätzlich zu tragen vermögen. Wird in einem solchen Fall der öffentliche Friede als zusätzliches Tatbestandsmerkmal herangezogen, lässt sich dessen Inhalt aus einem solchen Kontext inhaltlich näher bestimmen. Der öffentliche Friede ist dann als ein Tatbestandsmerkmal zu verstehen, dessen Inhalt sich aus dem jeweiligen Normenzusammenhang je eigens bestimmt. Es hat dabei nur noch die Funktion eines Korrektivs."*[198]

> Das Bundesverfassungsgericht sagt hier also, dass eine Strafnorm, die allein die Störung des öffentlichen Friedens als Tatbestandsvoraussetzungen enthielte, unter dem Gesichtspunkt des Art. 103 Abs. 2 GG Bedenken begegnete. Insofern denken Sie hier vielleicht an die unter Bestimmtheitsgesichtspunkten zumindest ähnliche Konstellation des früheren Straftatbestandes des „groben" Unfugs" (§ 360 Abs. 1 Nr. 11 StGB – alte Fassung), welchen das Bundesverfassungsgericht im Ergebnis sogar als hinreichend bestimmt erachtete.[199] Vergleichbare Überlegungen zur Bestimmtheit der Norm könnten auch in Bezug auf die „Nachfolgenorm" des Straftatbestandes des „groben Unfugs", nämlich den § 118 OWiG (Belästigung der Allgemeinheit) angestellt werden. Auch diese Bestimmung wird von der Rechtsprechung bislang als mit Art. 103 Abs. 2 GG vereinbar angesehen, insbesondere mit der Begründung, dass das Bundesverfassungsgericht ja bereits die weiter gefasste Norm über den groben Unfug als verfassungsgemäß angesehen hat.[200] Zu beiden Normen wird man aber sicherlich auch anderer Auffassung sein können.

---

196 Vgl. BVerfG, Beschl. v. 4.11.2009 – 1 BvR 2150/08 („*Wunsiedel*") = NJW 2010, 47, 54 f.
197 Vgl. etwa *Kühl* in: Lackner/Kühl, StGB, 30. Aufl. 2022, § 130 Rn. 8b.
198 BVerfG, Beschl. v. 4.11.2009 – 1 BvR 2150/08 („*Wunsiedel*") = NJW 2010, 47, 54.
199 BVerfG, Beschl. v. 14.5.1969 – 2 BvR 238/68 = NJW 1969, 1759.
200 OLG Oldenburg, Beschl. v. 16.9.2016 – 2 Ss (OWi) 163/15 = BeckRS 2015, 109601.

Fall 7: „Meinungsfreiheit und Naziherrschaft"   **132**

bb)   Wahrung des Verhältnismäßigkeitsgrundsatzes
aaa)   Geeignetheit
§ 130 Abs. 4 StGB ist als Norm des materiellen Strafrechts geeignet, das legitime Ziel des öffentlichen Friedens zu schützen.[201]

bbb)   Erforderlichkeit
Ein milderes Mittel, das in Bezug auf die hier infrage stehenden Rechtsverletzungen den Schutz des öffentlichen Friedens in gleich wirksamer Weise gewährleisten kann, ist nicht ersichtlich.[202]

> Tiefergehende Ausführungen zur Erforderlichkeit finden Sie auch in der Entscheidung des Bundesverfassungsgerichts nicht. Zu bedenken ist hier, dass das Strafrecht mit Blick auf den Verhältnismäßigkeitsgrundsatz (Kernelement des Rechtsstaatsprinzips) einerseits als *ultima ratio* staatlicher Eingriffsbefugnisse angesehen wird, dem Staat andererseits bei der Frage der Maßnahmenauswahl zur Erfüllung seiner Schutzpflichten ein weiter Gestaltungsspielraum zusteht.[203]

ccc)   Angemessenheit
Bei der Prüfung der Angemessenheit staatlicher Maßnahmen vor dem Horizont der Meinungsfreiheit ist die Wechselwirkungslehre des Bundesverfassungsgerichts[204] in Bedacht zu nehmen. Zwischen Grundrechtsschutz und Grundrechtsschranken findet eine Wechselwirkung in dem Sinne statt, dass die allgemeinen Gesetze zwar Schranken für das Grundrecht setzen können, diese Schranken aber ihrerseits wieder im Licht dieser Grundrechtsverbürgungen bestimmt werden müssen.[205] Die Beziehung zwischen Grundrecht und einschränkendem Gesetz ist also nicht als einseitige Beschränkung der Geltungskraft des Grundrechts durch das Gesetz aufzufassen; es findet vielmehr eine Wechselwirkung in dem Sinne statt, dass Gesetze zwar dem Wortlaut nach dem Grundrecht Schranken zu setzen vermögen, ihrerseits aber aus der Erkenntnis der wertsetzenden Bedeutung dieses Grundrechts im freiheitlichen demokratischen Staat ausgelegt und so in ihrer das Grundrecht begrenzenden Wirkung selbst wieder eingeschränkt werden müssen.[206]

> Auch wenn Sie in der Klausur hier im Ergebnis eigentlich „nur" eine besonders sorgfältige Verhältnismäßigkeitsprüfung vornehmen, sollten

---

201   BVerfG, Beschl. v. 4.11.2009 – 1 BvR 2150/08 (*„Wunsiedel"*) = NJW 2010, 47, 52.
202   BVerfG, Beschl. v. 4.11.2009 – 1 BvR 2150/08 (*„Wunsiedel"*) = NJW 2010, 47, 52.
203   Grundlegend hierzu BVerfG, Urt. v. 28.5.1993 – 2 BvF 2/90, 2 BvF 4/92, 2 BvF 5/92 (*„Neuregelung des Schwangerschaftsabbruchs"*) = NJW 1993, 1751, 1758.
204   Vgl. BVerfG, Urt. v. 15.1.1958 – 1 BvR 400/57 = NJW 1958, 257, 258.
205   BVerfG, Beschl. v. 4.11.2009 – 1 BvR 2150/08 (*„Wunsiedel"*) = NJW 2010, 47 ff.
206   BVerfG, Urt. v. 15.1.1958 – 1 BvR 400/57 = NJW 1958, 257 ff.

die Wechselwirkungslehre als Begriff und deren grundsätzlicher Bedeutungsgehalt kurz genannt sein.

§ 130 Abs. 4 StGB ist unter Beachtung dieses Postulats verhältnismäßig im engeren Sinne: *„Die Vorschrift begründet bei einer Auslegung, die Art. 5 I GG Rechnung trägt, einen angemessenen Ausgleich zwischen Meinungsfreiheit und dem Schutz des öffentlichen Friedens. Sie ist insbesondere nicht in dem Sinne übermäßig weit gefasst, dass sie inhaltlich schon allein die Verbreitung von rechtsradikalen und auch an die Ideologie des Nationalsozialismus anknüpfenden Ansichten unter Strafe stellte. Weder verbietet sie generell eine zustimmende Bewertung von Maßnahmen des nationalsozialistischen Regimes, noch eine positive Anknüpfung an Tage, Orte oder Formen, denen ein an diese Zeit erinnernder Sinngehalt mit gewichtiger Symbolkraft zukommt. Die Strafandrohung ist auf die Gutheißung allein der historisch real gewordenen Gewalt- und Willkürherrschaft unter dem Nationalsozialismus begrenzt, für die Deutschland eine fortwirkende, besondere, geschichtlich begründete Verantwortung trägt. Ergänzend verlangt der Straftatbestand, dass diese untersagte Bekräftigung auch tatsächlich – wie regelmäßig zu erwarten – in einer die Würde der Opfer verletzenden Weise erfolgt und zu einer Störung des öffentlichen Friedens führt. Untypische Situationen, in denen im Einzelfall die in dem Verbot liegende Einschränkung der Meinungsfreiheit unangemessen sein kann, können durch dieses Tatbestandsmerkmal aufgefangen werden."*[207]

Ergebnis: § 130 Abs. 4 StGB ist nicht wegen Verstoßes gegen Art. 5 Abs. 1 Satz 1 GG verfassungswidrig. Insofern verletzen die strafgerichtlichen Verurteilungen auch nicht das Grundrecht der Meinungsfreiheit des A.

---

[207] BVerfG, Beschl. v. 4.11.2009 – 1 BvR 2150/08 („Wunsiedel") = NJW 2010, 47, 53.

Fall 8 „Das gehenkte Kaninchen"
Übungsfall zur Art. 5 Abs. 3 GG

Angenommen, im Februar 2025 entschließt sich A, in Stuttgart ein „Event" **133** aufzuführen, um auf die zahlreichen Kriege und Grausamkeiten auf der Welt aufmerksam zu machen und die Bevölkerung „aufzurütteln". Bei A handelt es sich um einen bundesweit bekannten Künstler mit französischer Staatsangehörigkeit, der regelmäßig mit provokanten Aktionen gesellschaftliche Missstände anprangert. An einem Freitagvormittag im Februar 2025 begibt sich A auf den Stuttgarter Schlossplatz, der zu dieser Zeit stark von Passanten frequentiert ist. Auf dem Schlossplatz errichtet A aus mitgebrachten Holzbalken und einem Strick einen Galgen. Mit großer Theatralik hängt er dann ein ebenfalls mitgebrachtes Zwergkaninchen an diesem Galgen auf, dass dort langsam und schmerzhaft ersticken soll, während A mehrere selbst verfasste Gedichte über Krieg und Frieden rezitiert. A hatte das Kaninchen eigens zu diesem Zweck erworben. Schon nach kurzer Zeit rufen entsetzte Passanten über den Notruf bei der Polizei an. Wenig später erscheinen die aufgrund der Notrufe entsandten Polizeibeamten POKin Müller und POK Maier vom örtlich zuständigen Polizeirevier 1 Theodor-Heuss-Straße auf dem Schlossplatz. Auf ihre Ansprache, was A denn da mache, erklärt dieser, er wolle mit seiner Kunst die Menschen auf die Notwendigkeit weltweiten Friedens aufmerksam machen und ihnen die Grausamkeit der gegenwärtigen Gesellschaftsstrukturen vorhalten. Er – A – werde keinesfalls von seinem Vorhaben abrücken, auch wenn sich einige Passanten gestört fühlten und jetzt sogar die Polizei erschienen sei. Auf die Frage der Beamten, warum es denn ausgerechnet erforderlich sei, für die hinter der Aktion stehenden Ziele (auf die zahlreichen Kriege und Grausamkeiten auf der Welt aufmerksam zu machen) sich seinerseits solcher Grausamkeiten gegenüber einem Mitgeschöpf zu bedienen, antwortet A lediglich, dass zwar mit einem hochwertigen, lebensecht aussehenden Stoffkaninchen aus seiner Sicht eine vergleichbare künstlerische Botschaft erzielt hätte, ein solches Stofftier wäre aber im Erwerb teurer gewesen.

POKin Müller und POK Maier beschließen daraufhin zu handeln und beschlagnahmen das noch zappelnde Kaninchen. Die Beschlagnahme stützen die Beamten auf § 38 Abs. 1 Nr. 1 PolG, da A ihrer Auffassung nach im Begriff sei, gegen § 17 Nr. 1 des Tierschutzgesetzes (TierSchG) zu verstoßen.

Am nächsten Tag begibt sich A zu seinem befreundeten Rechtsanwalt und fragt, ob das Vorgehen der Beamten rechtmäßig gewesen sei. Seiner Auffassung nach hätten die Polizisten „massive Grundrechtsverletzungen" begangen, welche „durch nichts zu rechtfertigen seien", zumal sich das Grundgesetz ja ausdrücklich dem Frieden in der Welt verpflichtet fühle.

Aufgabe:
Prüfen Sie gutachterlich, ob die Beschlagnahme des Kaninchens durch POKin Müller und POK Maier Grundrechte des A verletzt hat.

Bearbeitungshinweise:
Ein möglicher Eingriff in das Eigentumsgrundrecht (Art. 14 GG) ist nicht zu prüfen. Ebenfalls nicht einzugehen ist auf die Frage der Verfassungsmäßigkeit von § 17 Nr. 1 TierSchG. § 17 Nr. 2 TierSchG ist nicht zu berücksichtigen.

§ 17 Nr. 1 TierSchG lautet:
> Mit Freiheitsstrafe bis zu drei Jahren oder mit Geldstrafe wird bestraft, wer
> 1. ein Wirbeltier ohne vernünftigen Grund tötet (...)

Zugelassene Hilfsmittel:
Grundgesetz, Polizeigesetz Baden-Württemberg

Lösungsvorschlag:

> **Vorbemerkung:** Die hier vorgeschlagene Lösung ist nicht zwingend, insbesondere bei der Abwägung kann man bei guter Argumentation auch zu einem abweichenden Ergebnis gelangen. Der Fall fußt auf Entscheidungen des Kammergerichts Berlin (Beschl. v. 24.7.2009 – (4) 1 Ss 235/09 = NStZ 2010, 175 f.) sowie des Verwaltungsgerichts Berlin (Beschl. v. 24.4.2012 – VG 24 L 113.12 = BeckRS 2012, 49903).

I. Schutzbereich des Grundrechts

1. Sachlicher Schutzbereich

Einschlägig könnte vorliegend die Kunstfreiheit sein, Art. 5 Abs. 3 Satz 1 GG. Fraglich ist, ob es sich bei der „Performance" des A um ein Verhalten handelt, welches dem Kunstbegriff der Verfassung subsumiert werden kann. Zur Begriffsdefinition von „Kunst" werden verschiedene Ansätze vertreten, beispielsweise der formale Kunstbegriff, der immer dann das Vorliegen von „Kunst" bejaht, wenn bei formaler, typologischer Betrachtung die Gattungsanforderungen eines bestimmten Werktyps, etwa des Malens, Bildhauens, Dichtens, Theaterspielens usw. erfüllt sind.[208] Nach anderer Auffas-

---
[208] BVerfG, Beschl. v. 17.7.1984 – 1 BvR 816/82 = NJW 1985, 261, 262.

Fall 8: „Das gehenkte Kaninchen" **133**

sung ist ein „materieller" Ansatz zu wählen: Kunst ist demnach freie schöpferische Gestaltung, in der Eindrücke, Erlebnisse und Erfahrungen durch das Medium einer gewissen Formensprache zum Ausdruck gebracht werden (sog. materieller Kunstbegriff).[209] Nach weiterer Auffassung besteht letztlich ein Definitionsverbot, welches es dem Staat verwehrt, dem Kommunikationsprozess Kunst seine Vorstellungen von richtiger, wahrer und guter Kunst aufzuzwingen.[210] Nach dem wohl weitesten Ansatz, dem sog. offenen Kunstbegriff, wird die künstlerische Betätigung durch einen subjektiven schöpferischen Prozess gekennzeichnet, dessen Ergebnis vielfältige Interpretationsmöglichkeiten zulässt.[211]

Im Sinne des Postulats eines effektiven Grundrechtsschutzes erscheint es sachgerecht, den weitesten Ansatz zu wählen (offener Kunstbegriff) oder aber sich der Forderung nach einem Definitionsverbot anzuschließen. Der sachliche Schutzbereich des Art. 5 Abs. 3 Satz 1 GG wäre demnach eröffnet.

Keine Rolle spielt in diesem Zusammenhang die Frage, welches „Niveau" das Kunstwerk hat: Kunst ist einer staatlichen Stil-, Niveau- und Inhaltskontrolle nicht zugänglich und darf nicht von einer Beurteilung der Wirkungen des Kunstwerks abhängig gemacht werden; solche Gesichtspunkte können allenfalls bei der – später anstehenden – Prüfung der Frage eine Rolle spielen, ob die Kunstfreiheit konkurrierenden Rechtsgütern von Verfassungsrang zu weichen hat.[212]

> Auch von guten Studierenden kann eine intensive Auseinandersetzung mit den verschiedenen Ansätzen zur Greifbarmachung des verfassungsrechtlichen Kunstbegriffs nicht verlangt werden. Dargelegt werden sollte hingegen, dass es verschiedene Ansätze gibt und dass es mit Blick auf das Erfordernis effektiven Grundrechtsschutzes plausibel erscheint, einen weiten Ansatz zugrunde zu legen. Eine Verneinung der Eröffnung des sachlichen Schutzbereiches in vorliegendem Fall dürfte jedenfalls nur schwerlich begründbar sein, ggf. wäre dann hilfsgutachterlich weiter zu prüfen.

Neben der Kunstfreiheit käme als weiteres einschlägiges Grundrecht auch noch die allgemeine Handlungsfreiheit des Art. 2 Abs. 1 GG in Betracht. Deren Schutzbereich wäre eröffnet, das Grundrecht tritt aber hinter dem insofern spezielleren Grundrecht des Art. 5 Abs. 3 Satz 1 GG im Wege der Subsidiarität zurück.[213] Gleiches, also subsidiäres Zurücktreten, gilt auch,

---
209 BVerfG, Beschl. v. 24.2.1971 – 1 BvR 435/68 = NJW 1971, 1645. („*Mephisto*").
210 *Kempen* in: BeckOK Grundgesetz, 58. Edition, Stand: 15.6.2024, Art. 5 Rn. 157.
211 *Kempen* in: BeckOK Grundgesetz, 58. Edition, Stand: 15.6.2024, Art. 5 Rn. 159.
212 Vgl. BVerfG, Beschl. v. 27.11.1990 – 1 BvR 402/87 = NJW 1991, 1471.
213 *Lang* in: BeckOK Grundgesetz, 58. Edition, Stand: 15.6.2024, Art. 2 Rn. 29.

soweit man in dem Verhalten des A (auch) eine Meinungsäußerung i. S. d. Art. 5 Abs. 1 GG erblicken wollte.[214]

2. Persönlicher Schutzbereich
Bei der Kunstfreiheit des Art. 5 Abs. 3 Satz 1 GG handelt es sich um ein sog. Jedermannsrecht. Der persönliche Schutzbereich ist daher unproblematisch für den französischen Staatsbürger A eröffnet.

II. Eingriff
Eingriff ist jedes staatliche Handeln, das die Ausübung des geschützten Verhaltens erschwert oder unmöglich macht.
Durch die Beschlagnahme des Kaninchens verwehren es die Polizeibeamten dem A, einen zentralen Bestandteil seiner dem Kunstbegriff unterfallenden Aufführung, nämlich die öffentliche Darbietung des Todes des Tieres, zu realisieren. Ein Eingriff in Art. 5 Abs. 3 Satz 1 GG liegt daher vor.

III. Verfassungsrechtliche Rechtfertigung des Eingriffs

1. Einschränkbarkeit des Grundrechts
Bei dem Grundrecht der Kunstfreiheit handelt es sich um ein Grundrecht ohne Gesetzesvorbehalt. Die Schranken des Art. 5 Abs. 2 GG sind hierauf nicht anwendbar; diese gelten nur für die Grundrechte des Art. 5 Abs. 1 GG, was bereits die systematische Trennung der Gewährleistungsbereiche in Art. 5 GG eindeutig belegt.[215] Eine Einschränkung der Kunstfreiheit kann daher nur mit entgegenstehenden Verfassungswerten gerechtfertigt werden. Zusätzlich bedarf es einer formellgesetzlichen Rechtsgrundlage für die konkrete Eingriffsmaßnahme.

2. Verfassungsmäßigkeit der Rechtsgrundlage

a) Rechtsgrundlage
Als Rechtsgrundlage für die Beschlagnahme des Kaninchens durch die Polizeibeamten kommt § 38 Abs. 1 Nr. 1 PolG in Betracht.

> Eine strafprozessuale Beschlagnahme, § 94 StPO, kommt nicht in Betracht, weil A vorliegend noch keine Straftat nach § 17 Nr. 1 TierSchG begangen hat. Der Versuch der Tötung eines Tieres ist nach dieser Norm nicht strafbar. § 17 Nr. 2 TierSchG, der bereits das Hinzufügen von Schmerzen und Leiden unter Strafe stellt, war laut Bearbeitungshinweis außer Bedacht zu lassen. Eine versuchte Sachbeschädigung, § 303 Abs. 1 i. V. m. Abs. 2 StGB, kommt nicht in Betracht, weil das Kaninchen nach den Informationen des Sachverhalts im Eigentum des A steht. Da in der Aufgabe ausdrücklich die polizeirechtliche Grundlage für das Handeln

---

214 *Schemmer* in: BeckOK Grundgesetz, 58. Edition, Stand: 15.6.2024, Art. 5 Rn. 96.
215 BVerfG, Beschl. v. 24.2.1971 – 1 BvR 435/68 = NJW 1971, 1645, 1646.

Fall 8: „Das gehenkte Kaninchen" **133**

der Beamten genannt ist, kann auch erwartet werden, dass Sie hier nicht „falsch abbiegen".

b) **Gesetzgebungskompetenz für die Rechtsgrundlage**
Bei § 38 PolG handelt es sich um eine landesrechtliche Norm auf dem Gebiet der Gefahrenabwehr. Gemäß der grundgesetzlichen Aufgabenverteilung, Art. 70 ff. GG, liegt die gesetzgeberische Zuständigkeit für Regelungen zur Gefahrenabwehr grundsätzlich bei den Ländern (Art. 70 Abs. 1 GG).

c) **Anforderungen der Grundrechtsschranke**
Da es sich bei Art. 5 Abs. 3 Satz 1 GG um ein Grundrecht ohne Gesetzesvorbehalt handelt, bedarf es eines entgegenstehenden Wertes von Verfassungsrang, um Eingriffe in die Kunstfreiheit rechtfertigen zu können.

Als entgegenstehender Wert von Verfassungsrang kommt hier der Tierschutz in Betracht, der seine verfassungsrechtliche Verankerung in Art. 20a GG gefunden hat. Beim „Tierschutz" handelt es sich um eine sog. Staatszielbestimmung (zum Begriff näher unter Rn. 148). Grundsätzlich vermögen auch Staatszielbestimmungen als Werte von Verfassungsrang staatliche Eingriffe in Grundrechte ohne Gesetzesvorbehalt zu rechtfertigen.

Angesichts der Hinweise im Sachverhalt betreffend „entsetzte Passanten" könnten sehr gute Studierende unter Ihnen auch die Frage etwaiger entgegenstehender Grundrechte dieser Personen aufwerfen. Insofern könnte namentlich an das Grundrecht auf körperliche Unversehrtheit, Art. 2 Abs. 2 Satz 1 Alt. 2 GG, gedacht werden, sofern man annimmt, dass dieses Grundrecht auch die psychische Integrität („psychisches/soziales Wohlbefinden") schützt,[216] welche durch das Betrachten der von A veranlassten Szenerie womöglich Schaden nimmt. Ein solches Erstrecken des Schutzbereiches auf den seelischen Bereich wird teilweise jedenfalls dann vertreten, wenn es um tiefgreifende Angstzustände geht[217] und durch Einwirkungen auf die Psyche körperliche Effekte hervorgerufen werden (können).[218] Hierzu gibt der Sachverhalt freilich zu wenig belastbare Informationen, letztlich wären aber jegliche Überlegungen in diesem Bereich zu honorieren. Ferner ist denkbar, diese Überlegungen im weiteren Verlauf der Prüfung bei der Angemessenheit der polizeilichen Maßnahme in Bedacht zu nehmen. Diese Überlegungen sollten jedoch nicht das Auffinden des „Tierschutzes" ersetzen.

---

216 Vgl. BVerfG, Beschl. v. 14.1.1981 – 1 BvR 612/72 = NJW 1981, 1655, 1656.; OVG Koblenz, Urt. v. 24.7.1997 – 8 A 12820-96 = NJW 1998, 1422 f.
217 *Antoni* in: Hömig/Wolff/Kluth, Grundgesetz für die Bundesrepublik Deutschland, 14. Aufl. 2025, Art. 2 Rn. 12.
218 *Rixen* in: Sachs, Grundgesetz, 10. Aufl. 2024, Art. 2 Rn. 149.

Neben dem entgegenstehenden Wert von Verfassungsrang bedarf es auch bei Eingriffen in Grundrechte ohne Gesetzesvorbehalt einer formellgesetzlichen Rechtsgrundlage. § 38 PolG stellt ein solch formelles Gesetz dar.

d) Grenzen der Einschränkbarkeit

aa) Hinreichende Bestimmtheit der Rechtsgrundlage

§§ 38 PolG ist hinreichend bestimmt. Soweit dort unbestimmte Rechtsbegriffe verwendet werden (z. B. „unmittelbar bevorstehende Störung"), sind diese durch Auslegung hinreichend konkretisierbar. Die Betroffenen können in genügender Weise die Rechtslage erkennen und ihr Verhalten darauf einrichten.

bb) Wahrung des Verhältnismäßigkeitsgrundsatzes

Hier bestehen keine Bedenken hinsichtlich § 38 PolG, der sogar bereits auf Tatbestandsebene Verhältnismäßigkeitserwägungen formuliert („erforderlich"; „unmittelbar bevorstehende Störung"). In der Rechtsfolge ist die Beschlagnahme zudem zeitlich begrenzt (§ 38 Abs. 4 PolG).

Zwischenergebnis: § 38 Abs. 1 Nr. 1 PolG ist verfassungsgemäß.

> Die Verfassungsmäßigkeit von § 17 Nr. 1 TierSchG war laut Bearbeitungshinweis nicht zu prüfen, erscheint aber im Ergebnis recht unproblematisch: Die Norm dient einem legitimen verfassungsrechtlichen Zweck (Tierschutz nach Art. 20a GG). Auch gegen die Erforderlichkeit einer strafrechtlichen Sanktionsnorm und deren Angemessenheit lassen sich wohl im Ergebnis keine ernsthaften Einwände erheben.[219] Sie ist auch hinreichend bestimmt: Zwar beschreibt der Gesetzgeber nicht die vernünftigen/unvernünftigen Gründe für die Tötung eines Tieres; hierdurch lassen sich aber Gegenstand und Reichweite des durch § 17 TierSchG ausgesprochenen Verbots mit Hilfe der allgemeinen Auslegungsregeln erschließen.[220]

3. Verfassungsmäßigkeit der Maßnahme

a) Zuständigkeit, Verfahren, Form

In sachlicher Hinsicht besteht für Maßnahmen nach § 38 PolG eine Parallelzuständigkeit des Polizeivollzugsdienstes gemäß § 105 Abs. 3 PolG. Die örtliche Zuständigkeit der Beamten folgt aus §§ 120, 121 Abs. 1 Nr. 12 PolG. Von der Rechtsnatur her handelt es sich bei der Beschlagnahme um einen Dauerverwaltungsakt.[221] Ein Verstoß gegen Verfahrens- und Formvor-

---

219 Siehe hierzu instruktiv BVerfG, Beschl. v. 9.3.1994 – 2 BvL 43/92 u. a. (*Cannabis*) = NJW 1994, 1577 ff.
220 *Metzger* in: Erbs/Kohlhaas, Strafrechtliche Nebengesetze, 251. EL März 2024, § 17 TierSchG Rn. 1.
221 *Reinhardt* in: BeckOK Polizeirecht Baden-Württemberg, 32. Edition, Stand: 15.3.2024, § 38 Rn. 43.

schriften ist nicht erkennbar, namentlich hatte A vor der Maßnahme die Gelegenheit, sich zu äußern, obwohl eine Anhörung wegen des zeitgleich sterbend am Galgen baumelnden Kaninchens wohl gar nicht erforderlich gewesen wäre (§ 28 Abs. 2 Nr. 1 LVwVfG).

b) Tatbestandsvoraussetzungen

> Die relevanten verfassungsrechtlichen Aspekte des Falls können systematisch ggf. bereits auf der Ebene der Tatbestandsvoraussetzungen erörtert werden – nämlich, ob die anstehende Tötung des Kaninchens „ohne vernünftigen Grund" i. S. d. § 17 Nr. 1 TierSchG erfolgen würde, was vorliegend dann zu einer unmittelbaren Gefahr für die öffentliche Sicherheit gemäß § 38 Abs. 1 Nr. 1 PolG führte. Genauso denkbar scheint es aber, lediglich den drohenden „Verstoß" gegen Art. 20a GG hier zu benennen und die weiteren Abwägungen im Rahmen der Verhältnismäßigkeitsprüfung vorzunehmen. Soweit in § 38 Abs. 1 Nr. 1 PolG die Maßnahme „zum Schutz eines Einzelnen oder des Gemeinwesens" erforderlich sein muss, handelt es sich übrigens nicht um zusätzlich zu prüfende Tatbestandsmerkmale, vgl. auch § 1 Abs. 1 PolG.

POKin Müller und POK Maier müssten gehandelt haben, um mittels der Beschlagnahme einer Sache eine unmittelbar bevorstehende Störung der öffentlichen Sicherheit oder Ordnung abzuwehren.

Das beschlagnahmte Kaninchen kann unproblematisch Gegenstand einer Beschlagnahme nach § 38 Abs. 1 PolG sein. Zwar sind Tiere gemäß § 90a BGB keine Sachen, allerdings finden die Vorschriften über Sachen entsprechend Anwendung, sodass auch Tiere beschlagnahmt werden können.[222]

Zur öffentlichen Sicherheit gehören neben der Unverletzlichkeit der Normen der Rechtsordnung die Unversehrtheit von Leben, Gesundheit, Freiheit, Ehre und Vermögen des Einzelnen sowie der Bestand und das Funktionieren des Staates und seiner Einrichtungen; geschützt werden demnach sowohl Individual- wie auch Gemeinschaftsrechtsgüter.[223] Hier käme der drohende Verstoß gegen den Art. 20a GG konkretisierenden § 17 Nr. 1 TierSchG in Betracht, wonach ein Wirbeltier nicht ohne vernünftigen Grund getötet werden darf.

Bei einem Kaninchen handelt es sich um ein Wirbeltier.

> Diese Kenntnis dürfte vorausgesetzt werden können.

Fraglich ist also, ob die von A avisierte Tötung des Kaninchens einen vernünftigen Grund gehabt hätte. Rechtmäßig ist die Tiertötung, wenn entwe-

---

222 *Reinhardt* in: BeckOK Polizeirecht Baden-Württemberg, 32. Edition, Stand: 15.3.2024, § 38 Rn. 7; siehe auch den Hinweis zu § 7 PolG in der VwV PolG (alt).
223 BVerwG, Urt. v. 28.3.2012 – 6 C 12/11 = NJW 2012, 2676, 2677.

der ein allgemeiner Rechtfertigungsgrund vorliegt oder wenn sich aus dem Gesamtbestand der gesetzlichen oder auch der gesellschaftlich anerkannten Normen ein vernünftiger Grund ergibt.[224]

Vor der Verankerung des Tierschutzes im Grundgesetz wurde vertreten, dass die Kunstfreiheit von den Vorschriften des Tierschutzgesetzes nicht eingeschränkt werden könne, sodass eine „Performance", bei der es sich um darstellerische Kunst handelt, auch dann nicht geahndet werden konnte, wenn sie mit Tierquälerei verbunden war, weil eben das Grundrecht aus Art. 5 Abs. 3 GG nur mit entgegenstehenden – damals noch nicht vorhandenen – Verfassungswerten aufgewogen werden konnte.[225] Das ist seit der Einführung von Art. 20a GG im Jahre 2002 indes obsolet. Auch bei schrankenlos gewährleisteten Grundrechten wie der Kunstfreiheit muss eine Abwägung mit den Interessen des Tierschutzes und ein Ausgleich im Wege der praktischen Konkordanz vorgenommen werden. Ein unbeschränkter Vorrang der Grundrechte und eine daraus ableitbare Rechtfertigung von Tiermisshandlungen ist nicht mehr begründbar.[226]

> Historische Ausführungen werden freilich nicht von Ihnen verlangt.

Nach einer Auffassung soll nun im Hinblick auf das gesetzesvorbehaltslos gewährte Grundrecht der Kunstfreiheit dem Tierschutz als Staatszielbestimmung nur eine untergeordnete Bedeutung zukommen können; von demjenigen, der sich auf die Kunstfreiheit beruft, könne und müsse lediglich eine nachvollziehbare Begründung dafür abverlangt werden, warum es für seine künstlerische Tätigkeit unverzichtbar ist, Tiere zu quälen oder zu töten.[227] Selbst daran fehlt es aber im vorliegenden Fall, im Gegenteil: Laut Sachverhalt hat A auf die Frage der Beamten, warum es denn ausgerechnet erforderlich sei, für die hinter der Aktion stehenden Ziele sich solcher Grausamkeiten zu bedienen, als Antwort gegeben, dass er das Ziel seiner „Performance" genauso mit einem Stofftier hätte erzielen können, welches lediglich zu erwerben teurer gewesen wäre.

> Der Hinweis zu diesem Punkt ist so deutlich in der Aufgabenstellung niedergelegt, dass er in zumindest durchschnittlichen Bearbeitungen regelmäßig erkannt werden sollte.

Mehrheitlich wird mittlerweile vertreten, dass die Tiertötung im Bereich der Kunst regelmäßig nicht durch das Grundrecht der Kunstfreiheit ge-

---

224 *Metzger* in: Erbs/Kohlhaas, Strafrechtliche Nebengesetze, 251. EL März 2024, § 17 TierSchG Rn. 7.
225 Vgl. AG Kassel, Urt. v. 5.10.1990 – 99 OWi 626 Js 15932.8/90 (nicht rechtskräftig) = NStZ 1991, 443, 444.
226 *Pfohl* in: Münchener Kommentar zum StGB, 5. Aufl. 2024, § 17 TierSchG Rn. 129.
227 *Rux* in: BeckOK Grundgesetz, 58. Edition, Stand: 15.6.2024, Art. 20a Rn. 48.

Fall 8: „Das gehenkte Kaninchen"   **133**

deckt sein kann, Kunst mithin keinen vernünftigen Grund i. S. d. § 17 Nr. 1 TierSchG darstellt.[228] Motiv der Aufnahme des Tierschutzes in das Grundgesetz war die Anerkennung der Mitgeschöpflichkeit von Tieren im Verhältnis zu Menschen, was die Staatszielbestimmung des Art. 20a GG in der Abwägung mit Art. 5 Abs. 3 GG besonders schwer wiegen lässt.[229] Zwar ist das hinter der Aktion stehende Ziel, auf die Notwendigkeit weltweiten Friedens aufmerksam zu machen und der Gesellschaft die Grausamkeit der gegenwärtigen Gesellschaftsstrukturen vorzuhalten, durchaus für sich genommen legitim und entspricht auch der Grundentscheidung des Grundgesetzes für eine friedliche Gesellschaftsordnung (vgl. bereits die Präambel des GG: „... von dem Willen beseelt, als gleichberechtigtes Glied in einem vereinten Europa dem Frieden der Welt zu dienen ...").[230] Es erscheint aber bereits in gewisser Weise widersprüchlich, wenn A durch seine „Performance" auf grausame Art ein Verfassungsgut verletzt, um auf globale Grausamkeiten hinzuweisen.

> Die Friedensklausel der Präambel und die gewisse Widersprüchlichkeit des Agierens von A könnte – jedenfalls von guten – Studierenden erkannt werden.

Zudem: Zwar ist die Tötung eines Tieres nicht bereits dann von einem vernünftigen Grund getragen, wenn sie für das Tier schmerzfrei abläuft; der vernünftige Grund entscheidet nämlich über die Zulässigkeit des „Ob" der Tötung, die Schmerzvermeidung hingegen über das „Wie".[231] Vorliegend kommt aber hinzu, dass der Sterbeprozess des Kaninchens nach der Absicht des A besonders leidensvoll gewesen wäre, was ebenfalls bei der Abwägung berücksichtigt werden kann. Da die (zudem grausame) Tötung eines Wirbeltieres die gravierendste Beeinträchtigung des Staatsziels des Tierschutzes nach Art. 20a GG darstellt, muss diese Bestimmung bei der Beurteilung der „Performance" des A der Freiheit der Kunst im Ergebnis wohl nicht weichen.[232]

> Laut Bearbeitungshinweis war ein Eingriff in Art. 14 GG nicht zu prüfen. Sollten besonders gute Studierende indes auch noch auf die Gemeinwohlbindung des Art. 14 Abs. 2 GG hinweisen (das Kaninchen steht ja im Eigentum des A), könnte dies mit einem Zusatzpunkt honoriert werden, da es sich bei den Inhalten des Art. 20a GG um Gemein-

---

228 *Metzger* in: Erbs/Kohlhaas, Strafrechtliche Nebengesetze, 251. EL März 2024, § 17 TierSchG Rn. 15.
229 KG Berlin, Beschl. v. 24.7.2009 – (4) 1 Ss 235/09 = NStZ 2010, 175, 176.
230 Die Förderung des Weltfriedens ist mithin Verfassungsauftrag, vgl. *Wolff* in: Hömig/Wolff/Kluth, Grundgesetz für die Bundesrepublik Deutschland, 14. Aufl. 2025, Präambel Rn. 3.
231 KG Berlin, Beschl. v. 24.7.2009 – (4) 1 Ss 235/09 = NStZ 2010, 175, 176.
232 VG Berlin, Beschl. v. 24.4.2012 – VG 24 L 113.12 = BeckRS 2012, 49903.

> wohlbelange handelt, welche aufgrund ihrer Hochrangigkeit den Auftrag aus Art. 14 Abs. 2 GG noch zu verstärken vermögen.[233]

Im Ergebnis wird daher festzuhalten sein, dass die von A avisierte Tötung des Kaninchens keinen vernünftigen Grund i. S. d. Art. 20a GG konkretisierenden § 17 Nr. 1 TierSchG gehabt hätte und insofern in Gestalt des drohenden Verstoßes gegen diese Bestimmung eine Störung der öffentlichen Sicherheit – zweifelsohne angesichts des baumelnden Kaninchens – auch unmittelbar bevorstand.

> Wie bereits erwähnt, wäre es gewiss genauso vertretbar, bei der Prüfung der Tatbestandsvoraussetzungen des § 38 Abs. 1 Nr. 1 PolG schlichtweg eine unmittelbar bevorstehende Störung der öffentlichen Sicherheit und Ordnung in Gestalt des Art. 20a GG durch den bevorstehenden Tod des Kaninchens festzustellen und die obigen Überlegungen im Rahmen der Verhältnismäßigkeitsprüfung (Angemessenheit) niederzulegen.

c) **Rechtsfolge, insbesondere Verhältnismäßigkeitsprüfung**

aa) **Geeignetheit**
Die Beschlagnahme des Kaninchens und damit dessen Entzug aus dem Einwirkungsbereich des A war geeignet, das legitime Ziel des Tierschutzes zu erreichen.

bb) **Erforderlichkeit**
Ein milderes Mittel ist nicht ersichtlich, insbesondere angesichts der Aussage des A, er werde keinesfalls von seinem Vorhaben abrücken, auch wenn sich einige Passanten gestört fühlten und jetzt sogar die Polizei erschienen sei.

cc) **Angemessenheit**
Die Maßnahme war auch bei einer Abwägung des geschützten mit dem beeinträchtigten Rechtsgut angemessen. Insofern kann auch auf die Ausführungen unter III. 2. verwiesen werden.

> Wie schon gesagt: Hier liegt die Besonderheit, dass angesichts der bereits bei der Frage nach dem Vorliegen einer Gefahr für die öffentliche Sicherheit vorzunehmenden Güterabwägung mit Blick auf das Vorliegen eines unvernünftigen/vernünftigen Tötungsgrundes die Angemessenheitsprüfung quasi vorweggenommen wurde. Insofern könnte schlichtweg auf die vorangegangenen Ausführungen im Rahmen der Tatbestandsvoraussetzungen des § 38 PolG verwiesen werden. Sollten Sie freilich bei den

---

233 BVerfG, Beschl. v. 16.2.2000 – 1 BvR 242/91 = NJW 2000, 2573, 2575.

Tatbestandsvoraussetzungen lediglich knapp eine unmittelbar bevorstehende Störung der öffentlichen Sicherheit und Ordnung (Art. 20a GG) bejahen und die Ausführungen zur Abwägung grundgesetzlicher Werte hier verorten, mag dies genauso positiv gewertet werden.

Ergebnis: Die Beschlagnahme des Kaninchens durch die beiden Polizeibeamten ist verfassungsrechtlich nicht zu beanstanden.

Fall 9 „Der Parteitag"
Übungsfall zu Art. 8 GG

134 Angenommen, im April 2025 will die Partei „Die Karierten" einen außerordentlichen Parteitag in der Stadthalle der baden-württembergischen Gemeinde G abhalten. Bei diesem Parteitag sind nur Delegierte anwesenheitsberechtigt, die eine Einladung des Parteivorstandes der „Karierten" erhalten hatten. Am Tag der geplanten Versammlung verursacht ein Frühlingssturm schwere Schäden im Gebiet der Gemeinde G. Erst im Zuge der Anreise der Delegierten stellt sich heraus, dass der Sturm auch die Stadthalle in Mitleidenschaft gezogen hat. Insbesondere das Dach der Halle ist schwer beschädigt worden, an zahlreichen Stellen ist es undicht und Regenwasser dringt ein. Nachdem ausgeschlossen erscheint, dass die Schäden rasch behoben werden können, entschließt sich die Parteiführung der „Karierten", den Parteitag kurzerhand auf eine Wiese vor der Stadthalle zu verlagern. Dies geschieht, der Zugang zur Veranstaltung wird von parteieigenen Ordnern geregelt, welche genau darauf achten, dass sich nur die eingeladenen Delegierten auf der Wiese aufhalten. Während der Durchführung des Parteitages, bei welchem grundsätzlich alle Anwesenden ein Rederecht haben, fällt der Delegierte Michael Maulheld (M), ein deutscher Staatsangehöriger und Mitglied einer radikalen Splittergruppe innerhalb der „Karierten", mehrfach durch provokatives Verhalten auf. Als der Tagesordnungspunkt „Ausländer in Deutschland" aufgerufen wird, greift sich M eines der bereitstehenden Mikrofone und bringt lautstark seine Unzufriedenheit mit der Ausländerpolitik der Bundesregierung, aber auch der eigenen Parteiführung, zum Ausdruck. Als M vom Parteivorsitzenden P aufgefordert wird, sich zu mäßigen, tituliert er diesen lauthals mit dem Wort „Arschloch". Als der Parteivorsitzende seine Rede fortsetzen will, schreit M unentwegt dazwischen, sodass jedenfalls ein Teil der Delegierten die Rede des Vorsitzenden nicht verstehen kann. Daraufhin ruft die Parteiführung die Polizei. Den wenige Minuten später erscheinenden örtlich zuständigen Polizeibeamten POKin Schneider und POM Müller erklärt M, dass er sich von den „Bonzen" in der Parteiführung nicht einschüchtern lassen werde. Er werde „standhaft an Ort und Stelle verbleiben" und weiterhin lautstark seine Meinung äußern. Er „gebe keinen Zentimeter Raum seiner Überzeugungen

Fall 9: „Der Parteitag"

preis", werde auch weiterhin den Parteivorsitzenden „als das benennen, was er nun mal ist" und insbesondere wohl dafür sorgen, dass der Parteitag in dieser Form „ganz bestimmt nicht weitergeführt werden" könne. Nachdem auch die Polizeibeamten den M nicht von seinem Ansinnen abhalten können, erklären ihm diese einen Platzverweis für das genau bezeichnete Gebiet der Wiese vor der Stadthalle sowie einen ebenfalls genau bezeichneten Bereich um die Wiese herum; dies bis um Mitternacht, weil die Polizeibeamten nach Rücksprache mit der Parteiführung davon ausgehen, dass der Parteitag kurz vorher sein Ende finden wird. Letztlich fügt sich M der polizeilichen Anordnung und verlässt das Gelände.

Am nächsten Tag begibt sich M schnurstracks zu seiner Rechtsanwältin und fragt diese, ob das unverschämte Verhalten der Polizeibeamten unter verfassungsrechtlichen Gesichtspunkten rechtens war.

Aufgabe:
Prüfen Sie in einem Gutachten, das auf alle im Sachverhalt aufgeworfenen rechtlichen Belange eingeht, was dem M zu antworten wäre.

Zugelassene Hilfsmittel:
Grundgesetz, Polizeigesetz Baden-Württemberg, Strafgesetzbuch, Versammlungsgesetz (des Bundes)

Lösungsvorschlag:

I. Schutzbereich des Grundrechts

1. Sachlicher Schutzbereich

In Betracht kommen hier das Grundrecht der Versammlungsfreiheit, Art. 8 Abs. 1 GG, sowie das Grundrecht der Meinungsfreiheit, Art. 5 Abs. 1 GG.

Das Grundrecht der Versammlungsfreiheit schützt das Recht, sich friedlich und ohne Waffen zu versammeln. Unter Versammlung i. S. d. Art. 8 GG versteht man eine örtliche Zusammenkunft mehrerer Personen zur gemeinschaftlichen, auf die Teilhabe an der öffentlichen Meinungsbildung gerichteten Erörterung oder Kundgebung.[234] Bei dem Parteitag der „Karierten" handelt es sich offenkundig um eine Versammlung in diesem Sinne.

Umfangreiche Ausführungen wären an dieser Stelle daher verfehlt.

Auch wenn M deutlich seine Unzufriedenheit auch mit der eigenen Parteiführung äußert, ist er dennoch Teil der Versammlung, insofern vom sachlichen Schutzbereich des Art. 8 Abs. 1 GG erfasst, und nicht etwa „Störer von außen".

Das Verhalten des M lässt auch dessen Friedlichkeit i. S. d. Art. 8 Abs. 1 GG nicht entfallen. Zwar stört er den geordneten Ablauf der Versammlung

---

234 Vgl. etwa BVerfG, Beschl. v. 24.10.2001 – 1 BvR 1190/90 u. a. = NJW 2002, 1031.

durch seine lauten Unmutsäußerungen und begeht durch die Titulierung des Parteivorsitzenden als „Arschloch" sogar eine Straftat (§ 185 StGB). Dies schließt M indes noch nicht aus dem Schutzbereich des Grundrechts aus: Der Begriff der „Unfriedlichkeit" bedarf enger Auslegung[235] und verlangt Gewalttätigkeiten, aggressive Ausschreitungen oder aufrührerisches Verhalten.[236] Insbesondere führt ein Verstoß gegen Strafgesetze nicht automatisch zu „Unfriedlichkeit".[237]

Der sachliche Schutzbereich der Versammlungsfreiheit ist daher für M eröffnet.

> An dieser Stelle muss noch nicht erörtert werden, in welche Kategorie von Versammlungen (in geschlossenen Räumen – unter freiem Himmel; öffentlich – nicht-öffentlich) der Parteitag der „Karierten" fällt. Diese Frage ist erst im weiteren Verlauf der Prüfung von Bedeutung.

Daneben könnte für M auch der sachliche Schutzbereich der Meinungsfreiheit, Art. 5 Abs. 1 GG, eröffnet sein. Der Begriff der „Meinung" ist geprägt durch das Element der Stellungnahme, des Dafürhaltens und der Beurteilung.[238] Ob die Äußerungen wertvoll oder wertlos, richtig oder falsch, emotional oder rational begründet sind, spielt keine Rolle.[239] Insofern unterfallen die Äußerungen des M, jedenfalls soweit dieser lautstark seine Unzufriedenheit mit der Ausländerpolitik der Bundesregierung, aber auch der eigenen Parteiführung zum Ausdruck bringt, unproblematisch dem Schutzbereich des Art. 5 Abs. 1 GG. Auch die weitere Aussage des M, sich von den „Bonzen" in der Parteiführung nicht einschüchtern zu lassen und „standhaft an Ort und Stelle (zu) verbleiben" etc., wird noch dem sachlichen Schutzbereich des Art. 5 Abs. 1 GG unterfallen. Fraglich ist hingegen, wie die Titulierung des Parteivorsitzenden als „Arschloch" einzuordnen ist: Hier kommt es darauf an, ob diese Titulierung als „Schmähkritik" oder als „Formalbeleidigung" einzuordnen ist.[240] Noch vom sachlichen Schutzbereich des Art. 5 Abs. 1 GG erfasst ist die sog. „Schmähkritik", also Äußerungen, in deren Rahmen jenseits polemischer und überspitzter Kritik nicht mehr die Auseinandersetzung in der Sache, sondern die Diffamierung der Person im Vordergrund steht; bei der Abwägung zwischen dem Ehrenschutz und der Meinungsäußerungsfreiheit tritt in Fällen der Schmähkritik die Meinungsfreiheit aber regelmäßig hinter dem Ehrenschutz zurück.[241]

---

235 Eine weite Auslegung könnte den Gesetzesvorbehalt des Art. 8 Abs. 2 GG aushöhlen.
236 *Höfling/Ogorek* in: Sachs, Grundgesetz, 10. Aufl. 2024, Art. 8 Rn. 30 f.
237 *Höfling/Ogorek* in: Sachs, Grundgesetz, 10. Aufl. 2024, Art. 8 Rn. 33.
238 Vgl. etwa BVerfG, Beschl. v. 22.6.1982 – 1 BvR 1376/79 = NJW 1983, 1415, 1416.
239 BVerfG, Beschl. v. 22.6.1982 – 1 BvR 1376/79 = NJW 1983, 1415.
240 Generell lesenswert zu diesem Thema BVerfG, Beschl. v. 10.10.1995 – 1 BvR 1476/91 („*Soldaten sind Mörder*") = NJW 1995, 3303, 3304.
241 BVerfG, Beschl. v. 19.4.1990 – 1 BvR 40, 42/86 = NStZ 1990, 383 m. w. N.

> Wenn Schmähkritik bejaht wird, entfällt also nicht bereits der sachliche Schutzbereich, vielmehr ist die Einordnung im Rahmen der später vorzunehmenden Güterabwägung relevant.

Bereits dem sachlichen Schutzbereich der Meinungsfreiheit entzogen ist hingegen die sog. „Formalbeleidigung".[242] Hierunter fallen aber letztlich nur demütigende Schimpfwörter, beispielsweise solche mit eindeutig obszöner Konnotation oder die Beschimpfung mit Tiernamen,[243] bei denen keinerlei inhaltlicher Bezug zum Ansinnen des Äußernden vorhanden ist.

> Sonst wäre es ja wieder Schmähkritik.

Soweit M den Parteivorsitzenden der „Karierten" im Rahmen seiner Ausführungen als „Arschloch" tituliert hat, wäre diese Aussage isoliert wohl als Formalbeleidigung einzuordnen sein mit der Folge, dass sie nicht dem sachlichen Schutzbereich des Art. 5 Abs. 1 GG unterfällt. Soweit die Titulierung in einen inhaltlichen Kontext eingebunden ist, läge Schmähkritik nahe.

Fraglich ist noch, in welchem Verhältnis das Grundrecht der Versammlungsfreiheit und das Grundrecht der Meinungsfreiheit zueinanderstehen: Nach wohl h. M. besteht hier kein Subsidiaritätsverhältnis, die beiden Grundrechte können also nebeneinanderstehen. Maßnahmen, die sich spezifisch gegen den Inhalt der Meinung richten, müssen den Anforderungen des Art. 5 Abs. 2 GG genügen.

Art. 8 GG erfasst demgegenüber versammlungsspezifische Vorgänge, wie z. B. die Veranstaltung selbst, ihre Organisation oder die Teilnahme daran.

> Bei der Abgrenzung sollte also „vom Eingriff her" gedacht werden.

Solche Maßnahmen sind an Art. 8 GG zu messen. Sind beide Grundrechte gleichermaßen betroffen, sind auch beide zu prüfen.[244] Im vorliegenden Fall dürfte der Schwerpunkt der polizeilichen Maßnahme wohl im Schutzbereich des Art. 8 Abs. 1 GG liegen, da es den Beamten weniger darum geht, die geäußerten Meinungen des M als solche zu unterbinden; Zweck ihrer Maßnahme ist vorrangig, den ungestörten weiteren Verlauf der Ver-

---

242 BVerfG, Beschl. v. 19.4.1990 – 1 BvR 40, 42/86 = NStZ 1990, 383.
243 *Grabenwarter* in: Dürig/Herzog/Scholz, Grundgesetz-Kommentar, 104. EL April 2024, Art. 5 Rn. 62.
244 Vgl. *Depenheuer* in: Dürig/Herzog/Scholz, Grundgesetz-Kommentar, 103. EL Januar 2024, Art. 8 GG Rn. 201 ff.; BVerfG, Beschl. v. 23.6.2004 – 1 BvQ 19/04 = NJW 2004, 2814 ff.; das schwierige Thema „Grundrechtskonkurrenzen" tritt beim Verhältnis zwischen Art. 5 GG und Art. 8 GG besonders auf.

sammlung sicherzustellen. Damit richtet sich der ausgesprochene Platzverweis im Schwerpunkt nicht gegen den Inhalt der Ausführungen des M, sondern gegen dessen weitere – störende – Teilnahme am Parteitag; die polizeiliche Maßnahme ist mithin am Maßstab des Grundrechts der Versammlungsfreiheit zu prüfen.

> Sicherlich genauso gut vertretbar ist auch die Auffassung, die beiden Grundrechte seien gleichermaßen betroffen. Dann wären im folgenden Bearbeitungsverlauf Art. 5 GG und Art. 8 GG parallel zu prüfen.

2. Persönlicher Schutzbereich
Bei Art. 8 GG handelt es sich um ein sog. Deutschengrundrecht. Laut Sachverhalt ist M deutscher Staatsangehöriger, der persönliche Schutzbereich des Grundrechts ist also für ihn eröffnet.

II. Eingriff
Eingriff ist jedes staatliche Handeln, das die Ausübung des geschützten Verhaltens erschwert oder unmöglich macht.

Aufgrund des Platzverweises kann M nicht mehr am Parteitag teilnehmen. Ein Eingriff in sein Grundrecht der Versammlungsfreiheit liegt unproblematisch vor.

III. Verfassungsrechtliche Rechtfertigung des Eingriffs

1. Einschränkbarkeit des Grundrechts
Hier ist zu prüfen, um welche verfassungsrechtliche Kategorie von Versammlungen es sich bei dem Parteitag der „Karierten" handelt. Das Grundgesetz unterscheidet nämlich zwischen Versammlungen unter freiem Himmel, die nach Art. 8 Abs. 2 GG einem einfachen Gesetzesvorbehalt unterliegen, und Versammlungen in geschlossenen Räumen, die keinem Gesetzesvorbehalt unterliegen. Laut Sachverhalt fand der Parteitag auf einer Wiese vor der ursprünglich als Tagungsort vorgesehenen Stadthalle statt. Für die Einordnung als Versammlung unter freiem Himmel kommt es aber nicht darauf an, dass keine Überdachung vorhanden ist, vielmehr ist maßgeblich, dass sie nicht zu allen Seiten gegenüber ihrer Umwelt abgegrenzt ist.[245] Daran könnten hier Zweifel bestehen, da ja laut Sachverhalt der Zugang zur Veranstaltung von parteieigenen Ordnern geregelt war, welche genau darauf achteten, dass sich nur die eingeladenen Delegierten auf der Wiese aufhielten. Das Vorhandensein von Ordnern wird aber angesichts des Zwecks der verfassungsrechtlichen Differenzierung nicht ausreichen, um eine „abgegrenzte" Versammlung, also eine solche in geschlossenen Räumen, anzunehmen: Der Grund für die Differenzierung liegt nämlich in der besonderen Störanfälligkeit von Versammlungen unter

---
245 Vgl. *Schneider* in: BeckOK Grundgesetz, 58. Edition, Stand: 15.6.2024, Art. 8 Rn. 37 m. w. N.

freiem Himmel und den daraus resultierenden Gefahren, welche eine systematisch niederschwelligere Eingriffsmöglichkeit erfordern. Die Störanfälligkeit von Versammlungen auf einer Wiese lässt sich indes durch das Vorhandensein von Ordnern nicht hinreichend beseitigen, ganz im Gegenteil mag ein solcher „sichtbarer" Parteitag für etwaige Gegendemonstranten ein besonders reizvoller Anlass für Störmaßnahmen sein. Letztlich wird man daher festzustellen haben, dass nur bauliche umgrenzende Maßnahmen[246] die Annahme einer Versammlung in geschlossenen Räumen rechtfertigen können, nicht die bloße Umstellung durch einige Ordner. Vorliegend handelte es sich also um eine Versammlung unter freiem Himmel, bei welcher Eingriffe gemäß Art. 8 Abs. 2 GG einem einfachen Gesetzesvorbehalt unterliegen.

2. Verfassungsmäßigkeit der Rechtsgrundlage

a) Rechtsgrundlage

Rechtsgrundlage für den Platzverweis ist § 30 Abs. 1 PolG. Fraglich könnte allerdings sein, ob die Polizeibeamten überhaupt Maßnahmen auf das allgemeine Gefahrenabwehrrecht stützen konnten, da es sich bei M ja um einen Versammlungsteilnehmer i. S. d. Art. 8 GG handelt. Grundsätzlich gilt bei Versammlungen der Grundsatz der Polizeifestigkeit des Versammlungsrechts.

> Es sicherlich vertretbar, diesen Aspekt bereits unter dem Prüfungspunkt III. 1. (Einschränkbarkeit des Grundrechts) anzusprechen. Da aber Art. 8 GG (jedenfalls ausdrücklich geschrieben) den Grundsatz der Polizeifestigkeit des Versammlungsrechts nicht enthält, erscheint es systematisch vorzugswürdig, diesen Punkt erst bei der Frage der einschlägigen Rechtsgrundlage für die Eingriffsmaßnahme zu erörtern.

Dieser Grundsatz besagt, dass Maßnahmen gegen Versammlungen/gegen Versammlungsteilnehmer nur auf Grundlage der jeweils einschlägigen Versammlungsgesetze getroffen werden dürfen, der Rückgriff auf das allgemeine Gefahrenabwehrrecht (PolG) also grundsätzlich gesperrt ist.[247] Baden-Württemberg hat bislang kein eigenes (Landes)Versammlungsgesetz, einschlägig wäre also das Versammlungsgesetz des Bundes (VersG). Hier stellt sich aber nun die Konstellation so dar, dass es sich bei dem Parteitag der „Karierten" um eine nicht-öffentliche Versammlung han-

---

246 Vgl. *Depenheuer* in: Dürig/Herzog/Scholz, Grundgesetz-Kommentar, 103. EL Januar 2024, Art. 8 GG Rn. 137.
247 Die sog. „Polizeifestigkeit des Versammlungsrechts" wirft zahlreiche schwierige Rechtsfragen auf; vgl. hierzu etwa *Dürig-Friedl* in: Dürig-Friedl/Enders, Versammlungsrecht, 2. Aufl. 2022, § 15 Rn. 9 ff.; *Trurnit*, Grundfälle zum Versammlungsrecht, JURA 2014, S. 486 ff.; *Trurnit*, Polizeiliche Maßnahmen bei Versammlungen, JURA 2019, S. 1252 ff.; *Trurnit*, Vorfeldmaßnahmen bei Versammlungen, NVwZ 2012, 1079 ff.

delte. Die Öffentlichkeit einer Versammlung bestimmt sich danach, ob die Versammlung einen abgeschlossenen oder einen individuell nicht abgegrenzten Personenkreis umfasst.[248] Laut Sachverhalt waren bei dem Parteitag nur Delegierte anwesenheitsberechtigt, die eine Einladung des Parteivorstandes der „Karierten" erhalten hatten. Es handelte sich damit um eine geschlossene Versammlung. Nach seinem eindeutigen Wortlaut regelt das VersG indes nur öffentliche Versammlungen. Teilweise wird zwar – mit Blick auf die hohe Bedeutung des Grundrechts der Versammlungsfreiheit – eine analoge Anwendung des VersG auf nicht-öffentliche Versammlungen gefordert. Analoge Anwendungen von Gesetzesnormen setzen jedoch immer eine planwidrige Regelungslücke voraus; von einem „gesetzgeberischen Versehen" kann aber bereits angesichts des vielfach im VersG ausdrücklich verwendeten Begriffs „öffentlich" nicht ausgegangen werden. Mithin kann das VersG auf nicht-öffentliche Versammlungen keine Anwendung finden; der Grundsatz der Polizeifestigkeit („Vorrangigkeit") des Versammlungsrechts greift also in diesen Konstellationen nicht, sodass der Zugriff auf das PolG möglich ist, dessen Bestimmungen aber mit Blick auf das hohe Schutzgut des Art. 8 GG eng auszulegen sind und insbesondere dem Verhältnismäßigkeitsgrundsatz ein hoher Stellenwert einzuräumen ist.[249]

b) Gesetzgebungskompetenz für die Rechtsgrundlage

§ 30 Abs. 1 PolG ist eine landesrechtliche Norm auf dem Gebiet der Gefahrenabwehr. Gemäß der grundgesetzlichen Kompetenzverteilung (Art. 70 ff. GG) liegt die gesetzgeberische Zuständigkeit für das Gefahrenabwehrrecht bei den Ländern (Art. 70 Abs. 1 GG).

c) Anforderungen der Grundrechtsschranke

Als formelles Landesgesetz erfüllt § 30 Abs. 1 PolG die Voraussetzungen des einfachen Gesetzesvorbehalts des Art. 8 Abs. 2 GG für Versammlungen unter freiem Himmel.

d) Grenzen der Einschränkbarkeit

aa) Hinreichende Bestimmtheit der Rechtsgrundlage

§ 30 Abs. 1 PolG ist hinreichend bestimmt.

> **Achtung!** Hier geht es wie immer nur um die Frage der Bestimmtheit der Norm. Ausführungen zu der konkret durch die Polizeibeamten ausgesprochenen Einzelmaßnahme haben also unter diesem Prüfungspunkt nichts zu suchen.

---

248 BVerwG, Urt. v. 23.3.1999 – 1 C 12-97 = NVwZ 1999, 991, 992.
249 *Enders* in: Dürig-Friedl/Enders, Versammlungsrecht, 2. Aufl. 2022, § 1 Rn. 13 ff.

Sowohl die Tatbestandsvoraussetzungen als auch die Rechtsfolgen der Norm sind für den Bürger klar erkennbar. Soweit unklar erscheint, was „Gefahr" und „Störung" meinen, ist § 1 Abs. 1 PolG heranzuziehen, der die öffentliche Sicherheit und Ordnung als polizeiliche Schutzgüter benennt.

bb) **Wahrung des Verhältnismäßigkeitsgrundsatzes**

aaa) **Geeignetheit**
Ein Platzverweis kann eine geeignete Maßnahme zur Abwehr einer Gefahr oder Beseitigung einer Störung sein.

bbb) **Erforderlichkeit**
Hier bestehen keine Bedenken. Im Vergleich zu einem Platzverweis stellt bspw. ein Gewahrsam regelmäßig einen schwerwiegenderen Grundrechtseingriff dar.

ccc) **Angemessenheit**
Auch hinsichtlich der Angemessenheit der Rechtsgrundlage bestehen keine Bedenken, zumal ein Platzverweis immer zeitlich und örtlich beschränkt ist.

3. **Verfassungsmäßigkeit der Maßnahme**

a) **Zuständigkeit, Verfahren, Form**
Die sachliche Zuständigkeit der Polizeibeamten folgt aus § 105 Abs. 3 PolG, die örtliche Zuständigkeit aus §§ 120, 121 PolG. Von der Einhaltung der Verfahrensvorschriften hinsichtlich des ausgesprochenen Platzverweises als Verwaltungsakt kann ausgegangen werden, insbesondere wurde M angehört (§ 28 Abs. 1 LVwVfG). Dass Platzverweise mündlich erteilt werden können, folgt aus § 37 Abs. 2 Satz 1 LVwVfG („Grundsatz der Formfreiheit"), sodass auch keine Verletzung von Formvorschriften ersichtlich ist.

> Wie so oft gilt: Wenn im Sachverhalt keine Probleme erkennbar sind, sind breitere Ausführungen untunlich.

b) **Tatbestandsvoraussetzungen**
Tatbestandlich erfordert § 30 Abs. 1 PolG eine „Gefahr" oder eine „Störung". Welche Schutzgüter gemeint sind, denen eine „Gefahr" droht oder hinsichtlich derer eine „Störung" bereits eingetreten ist, benennt die Norm nicht ausdrücklich. Insofern greifen die allgemeinen polizeirechtlichen Bestimmungen der §§ 1, 3 PolG.[250] Geschützt ist folglich jedenfalls die öffentliche Sicherheit, also der Schutz zentraler Rechtsgüter wie Leben, Gesundheit, Freiheit, Ehre, Eigentum und Vermögen des Einzelnen sowie die Unversehrtheit der Rechtsordnung und der staatlichen Einrichtungen, wo-

---

250 *Enders* in: BeckOK Polizeirecht Baden-Württemberg, 32. Edition, Stand: 15.3.2024, § 30 PolG Rn. 14.

bei in der Regel eine Gefährdung der öffentlichen Sicherheit angenommen wird, wenn eine strafbare Verletzung dieser Schutzgüter droht.[251] Nach herrschender, wenngleich nicht unumstrittener Meinung, erfasst § 30 Abs. 1 PolG auch das Schutzgut der öffentlichen Ordnung, also die sozialethisch zentralen „ungeschriebenen Regeln", die für das Verhalten des Einzelnen in der Öffentlichkeit gelten.[252] Dies bedarf hier aber keiner abschließenden Entscheidung, da vorliegend bereits die öffentliche Sicherheit durch das Verhalten des M bedroht/gestört ist:

> Das ist eine geläufige und elegante Herangehensweise in einer rechtlichen Prüfung: Studierende zeigen so, dass sie ein Problem erkannt haben, müssen es aber mangels konkreter Fallrelevanz nicht abschließend lösen.

Zum einen hat M gegenüber dem Parteivorsitzenden der „Karierten" eine Straftat (§ 185 StGB) begangen, indem er diesen als „Arschloch" bezeichnet hat. Durch seine Ankündigung, den Parteivorsitzenden auch weiterhin „als das (zu) benennen, was er nun mal ist", besteht die Gefahr, dass M diese Titulierung erneut aussprechen werde. Insofern droht aufgrund nachvollziehbarer Umstände die erneute Begehung einer Straftat und damit eine konkrete Gefahr für die öffentliche Sicherheit. Dass zum Zeitpunkt des Ausspruchs der Maßnahme laut Sachverhalt nicht von einem (zur Ahndung der Beleidigung gemäß § 194 StGB zwingend erforderlichen) Strafantrag des Parteivorsitzenden ausgegangen werden kann, steht der Annahme einer Gefahr für die öffentliche Sicherheit tatbestandlich nicht entgegen.[253] Anzumerken ist zudem, dass die persönliche Ehre, die § 185 StGB zu schützen gedenkt, Bestandteil der Personenwürde und des allgemeinen Persönlichkeitsrechts (Art. 2 Abs. 1 i. V. m. Art. 1 Abs. 1 GG) und damit auch ein Rechtsgut von Verfassungsrang ist.[254] Darüber hinaus droht aber auch eine Gefahr für die öffentliche Sicherheit in Gestalt des Grundrechts der Versammlungsteilnehmer des Parteitags an einer ordnungsgemäßen störungsfreien Durchführung ihrer Versammlung. Die Grundrechte sind selbstverständlich Teil der Rechtsordnung und ebenso selbstverständlich vom Begriff der öffentlichen Sicherheit erfasst.[255] Art. 8 GG begründet insofern dahingehend auch Schutzpflichten für den Staat (sog. Schutzpflichtendimension der Grundrechte), als dass er friedliche Versammlungen vor Stö-

---

251 Vgl. BVerfG, Beschl. v. 14.5.1985 – 1 BvR 233/81, 1 BvR 341/81 = NJW 1985, 2395, 2398.
252 *Enders* in: BeckOK Polizeirecht Baden-Württemberg, 32. Edition, Stand: 15.3.2024, § 30 PolG Rn. 19 ff.
253 Vgl. *Trurnit* in: BeckOK Polizeirecht Baden-Württemberg, 32. Edition, Stand: 15.3.2024, § 1 PolG Rn. 36.1.
254 Vgl. *Regge/Pegel* in: Münchener Kommentar zum StGB, 5. Aufl. 2024, Vorb. zu § 185 Rn. 8.
255 *Trurnit* in: BeckOK Polizeirecht Baden-Württemberg, 32. Edition, Stand: 15.3.2024, § 1 PolG Rn. 37.

rungen zu schützen hat;[256] dies muss unabhängig davon gelten, ob die Störung von außen oder von einem Versammlungsteilnehmer herrührt.

> Dies zeigt sich auch in den §§ 18 Abs. 3, 19 Abs. 4 VersG, wonach die Polizei Teilnehmer einer öffentlichen Versammlung unter freiem Himmel, die deren Ordnung gröblich stören, von der Versammlung ausschließen kann.

M hat durch seine lautstarken Unmutsäußerungen dafür gesorgt, dass jedenfalls ein Teil der Versammlungsteilnehmer die Rede ihres Parteivorsitzenden nicht verfolgen, also ihr Grundrecht auf effektive Teilnahme an einer Versammlung nicht wahrnehmen konnte. M hat auch angekündigt, weiterhin dafür zu sorgen, dass der Parteitag in dieser Form „ganz bestimmt nicht weitergeführt werden" könne. Insofern lagen Gründe für die Annahme vor, dass M durch sein Verhalten das Grundrecht der anderen Versammlungsteilnehmer auf ordnungsgemäße Durchführung ihrer Versammlung weiterhin stören würde, mithin lag auch insofern eine Gefahr für die öffentliche Sicherheit vor.

> An dieser Stelle sind entgegenstehende Rechtspositionen des M noch nicht in Bedacht zu nehmen. Deren Prüfung erfolgt erst später im Rahmen der Ausführungen zur Verhältnismäßigkeit der konkreten polizeilichen Maßnahme.

c) Rechtsfolge, insbesondere Verhältnismäßigkeitsprüfung

aa) Hinreichende Bestimmtheit der Maßnahme
Laut Sachverhalt wurde der Platzverweis für ein genau bezeichnetes Gebiet sowie für einen ebenfalls genau bezeichneten Zeitraum erteilt. Die Maßnahme war insofern hinreichend bestimmt.

bb) Wahrung des Verhältnismäßigkeitsgrundsatzes

aaa) Geeignetheit
Der Platzverweis war geeignet, den M von weiteren Beschimpfungen des Parteivorsitzenden und Störungen der laufenden Versammlung abzuhalten.

bbb) Erforderlichkeit
Dem Sachverhalt kann die Möglichkeit milderer Maßnahmen nicht entnommen werden. Der Platzverweis bezog sich allein auf den Ort und den Zeitraum des Parteitags.

---

256 *Schneider* in: BeckOK Grundgesetz, 58. Edition, Stand: 15.6.2024, Art. 8 Rn. 29.

ccc) **Angemessenheit**
Hier gilt es, die durch die polizeiliche Maßnahme geschützten Rechtsgüter (Straftatenvorbeugung, Ehrschutz sowie das Recht der anderen Versammlungsteilnehmer an ordnungsgemäßer Durchführung des Parteitags) mit den geschützten Interessen des M abzuwägen. Dabei ist zu berücksichtigen, dass M als geladener Teilnehmer des Parteitags ersichtlich Anwesenheitsrechte und ausweislich der Angaben im Sachverhalt auch ein grundsätzliches Rederecht hatte. Das Recht auf Teilhabe an einer Versammlung ist auch nicht a priori von „goodwill" abhängig, also der Billigung der mit der Versammlung verfolgten Ziele oder der auf ihr vertretenen Meinungen; vielmehr kommt der Grundrechtsschutz auch denjenigen Versammlungsteilnehmern zugute, die den in der Versammlung verkündeten (Mehrheits- oder Vorstands-)Meinungen kritisch oder ablehnend gegenüberstehen und dies in der Versammlung mit kommunikativen Mitteln zum Ausdruck bringen wollen.[257] Der Schutz des Art. 8 GG endet jedoch dort, wo es nicht um die – wenn auch kritische – Teilnahme an der Versammlung, sondern um deren Verhinderung geht.[258] Der Versammlungsteilnehmer muss mithin die Bereitschaft haben, die Versammlung in ihrem Bestand hinzunehmen und abweichende Ziele allein mit kommunikativen Mitteln zu verfolgen. Wer dagegen eine Versammlung in der Absicht aufsucht, sie durch seine Einwirkung zu verhindern, soll nicht das Grundrecht aus Art. 8 GG für sich streiten lassen können.[259] Durch seine Ankündigung, er werde wohl dafür sorgen, dass der Parteitag in dieser Form „ganz bestimmt nicht weitergeführt werden" könne, hat M gezeigt, dass es ihm offenbar vorrangig nicht um den kritischen Diskurs mit kommunikativen Mitteln geht, sondern um die Störung bzw. Verhinderung des Versammlungsverlaufs. Die Störung einer Versammlung ist etwas kategorial anderes als eine kritische Teilnahme an einer Versammlung; eine kritische Teilnahme zielt auf die Schwächung oder Relativierung der Versammlungskundgabe, eine Störung bezieht sich auf den ungehinderten äußeren Ablauf der Versammlung.[260] Insofern müssen die Interessen des M im Wege der Abwägung hinter denen der übrigen Versammlungsteilnehmer zurücktreten.

> Mit den Angaben des Sachverhalts wohl nur schwerlich in Einklang zu bringen wäre die Auffassung, dass bereits der sachliche Schutzbereich des Art. 8 GG für M nicht eröffnet war. Laut Aufgabenstellung hat sich M zunächst zwar provokativ, aber auch kritisch-kommunikativ mit der politischen „Linie" der Parteiführung auseinandergesetzt. Es kann daher wohl nicht angenommen werden, dass M die Versammlung be-

---

257 BVerfG, Beschl. v. 7.3.1995 – 1 BvR 1564/92 = NJW 1995, 3110, 3112.
258 BVerfG, Beschl. v. 11.6.1991 – 1 BvR 772/90 = NJW 1991, 2694.
259 BVerfG, Beschl. v. 11.6.1991 – 1 BvR 772/90 = NJW 1991, 2694, 2695.
260 *Depenheuer* in: Dürig/Herzog/Scholz, Grundgesetz-Kommentar, 103. EL Januar 2024, Art. 8 Rn. 71.

reits in der Absicht aufgesucht hat, sie durch seine Einwirkung zu verhindern (vgl. BVerfG, Beschl. v. 11.6.1991 – 1 BvR 772/90 = NJW 1991, 2694 f.).

Hinzu kommt, dass M durch die Titulierung des Parteivorsitzenden eine Straftat begangen hat und insofern auch vor dem Horizont seiner Ankündigungen Wiederholungsgefahr besteht.

Die Beleidigung des Parteivorsitzenden lässt zwar für sich genommen den sachlichen Schutzbereich des Art. 8 GG nicht entfallen, weil rein verbale Injurien nicht zu Unfriedlichkeit führen.[261] Bei der Abwägung ist sein strafrechtlich relevantes Verhalten aber selbstverständlich gleichwohl zu berücksichtigen.

Mithin war die polizeiliche Maßnahme des Platzverweises auch angemessen.

Ein anderes Ergebnis mag nicht gänzlich unvertretbar sein, müsste dann aber wohl sehr gut begründet werden.

cc) Wahrung der Wesensgehaltsgarantie

Fraglich könnte hier einmal die Wahrung der Wesensgehaltsgarantie des Art. 19 Abs. 2 GG durch die polizeiliche Maßnahme sein. M wurde ja die weitere Teilnahme an dem Parteitag der „Karierten" durch den Platzverweis gänzlich verwehrt. So – also isoliert auf die maßnahmenbezogene Versammlung – kann die Wesensgehaltsgarantie des Grundgesetzes indes nicht verstanden werden; schon deswegen nicht, weil ja ein polizeilicher Platzverweis regelmäßig ein bestimmtes Verhalten an einem bestimmten Ort final und vollumfänglich untersagt. Ein Antasten des Wesensgehalts des Grundrechts des M wäre folglich nur anzunehmen, wenn durch die polizeiliche Maßnahme die aus dem Grundrecht des Art. 8 GG folgende Bindungswirkung für die Staatsgewalt prinzipiell negiert würde,[262] was vorliegend nicht anzunehmen ist, da dem M aufgrund des Platzverweises nicht verboten wird, an künftigen Versammlungen – auch solcher der „Karierten" – teilzunehmen. Der Wesensgehalt des Grundrechts ist daher gewahrt.

Ergebnis: Dem M ist zunächst zu antworten, dass das Handeln der Polizeibeamten rechtens war.

---

261 Vgl. *Höfling/Ogorek* in: Sachs, Grundgesetz, 10. Aufl. 2024, Art. 8 Rn. 33.
262 Vgl. *Sachs/von Coelln* in: Sachs, Grundgesetz, 10. Aufl. 2024, Art. 19 Rn. 46.

Anmerkung zum Fall: Die Besonderheit bei diesem nicht einfachen Fall liegt insbesondere darin, zu erkennen, dass hier die seltene Konstellation einer nicht-öffentlichen Versammlung unter freiem Himmel vorlag.

Fall 10 „Drogen im Zelt?"
Übungsfall zu Art. 13 GG

Angenommen, in der baden-württembergische Gemeinde G lebt der polizeibekannte Obdachlose O schon seit mehreren Wochen im Stadtpark. O hat dort unter Bäumen ein kleines Zelt aufgebaut, in welchem er seine Habseligkeiten aufbewahrt und nächtigt. Der Stadtpark beherbergt auch weitere Obdachlose. Zwischen diesen und O kommt es regelmäßig zu Streitereien, weil O verdächtigt wird, nicht nur im Park zu leben, sondern dort auch mit MDMA-haltigen „Ecstasy"-Tabletten zu handeln. Eines Abends gegen 22.00 Uhr führen PHM Schneider und POMin Schulze vom örtlich zuständigen Polizeirevier eine Fußstreife im Stadtpark durch. Dabei werden sie vom Obdachlosen A angesprochen. A behauptet, er habe gesehen, wie O vor wenigen Minuten eine größere Tüte mit Tabletten darin in sein Zelt verbracht habe. Er sei sich sicher, dass es sich um „Ecstasy" handele: O sei zwar sehr zügig zu seinem Zelt gegangen, man habe aber in der durchsichtigen Tüte eindeutig eine Vielzahl bunt gefärbter Tabletten erkennen können. Wahrscheinlich warte O in seinem Zelt auf Abnehmer, um diesen – wie er es üblicherweise nachts tue – das Rauschgift zu gewinnbringenden Preisen zu verkaufen. Nach Einschätzung der Polizeibeamten macht A einen glaubwürdigen Eindruck. Eine POLAS-Abfrage ergibt zudem, dass O bereits vor einiger Zeit mit Rauschgifthandelsdelikten in Erscheinung getreten ist. Daraufhin entschließen sich die Polizeibeamten, auf polizeirechtlicher Grundlage das Zelt des O zu durchsuchen, um zu verhindern, dass eine mutmaßlich größere Menge an Rauschgift in den Umlauf gerät und die Volksgesundheit gefährdet. Daneben soll das Betäubungsmittel natürlich auch als Beweismittel im Strafverfahren gegen O erlangt werden. Ein richterlicher Bereitschaftsdienst existiert für die Gemeinde G zwischen 21 Uhr und 6 Uhr nicht, da das zuständige Gerichtspräsidium zutreffend davon ausgegangen ist, dass angesichts der in seinem Bezirk seltenen nächtlichen Vorfälle mit Bezug zu dem Richtervorbehalt unterliegenden Maßnahmen die Einrichtung eines nächtlichen richterlichen Bereitschaftsdienstes nicht verfassungsrechtlich geboten sei. Daher gehen PHM Schneider und POMin Schulze von Gefahr im Verzug aus, zumal die Beamten auch bemerken, dass O offenbar aus einem kleinen Fenster seines Zeltes ihr Gespräch mit A mitbekommen hat. Sie begeben sich deshalb rasch zum Zelt des O, geben sich mündlich als Polizeibeamte aus und teilen dem O mit, dass sie sein Zelt wegen der Annahme, es befänden sich Drogen darin, durchsuchen wollen. Ihrer Aufforderung, unverzüglich den Zutritt zum Zelt zu ermöglichen, kommt O widerwillig nach. Die Beamten teilen dem O auch die möglichen Rechtsbehelfe gegen die Anordnung und Durchführung der Durchsuchung mit. Bei der anschließenden Durchsuchung können keine Betäubungsmittel oder Hinweise auf einen Rauschgifthandel des O gefunden werden.

Am nächsten Tage begibt sich O wutentbrannt zu einem Rechtsanwalt und fragt ihn, ob das Handeln der Polizeibeamten vor allem unter verfassungsrechtlichen Gesichtspunkten rechtens gewesen ist.

Aufgabe:
Prüfen Sie in einem Gutachten, das auf alle im Sachverhalt angelegten rechtlichen Belange eingeht, was dem O zu antworten wäre.

Zugelassene Hilfsmittel:
Grundgesetz, Polizeigesetz Baden-Württemberg, Strafprozessordnung

Bearbeitungshinweise:
Unter Ziffer II. (verfassungsmäßige Rechtsgrundlage) ist lediglich die für die Durchsuchung relevante Rechtsgrundlage zu prüfen, nicht von ihr ggf. in Bezug genommene Normen.

MDMA unterfällt den Vorschriften des Betäubungsmittelgesetzes (BtMG, dort gelistet in Anlage I). Der Umgang mit diesem nicht verkehrs- und verschreibungsfähigen Betäubungsmittel ist nach dem BtMG strafbar.

In der Realität würde in vorliegenden Konstellationen immer auch eine Durchsuchung der Person des O erfolgen. Eine solche ist hier aber nicht zu prüfen.

Lösungsvorschlag:

> **Vorbemerkung:** Die Klausur weist keinen allzu hohen Schwierigkeitsgrad auf. Zu thematisieren war aber insbesondere die Frage, inwieweit Maßnahmen nach dem Polizeigesetz zulässig sind, wenn bereits der Anfangsverdacht einer Straftat gegen den Betroffenen zu bejahen wäre.

I. Schutzbereich des Grundrechts

1. Sachlicher Schutzbereich

Einschlägig könnte vorliegend das Grundrecht auf Unverletzlichkeit der Wohnung, Art. 13 Abs. 1 GG, sein. Dafür müsste es sich bei dem Zelt des O um eine „Wohnung" im verfassungsrechtlichen Sinne handeln. Dem Wohnungsbegriff unterfallen alle privaten Wohnzwecken gewidmeten Räumlichkeiten, in denen der Mensch das Recht hat, in Ruhe gelassen[263] zu werden; die räumliche Privatsphäre muss dabei nach außen als solche erkennbar sein.[264] Unerheblich ist dabei, ob die „Wohnung" auf Dauer fest mit dem Boden verbunden oder – wie vorliegend – beweglich ist. Bei dem Zelt des O handelt es sich um einen abgeschirmten Raum, welcher den Schlafplatz und den Lebensmittelpunkt des Obdachlosen darstellt. Es handelt sich also um einen Bereich, den O – nach außen erkennbar – der allgemeinen Zugänglichkeit entzogen und zur Stätte seines Lebens und Wirkens gemacht hat.[265] Eine Wohnung i. S. d. Art. 13 GG ist daher anzunehmen.[266] Da dem Sachverhalt keine Informationen dahingehend entnommen werden können, dass das Zelten im Stadtpark der Gemeinde G – etwa aufgrund einer Polizeiverordnung – verboten ist, bedarf die umstrittene Frage, ob nur rechtmäßig genutzter Wohnraum dem Schutzbereich des Art. 13 GG unterfällt,[267] keiner Klärung.

2. Persönlicher Schutzbereich
Beim Grundrecht der Unverletzlichkeit der Wohnung, Art. 13 Abs. 1 GG, handelt es sich um ein Jedermannsgrundrecht, auf welches sich O – unabhängig von seiner Staatsangehörigkeit – berufen kann.

II. Eingriff
Eingriff ist jedes staatliche Handeln, das die Ausübung des geschützten Verhaltens erschwert oder unmöglich macht.

Dass O der Aufforderung der Polizeibeamten, ihnen unverzüglich Zugang zum Zelt zu verschaffen, nachkommt, ändert nichts an der Eingriffsqualität der Maßnahme, zumal er laut Sachverhalt nur „widerwillig" der Anordnung Folge leistet. Von einer Nachschau auf freiwilliger Basis kann vorliegend nicht die Rede sein. Die Durchsuchung des als Wohnung i. S. d. Art. 13 Abs. 1 GG einzustufenden Zelts des O stellt daher einen Eingriff in dieses Grundrecht dar.[268]

III. Verfassungsrechtliche Rechtfertigung des Eingriffs

1. Einschränkbarkeit des Grundrechts
Beim Grundrecht der Unverletzlichkeit der Wohnung handelt es sich um ein Grundrecht mit qualifiziertem Gesetzesvorbehalt. Eingriffe sind nur nach Maßgabe der Voraussetzungen des Art. 13 Abs. 2 bis 5, 7 GG möglich.

---

263 BVerfG, Beschl. v. 5.5.1987 – 1 BvR 1113/85 = NJW 1987, 2500, 2501.
264 *Kluckert* in: BeckOK Grundgesetz, 58. Edition, Stand: 15.6.2024, Art. 13 Rn. 1 f.
265 Vgl. *Wolff* in: Hömig/Wolff/Kluth, Grundgesetz für die Bundesrepublik Deutschland, 14. Aufl. 2025, Art. 13 Rn. 5.
266 Vgl. *Kluckert* in: BeckOK Grundgesetz, 58. Edition, Stand: 15.6.2024, Art. 13 Rn. 2.
267 Vgl. dazu *Kühne/Lange* in: Sachs, Grundgesetz, 10. Aufl. 2024, Art. 13 Rn. 19; *Papier* in: Dürig/Herzog/Scholz, Grundgesetz-Kommentar, 58. Edition, Stand: 15.6.2024, Art. 13 Rn. 12.
268 Vgl. *Kluckert* in: BeckOK Grundgesetz, 49. Edition, Stand: 15.11.2021, Art. 13 Rn. 6.

Für Durchsuchungsmaßnahmen ergeben sich die Einschränkungsvoraussetzungen aus Art. 13 Abs. 2 GG, es bedarf also einer formellgesetzlichen Ermächtigungsgrundlage sowie der Zusatzerfordernisse dieses Absatzes, also insbesondere der Berücksichtigung des Richtervorbehalts.

2. Verfassungsmäßigkeit der Rechtsgrundlage

> Laut Bearbeitungshinweis ist nur die eigentliche Rechtsgrundlage für die Durchsuchung – nicht von ihr ggf. in Bezug genommene Vorschriften – auf ihre Verfassungsmäßigkeit zu prüfen. Diese Klarstellung erfolgt mit Blick auf den Umstand, dass nach der Systematik des Polizeigesetzes die Voraussetzungen für eine Durchsuchung teilweise von den Erfordernissen anderer Rechtsgrundlagen für Einzelmaßnahme abhängen („Person [...], die in Gewahrsam genommen werden darf"; „Sache [...], die sichergestellt oder beschlagnahmt werden darf"). Auf die Verfassungsmäßigkeit dieser „Bezugsnormen" (§§ 37, 38 PolG) braucht wegen des Bearbeitungshinweises nicht eingegangen zu werden.

a) Rechtsgrundlage

Rechtsgrundlage für die Maßnahme könnte § 36 Abs. 2 Nr. 2 PolG sein. Bereits an dieser Stelle kann aber die Frage angesprochen sein, ob denn eine Eingriffsmaßnahme auf Grundlage des Gefahrenabwehrrechts in Betracht kommen kann, wenn gleichzeitig bereits der Anfangsverdacht einer Straftat gegen den Betroffenen im Raum steht. Letzteres ist vorliegend ja der Fall: Auf Grundlage der Angaben des von den Beamten als glaubwürdig eingeschätzten A sowie der POLAS-Erkenntnisse bestand gegen O zumindest der Anfangsverdacht einer Straftat nach dem Betäubungsmittelgesetz (unerlaubtes Handeltreiben).

> Angesichts der von A angeblich wahrgenommenen großen Menge „Ecstasy"-Tabletten kommt namentlich der Verbrechenstatbestand des § 29a Abs. 1 Nr. 2 BtMG (unerlaubtes Handeltreiben mit Betäubungsmitteln in nicht geringer Menge) in Betracht. Hierzu werden in der „SVR-Klausur" selbstverständlich keine Kenntnisse von Ihnen erwartet, es genügt darzustellen, dass der Anfangsverdacht einer (Handels-)Straftat nach dem BtMG im Raum steht. Siehe insofern auch den Bearbeitungshinweis.

Insofern wäre hier durchaus auch eine Durchsuchung des Zeltes des A auf strafprozessualer Grundlage (§ 102 StPO) denkbar gewesen. Fraglich ist, ob dieser Weg dann vorzugswürdig zu beschreiten ist und den Rückgriff auf das Gefahrenabwehrrecht versperrt.

> Diese Frage ist insbesondere dann spannend, wenn die strafprozessuale Maßnahme höheren Anforderungen als die gefahrenabwehrrechtliche

Fall 10: „Drogen im Zelt?"

unterliegt. Wenn es sich beispielsweise nicht um ein Zelt, sondern um den Rucksack des O handeln würde, der durchsucht werden soll, wäre bei einer Maßnahme nach dem PolG keine richterliche Anordnung erforderlich (§ 35 Nr. 3 PolG). Bei einer strafprozessualen Durchsuchung (§ 102 StPO, Durchsuchung „der ihm gehörenden Sachen") wäre hingegen grundsätzlich eine richterliche Anordnung einzuholen (§ 105 Abs. 1 StPO).

Diese Frage war im Schrifttum durchaus umstritten,[269] dürfte aber mittlerweile nach einem Urteil des Bundesgerichtshofes zur Zulässigkeit sog. legendierter Kontrollen entschieden sein.[270]

Dieses Urteil des Bundesgerichtshofes ist geradezu Pflichtlektüre für jede Polizeibeamtin/jeden Polizeibeamten!

In dieser Entscheidung hat der Bundesgerichtshof mit hoher Deutlichkeit festgestellt: Es gibt weder einen allgemeinen Vorrang der Strafprozessordnung gegenüber dem Gefahrenabwehrrecht noch umgekehrt. Die Polizei kann auch während eines bereits laufenden Ermittlungsverfahrens aufgrund präventiver Ermächtigungsgrundlagen zum Zwecke der Gefahrenabwehr tätig werden. Ausweislich der Informationen des Sachverhaltes handelten PHM Schneider und POMin Schulze in erster Linie in der Absicht, die Betäubungsmittel zwecks Gefahrenabwehr aus dem Verkehr zu ziehen; daneben verfolgten die Beamten auch das Ziel der Beweissicherung in einem potenziellen Strafverfahren. Insofern handelt es sich um eine sogenannte doppelfunktionale Maßnahme[271], bei der die Polizei mit jeweils selbstständiger präventiver und repressiver Zielsetzung tätig wird. Nach Auffassung des BGH ist auch bei Vorliegen eines Anfangsverdachts einer Straftat i. S. d. § 152 Abs. 2 StPO ein Rückgriff auf präventiv-polizeiliche Ermächtigungsgrundlagen rechtlich möglich. Insbesondere bei sogenannten Gemengelagen, in denen die Polizei sowohl repressiv als auch präventiv agieren kann und will, seien strafprozessuale und gefahrenabwehrrechtliche Maßnahmen grundsätzlich nebeneinander anwendbar. Gefahrenabwehr sei eine zentrale staatliche Aufgabe, die gegenüber der Strafverfolgung eigenständige Bedeutung hat und nicht hinter ihr zurücktritt. Gefahrenabwehr und Strafverfolgung stehen also als staatliche Aufgaben mit unterschiedlicher Zielrichtung gleichberechtigt nebeneinander. Einer Anwendbarkeit des § 36 Abs. 2 Nr. 2 PolG als Rechtsgrundlage für die Durchsu-

---
269 Siehe etwa *Müller/Römer*, Legendierte Kontrollen – Die gezielte Suche nach dem Zufallsfund = NStZ 2012, 54 ff.
270 BGH, Urt. v. 26.4.2017 – 2 StR 247/16 = NJW 2017, 651 ff.
271 Hierzu etwa BayVGH, Beschl. v. 5.11.2009 – 10 C 09.2122 = BeckRS 2009, 41748.

chung des Zeltes stand mithin nicht entgegen, dass eine solche Durchsuchung auch nach Maßgabe des § 102 StPO in Betracht gekommen wäre.

> Die Gefahr einer bewussten Umgehung strafprozessualer Voraussetzungen bzw. der Aushöhlung von Beschuldigtenrechten ist nach Auffassung des BGH erst zu thematisieren, wenn es um die Verwertbarkeit der präventiv-polizeilich gewonnenen Erkenntnisse im Strafverfahren geht. Hierauf bedarf es in vorliegendem Fall indes keines Eingehens. Der BGH stützt sich bei der Entscheidung der Verwertbarkeitsfrage auf § 161 Abs. 3 StPO (im Urteil ist noch der damalige § 161 Abs. 2 StPO genannt). Kurz gesagt geht der BGH von einer Verwertbarkeit der gefahrenabwehrrechtlich erlangten Erkenntnisse im Strafverfahren aus, wenn die entsprechenden Beweismittel hypothetisch auch auf Grundlage der StPO rechtmäßig erlangbar gewesen wären (was in der Praxis regelmäßig der Fall sein dürfte).

b)   Gesetzgebungskompetenz für die Rechtsgrundlage
Bei § 36 Abs. 2 Nr. 2 PolG handelt es sich um eine landesrechtliche Norm auf dem Gebiet der Gefahrenabwehr. Gemäß der grundgesetzlichen Aufgabenverteilung, Art. 70 ff. GG, obliegen Regelungen zur Gefahrenabwehr grundsätzlich der Zuständigkeit der Länder (Art. 70 Abs. 1 GG).

c)   Anforderungen der Grundrechtsschranke
§ 36 PolG, der auch dem Richtervorbehalt nachkommt, erfüllt als formelles Landesgesetz die Anforderungen des qualifizierten Gesetzesvorbehalts des Art. 13 Abs. 2 GG.

d)   Grenzen der Einschränkbarkeit

aa)   Hinreichende Bestimmtheit der Rechtsgrundlage
§ 36 Abs. 2 Nr. 2 PolG erscheint hinreichend bestimmt. Sowohl die handelnden staatlichen Organe als auch der Bürger können erkennen, unter welchen Voraussetzungen eine Durchsuchung von Wohnraum zulässig ist.

bb)   Wahrung des Verhältnismäßigkeitsgrundsatzes

aaa)   Geeignetheit
Eine Durchsuchung nach § 36 Abs. 2 Nr. 2 PolG kann eine geeignete Maßnahme sein, um eine Sache zu finden, die zum Zwecke der Rückgabe an ihren Eigentümer sichergestellt oder zum Zwecke der Gefahrenabwehr beschlagnahmt werden soll.

bbb)   Erforderlichkeit
Mildere Maßnahmen als eine Durchsuchung sind im Einzelfall nicht erfolgversprechend, insbesondere genügt das bloße Betreten der Wohnung

Fall 10: „Drogen im Zelt?"   **135**

nach § 36 Abs. 1 PolG regelmäßig nicht, um die gesuchte Sache aufzufinden.

> Ganz abgesehen davon wären im Fall die Erfüllung der Voraussetzungen für ein Betreten der Wohnung zur Nachtzeit nur schwer begründbar. Die Abgrenzung „Durchsuchung"/„Betreten" kann im Einzelfall komplizierte Fragen aufwerfen.[272]

ccc) **Angemessenheit**
Zwar stellt die Durchsuchung einer Wohnung einen schwerwiegenden Eingriff in das Grundrecht des Art. 13 Abs. 2 GG dar.[273] Gleichwohl kann sie ein im Einzelfall angemessenes Mittel der Gefahrenabwehr darstellen, welches zudem einem grundsätzlichem Richtervorbehalt sowie verfahrensrechtlichen Anforderungen unterliegt (§ 36 Abs. 7 und Abs. 8 PolG), welche mit Blick auf Art. 13 Abs. 2 GG („nur in der dort vorgeschriebenen Form") ausdrücklich vom verfassungsrechtlichen Schutz miterfasst sind.

> Art. 13 Abs. 2 GG erzwingt – wie auch Art. 104 Abs. 1 GG – ausdrücklich die Einhaltung der in der Rechtsgrundlage vorgesehenen Formen; die Verletzung von einfachgesetzlichen Verfahrens- und Formvorschriften führt also nicht nur zu einem – für den Erfolg einer Verfassungsbeschwerde[274] grundsätzlich irrelevanten – Verstoß gegen einfaches Recht, sondern gleichzeitig auch zu einem Verfassungsverstoß, weil Art. 13 Abs. 2 GG die Verfahrens- und Formvorschriften des einfachen Rechts quasi auf Verfassungsrang „hochzont".

3. **Verfassungsmäßigkeit der Maßnahme**

a) **Zuständigkeit, Verfahren, Form**
Bei PHM Schneider und POMin Schulze handelt es sich um Polizeivollzugsbeamte. Durchsuchungen nach § 36 PolG fallen gemäß § 105 Abs. 3 PolG in die Parallelzuständigkeit von Polizeivollzugsdienst und Ordnungsbehörde. Die örtliche Zuständigkeit der Beamten, §§ 120, 121 PolG, ist laut Sachverhalt gegeben.

Nach § 36 Abs. 5 PolG darf außer bei Gefahr im Verzug eine Durchsuchung nur durch das Amtsgericht angeordnet werden, in dessen Bezirk die Durchsuchung vorgenommen werden soll. Laut Sachverhalt existiert kein

---
272 Vgl. *Nachbaur* in: BeckOK Polizeirecht Baden-Württemberg, 32. Edition, Stand: 15.3.2024, § 36 Rn. 11 ff.
273 BVerfG, Beschl. v. 26.5.1976 – 2 BvR 294/76 = NJW 1976, 1735 f.
274 Hintergrund: Das Bundesverfassungsgericht prüft bei Verfassungsbeschwerden grundsätzlich nur die Verletzung von (spezifischem) Verfassungsrecht, nicht aber die Verletzung einfachgesetzlicher Normen. Dieser Umstand wird häufig auch dadurch ausgedrückt, dass das Bundesverfassungsgericht keine sog. „Superrevisionsinstanz" ist.

richterlicher Bereitschaftsdienst für die Gemeinde G zwischen 21.00 Uhr und 6.00 Uhr, weshalb PHM Schneider und POMin Schulze von Gefahr im Verzug ausgingen. Zur Frage der Erforderlichkeit der Einrichtung richterlicher Bereitschaftsdienste hat das Bundesverfassungsgericht ausdrücklich die verfassungsrechtliche Pflicht des Staates bekräftigt, die Erreichbarkeit eines zuständigen Richters – jedenfalls zur Tageszeit – zu gewährleisten;[275] zur Nachtzeit sei ein ermittlungsrichterlicher Bereitschaftsdienst jedenfalls bei einem Bedarf einzurichten, der über den Ausnahmefall hinausgehe, was die Präsidien der Gerichte nach pflichtgemäßem Ermessen in eigener Verantwortung für ihren jeweiligen Gerichtsbezirk zu entscheiden hätten.[276]

Laut Sachverhalt hat das örtlich zuständige Gerichtspräsidium zutreffenderweise entschieden, dass in seinem Bezirk kein Bedarf für die Einrichtung eines nächtlichen richterlichen Bereitschaftsdienstes bestehe. Mangels Erreichbarkeit eines Richters gegen 22.00 Uhr konnten die Polizeibeamten daher eine Bewertung treffen, wonach konkrete, einzelfallbezogene Anhaltspunkte dafür vorlagen,[277] dass der Erfolg der Durchsuchung durch den mit der Herbeiführung einer richterlichen Entscheidung verbundenen Zeitverlust gefährdet gewesen wäre: Schließlich hatte der als glaubwürdig eingeschätzte A ja mitgeteilt, dass O üblicherweise sein im Zelt gebunkertes Rauschgift nachts an seine Abnehmer verkaufe, sodass die Gefahr bestand, dass bei Zuwarten bis zur Einholung einer richterlichen Entscheidung am nächsten Morgen das Rauschgift bereits abverkauft wäre und nicht mehr aus dem Verkehr gezogen werden könnte. Zudem hatten die Beamten wahrgenommen, dass O ihr Gespräch mit A offenbar bemerkt hatte, sodass insofern auch die Gefahr bestand, dass O sich seiner vermuteten Betäubungsmittel anderweitig unbemerkt entledigen könnte. Die Annahme von Gefahr im Verzug, die eine eigene polizeiliche Entscheidung entgegen dem Regelfall[278] der richterlichen Zuständigkeit ermöglichte, ist also verfassungsrechtlich nicht zu beanstanden.

> In der Klausur können Sie sich hier relativ kurzfassen, weil das Fehlen eines nächtlichen richterlichen Bereitschaftsdienstes für das Gebiet der Gemeinde G laut Sachverhalt verfassungsrechtlich nicht zu beanstanden ist. In der Realität sieht es leider ein wenig anders aus: Zur Erfüllung der vom Bundesverfassungsgericht benannten Verpflichtung zur Gewährleistung des Richtervorbehalts schuf das Land Baden-Württemberg über § 4 Abs. 2 BWAGGVG[279] und § 29 ZuVOJu[280] die Voraussetzungen für die Einrichtung eines richterlichen Bereitschaftsdienstes, der an

---

275 Vgl. BVerfG, Beschl. v. 15.5.2002 – 2 BvR 2292/00 = NJW 2002, 3161, 3162.
276 BVerfG, Beschl. v. 12.3.2019 – 2 BvR 675/14 = NJW 2019, 1428, 1430.
277 Vgl. BVerfG, Urt. v. 20.2.2001 – 2 BvR 1444/00 = NJW 2001, 1121, 1123.
278 Vgl. BVerfG, Urt. v. 20.2.2001 – 2 BvR 1444/00 = NJW 2001, 1121, 1125.
279 Baden-Württembergisches Ausführungsgesetz zum Gerichtsverfassungsgesetz.
280 Zuständigkeitsverordnung Justiz Baden-Württemberg.

dienstfreien Tagen rund um die Uhr sowie an den übrigen Tagen von 16.30 Uhr (Freitag ab 14.00 Uhr) bis 7.30 Uhr morgens zur Verfügung steht; Baden-Württemberg ermöglichte damit über das Postulat des BVerfG hinaus eine richterliche „24-Stunden"-Bereitschaft, welche in der Theorie – die konkrete Ausgestaltung des richterlichen Bereitschaftsdienstes obliegt gem. § 21e GVG den Präsidien der Gerichte – sicherstellte, dass flächendeckend immer ein Richter zu erreichen war.[281] Die Ausgestaltung des Bereitschaftsdienstes durch die Gerichtspräsidien erfolgte aber sehr unterschiedlich, im Bezirk des Oberlandesgerichts Karlsruhe nur rudimentär, im Bezirk des Oberlandesgerichts Stuttgart zunächst flächendeckend; auch in letztgenanntem Bezirk wurde aber unter – nicht durchgängig nachvollziehbarer – Berufung auf ein weiteres Urteil des Bundesverfassungsgerichts[282] der nächtliche Bereitschaftsdienst zum 1. Januar 2019 vollständig abgeschafft. Dies dürfte unter verfassungsrechtlichen Gesichtspunkten vorsichtig gesagt zweifelhaft sein:[283] Konkret im Bezirk des Amtsgerichts Stuttgart kann eigentlich nur schwerlich angenommen werden, dort liege ein Ausnahmefall geringen nächtlichen Bedarfs für dem Richtervorbehalt unterfallende Maßnahmen vor.

Im Übrigen bestehen keine Zweifel hinsichtlich der Einhaltung der Zuständigkeits-, Verfahrens- und Formvorschriften, insbesondere wurde O über den Grund der Durchsuchung und die gegen sie zulässigen Rechtsbehelfe unverzüglich informiert (§ 36 Abs. 8 PolG).

b) Tatbestandsvoraussetzungen
Vorliegend bestanden angesichts der Aussagen des als glaubwürdig eingeschätzten A Tatsachen, welche die Annahme rechtfertigten, dass sich Betäubungsmittel in nicht unerheblicher Menge im Zelt des O befänden. Rauschgift kann zum Schutz eines Einzelnen oder des Gemeinwesens zur Beseitigung einer bereits eingetretenen Störung der öffentlichen Sicherheit beschlagnahmt werden (§ 38 Abs. 1 Nr. 1 PolG – Verstoß gegen Strafgesetze, hier das BtMG). Darüber hinaus kommt die Beschlagnahme einer größeren Menge an Rauschgift auch zum Schutz eines Einzelnen oder des Gemeinwesens vor der Gefahr einer Straftat von erheblicher Bedeutung nach § 49 Abs. 3 Nr. 1 PolG bzw. § 49 Abs. 3 Nr. 2 b) PolG in Betracht (§ 38 Abs. 1 Nr. 3 PolG). Da also Tatsachen die Annahme rechtfertigten, dass sich im Zelt des O eine Sache befand, die sichergestellt oder beschlagnahmt

---
281 *Nachbaur* in: BeckOK Polizeirecht Baden-Württemberg, 32. Edition, Stand: 15.3.2024, § 36 Rn. 42.
282 BVerfG, Urt. v. 24.7.2018 – 2 BvR 309/15, 2 BvR 502/16 = NJW 2018, 2619 ff.
283 *Nachbaur* in: BeckOK Polizeirecht Baden-Württemberg, 32. Edition, Stand: 15.3.2024, § 36 Rn. 44 f.

werden durfte, war eine Durchsuchung dieses Zelts nach § 36 Abs. 2 Nr. 2 PolG tatbestandlich möglich.

Im Ergebnis nicht von Relevanz für die Beurteilung der Verfassungsmäßigkeit der Maßnahme ist der Umstand, dass letztlich bei der Durchsuchung keine Betäubungsmittel aufgefunden wurden. Für die Beurteilung der Rechtmäßigkeit einer Gefahrenprognose ist der Kenntnisstand der Polizei zum Zeitpunkt des Einschreitens („*ex ante*") maßgeblich.[284] Aufgrund der Angaben des als glaubwürdig eingeschätzten A – ergänzt durch die POLAS-Erkenntnisse – konnten PHM Schneider und POMin Schulze bei verständiger Lagebeurteilung *ex ante* davon ausgehen, dass die Voraussetzungen einer Durchsuchung des Zelts des O gegeben waren. Die Maßnahme wird nicht dadurch nachträglich („*ex post*") rechtswidrig, dass die Lageentwicklung anders als erwartet verlief.[285]

> Es geht hier also um die Ihnen sicherlich bekannte Abgrenzung von Anscheinsgefahr und Scheingefahr.

c) Rechtsfolge, insbesondere Verhältnismäßigkeitsprüfung

aa) Geeignetheit

Die Durchsuchung des Zeltes war auch eine geeignete Maßnahme, um die dort vermuteten Drogen zu finden und so die Volksgesundheit zu schützen. Dass letztlich kein Rauschgift gefunden wurde, ändert nichts an der Rechtmäßigkeit der Maßnahme (s. o.).

bb) Erforderlichkeit

Ein milderes Mittel ist nicht ersichtlich. Insbesondere wäre die – sehr theoretisch anmutende – Alternative, durch Verbleiben vor Ort und Durchführung von Abnehmerkontrollen mit dem Ziel der Beschlagnahme der Betäubungsmittel kein gleich geeignetes milderes Mittel gewesen; dies schon deswegen nicht, weil hierdurch nicht die Beschlagnahme sämtlichen gebunkerten Rauschgifts sichergestellt wäre und O zudem ausweislich des Sachverhalts wohl auf die Beamten aufmerksam geworden war. Im Übrigen wären diese Maßnahmen gegenüber den Abnehmern des O ja jeweils auch eigenständige Grundrechtseingriffe gewesen.

cc) Angemessenheit

Die Maßnahme war auch angemessen. Im Zelt des O wurde – ausgehend von den Angaben des A – eine größere Menge an Rauschgift vermutet, sodass bei einer Abwägung des durch die polizeiliche Maßnahme betroffenen Rechtsguts (Art. 13 Abs. 1 GG) mit dem durch die Maßnahme zu schützenden Rechtsgut (Volksgesundheit[286]) dem letzteren der Vorrang ge-

---

284 *Trurnit*, Eingriffsrecht, 5. Aufl. 2024, Rn. 37.
285 *Trurnit*, Eingriffsrecht, 5. Aufl. 2024, Rn. 37.
286 Vgl. dazu statt vieler etwa BGH, Urt. v. 30.1.2019 – 2 StR 325/17 = NStZ 2020, 29 ff.

geben werden konnte. Auch der Zeitpunkt der Durchsuchung (kurz nach 22.00 Uhr) stand einer Verfassungsmäßigkeit der Durchsuchung nicht entgegen: Nach der Legaldefinition des § 36 Abs. 4 PolG handelte es sich insoweit um Nachtzeit. Ausdrückliche Einschränkungen für Maßnahmen zur Nachtzeit finden sich in § 36 PolG zwar nur in Absatz 1 (Betreten von Wohnungen) und Absatz 3 (Durchsuchung von Gebäuden/Gebäudegruppen). Für Durchsuchungen nach § 36 Abs. 2 PolG gibt es also – anders als bei Durchsuchungen nach der StPO, vgl. § 104 StPO – keine geschriebene Nachtzeitenregelung. Zutreffenderweise ist die Nachtzeit aber auch bei Durchsuchungen nach § 36 Abs. 2 PolG angesichts des verfassungsrechtlich gebotenen Verhältnismäßigkeitsgrundsatzes in Bedacht zu nehmen,[287] zumal es widersprüchlich erschiene, an die Durchsuchung einer Wohnung als den im Vergleich zum Betreten intensiveren Eingriff geringere Anforderungen zu stellen als an das Betreten.[288]

> Insofern bietet es sich an, diesen Aspekt im Rahmen der Verhältnismäßigkeitsprüfung zu erörtern.

Auch mit Blick darauf bestehen im Ergebnis keine Bedenken hinsichtlich der Angemessenheit der Maßnahme, da es zum einen um eine nicht nur unerhebliche Störung der öffentlichen Sicherheit und Gefährdung der Volksgesundheit ging und ferner auch Eilbedürftigkeit anzunehmen war, weil die Gefahr des zwischenzeitlichen Abverkaufs oder des Beiseitebringens der vermuteten Betäubungsmittel bestand.

Ergebnis: Es ist O zu antworten, dass die Durchsuchungsmaßnahme verfassungsrechtlich nicht zu beanstanden ist.

---

287 Vgl. *Nachbaur* in: BeckOK Polizeirecht Baden-Württemberg, 32. Edition, Stand: 15.3.2024, § 36 Rn. 61; *Trurnit*, Eingriffsrecht, 5. Aufl. 2024, Rn. 420.
288 Vgl. *Nachbaur* in: BeckOK Polizeirecht Baden-Württemberg, 32. Edition, Stand: 15.3.2024, § 36 Rn. 61.

Fall 11 „Warum die und nicht ich?"
Übungsfall zu Art. 3 GG

136 Angenommen, die beiden engen Freudinnen A und B wollen nach ihrer Schulausbildung jeweils Polizistinnen in Baden-Württemberg werden. A startet dafür eine Ausbildung als Anwärterin im mittleren Dienst der Polizei-Baden-Württemberg, B beginnt mit einem Vorbereitungsdienst in Form eines Studiums für den gehobenen Polizeivollzugsdienst in Baden-Württemberg. Beide merken nach einigen Monaten, dass ihnen die vielen Rechtsfächer, die sie jeweils haben, zutiefst missfallen. Gemeinsam erwägen sie daher im Sommer 2025, jeweils ihre Entlassung aus dem Widerrufsbeamtenverhältnis in schriftlicher Form zu verlangen, um gemeinsam doch lieber „irgendwas mit Medien" anzufangen.

B kommen jedoch bald Zweifel an der Idee, da sie fürchtet, in diesem Fall einen erheblichen Teil ihrer bislang erhaltenen Anwärterbezüge an das Land Baden-Württemberg zurückzahlen zu müssen. A sieht sich dieser Gefahr einer Rückzahlung zutreffend nicht ausgesetzt, da ihre im Vergleich etwas niedrigeren Anwärterbezüge nicht unter einer Auflage i. S. v. § 79 Abs. 4 Landesbesoldungsgesetz Baden-Württemberg i. V. m. § 2 Abs. 1 der baden-württembergische Anwärterauflagenverordnung gewährt wurden. Je länger sich A und B über die Sache unterhalten, desto mehr finden sie es höchst ungerecht, dass die Anwärterbezüge von A – ganz im Gegensatz zu B – ohne Auflage und damit ohne „Rückzahlungsrisiko" gewährt werden. B will diese himmelschreiende Ungerechtigkeit rechtlich überprüfen lassen. Sie wendet sich daher an Sie mit der Bitte, gutachterlich zu prüfen, ob es nicht gegen Art. 3 GG verstößt, dass ihre Anwärterbezüge mit einer entsprechenden Auflage beschwert werden, die der A dagegen nicht.

Aufgabe:
Prüfen Sie in einem Gutachten, das auf alle im Sachverhalt angelegten rechtlichen Belange eingeht, was der B zu antworten wäre.

Bearbeitungshinweise:
1. Auf Art. 12 GG sowie Art. 33 Abs. 5 GG ist nicht einzugehen.

Fall 11: „Warum die und nicht ich?" **136**

2. Sie können davon ausgehen, dass der Gesetzgeber mit § 2 der Anwärterauflagenverordnung den Zweck verfolgt, dass Anwärter, die zunächst im Rahmen ihres Vorbereitungsdienstes (z. B.) an einer Fachhochschule studieren und nach Abschluss dieses Studiums und/oder ihres Vorbereitungsdienstes nicht mehr bereit sind, als Beamte im Dienst eines öffentlich-rechtlichen Dienstherrn zu verbleiben, keine finanziellen Vorteile gegenüber anderen Studierenden (z. B. insbesondere an Universitäten) erlangen sollen. Im Gegensatz zu Auszubildenden, denen im Rahmen ihrer Ausbildung auch außerhalb eines Beamtenverhältnisses eine angemessene Vergütung zu zahlen ist (§ 17 Abs. 1 Satz 1 Berufsbildungsgesetz), erhalten Studierende in Deutschland außerhalb eines Beamtenverhältnisses regelmäßig keine Vergütung für ihr Studium.
3. Vorschriftenauszüge:

§ 79 Abs. 4 Landesbesoldungsgesetz (LBesGBW)
(4) Für Anwärter, die im Rahmen ihres Vorbereitungsdienstes ein Studium ableisten, wird die Gewährung der Anwärterbezüge von der Erfüllung von Auflagen, insbesondere der Ableistung einer sich anschließenden Dienstzeit bei ihrem Dienstherrn, abhängig gemacht. Das Finanzministerium wird ermächtigt, das Nähere zu Art, Umfang und Inhalt der Auflagen sowie zu den Rechtsfolgen bei Nichterfüllung der Auflagen durch Rechtsverordnung zu regeln. Bei einer hiernach vorgesehenen Rückforderung von Anwärterbezügen sind mindestens 400 Euro monatlich zu belassen. Auf die Rückforderung kann ganz oder teilweise verzichtet werden, wenn sie eine unzumutbare Härte bedeuten würde.

§ 2 Anwärterauflagenverordnung (AnwAuflVO)
(1) Anwärtern, die im Rahmen ihres Vorbereitungsdienstes ein Studium ableisten, werden die Anwärterbezüge mit den Auflagen gewährt, dass sie
1. nicht vor Ablauf der in den Ausbildungs- und Prüfungsvorschriften festgelegten oder im Einzelfall festgesetzten Ausbildungszeit aus einem von ihnen zu vertretenden Grund aus dem Vorbereitungsdienst ausscheiden,
2. sich im Anschluss an den Vorbereitungsdienst rechtzeitig, ernsthaft und in einem zumutbaren Umfang im öffentlichen Dienst um ein Beamtenverhältnis auf Probe bewerben oder ein ihnen dort angebotenes Amt annehmen und
3. im Anschluss an den Vorbereitungsdienst nicht vor Ablauf einer Mindestdienstzeit von fünf Jahren aus einem von ihnen zu vertretenden Grund aus dem öffentlichen Dienst ausscheiden.

(2) Die Nichterfüllung einer Auflage nach Absatz 1 hat grundsätzlich die Rückforderung der gezahlten Anwärterbezüge nach Maßgabe der nachstehenden Vorschriften zur Folge. Auf die Rückforderung kann ganz oder teilweise verzichtet werden, wenn sie eine unzumutbare Härte bedeuten würde.

(3) Öffentlicher Dienst im Sinne dieser Verordnung ist die Tätigkeit bei einem in § 1 Absatz 1 LBesGBW genannten Dienstherrn, für den das LBesGBW gilt. Die Tätigkeit bei einem anderen Dienstherrn steht dem gleich, wenn die Aufnahme dieser Tätigkeit im Einverständnis mit dem abgebenden oder früheren Dienstherrn erfolgt.

Zugelassene Hilfsmittel:
Grundgesetz

Lösungsvorschlag:

Vorbemerkung: Alle Grundrechte, die zuvor behandelt wurden, waren sog. Freiheitsrechte.
Die in Art. 3 GG vorgesehenen Grundrechte (das sind die beiden speziellen und daher grundsätzlich vorrangig zu prüfenden Gleichheitsrechte in Art. 3 Abs. 3 GG und Art. 3 Abs. 2 GG sowie das allgemeine, nachrangig zu prüfende Gleichheitsrecht in Art. 3 Abs. 1 GG) gehören dagegen zur Kategorie der sog. Gleichheitsrechte.
Zu Letzteren gehören auch etwa die speziellen Gleichheitsrechte in Art. 6 Abs. 1 GG, Art. 6 Abs. 5 GG, Art. 33 Abs. 1 bis 3 GG und Art. 38 Abs. 1 Satz 1 GG, die jedoch mangels besonderer Polizeirelevanz kaum Gegenstand von Klausuren im Staats- und Verfassungsrecht an Polizeihochschulen werden dürften (Art. 33 Abs. 2 GG spielt aber etwa im Beamtenrecht eine wichtige Rolle).
Aus Art. 1 Abs. 3 GG ergibt sich, dass auch die Gleichheitsrechte – so wie Freiheitsrechte – die Legislative (hier wird von einer sog. Rechtssetzungsgleichheit gesprochen), die Exekutive (sog. Rechtsanwendungsgleichheit) und die Judikative binden.
Gleichheitsrechte werden allerdings anders geprüft als Freiheitsrechte. Das bisher den Falllösungen zugrunde gelegte verfassungsrechtliche Aufbauschema passt für Gleichheitsrechte nicht.

Gleichheitsrechte werden grundsätzlich in folgendem Zweischritt geprüft:

1. Prüfungsschritt: Liegt eine verfassungsrechtlich relevante Ungleichbehandlung vor?

- Rechtlich relevant ist eine Ungleichbehandlung nur, wenn sie durch denselben Grundrechtsverpflichteten/Hoheitsträger (z.B., Bund, Bundesland, Landkreis, Gemeinde etc.) erfolgt; denn es ist gerade Sinn der föderalen Struktur der Bundesrepublik Deutschland, dass unterschiedliche Hoheitsträger (z.B. Bund einerseits, Länder andererseits) mit unterschiedlichen Gesetzgebungszuständigkeiten auch unterschiedliche Regeln treffen dürfen.
Beispiel:
Das Land Mecklenburg-Vorpommern gestattet seinen Polizeibeamtinnen und Polizeibeamten unter gewissen Voraussetzungen sichtbare Tätowierungen. Der Freistaat Bayern untersagt dies. Ein bayerischer Polizeibeamter/eine bayerische Polizeibeamtin könnte keine relevante Ungleichbehandlung geltend machen, da hier unterschiedliche Hoheitsträger agieren.

- Eine Ungleichbehandlung liegt nach dem BVerfG vor, wenn wesentlich Gleiches ungleich behandelt wird. Nun stellt sich natürlich häufig die Folgefrage: Was heißt „wesentlich Gleiches"? Dafür ist vor allem die Bildung von Vergleichsgruppen maßgeblich: Wesentlich Gleiches liegt regelmäßig vor, wenn ein sinnvoller „gemeinsamer Oberbegriff" gebildet werden kann.

Beispiele:
a) X zahlt für seinen Hund eine jährliche Hundesteuer, Y für seine Katze dagegen nicht. Insoweit liegt eine Ungleichbehandlung vor, denn X und Y sind jeweils Tierhalter (= sinnvoller gemeinsamer Oberbegriff) und werden als solche staatlich ungleich behandelt.
b) Y zahlt für seine Katze keine Steuer, Z muss für sein Grundstück dagegen eine jährliche Grundsteuer bezahlen. Insoweit liegt keine Ungleichbehandlung vor, da kein sinnvoller gemeinsamer Oberbegriff bei Y und Z möglich erscheint (das Menschsein an sich reicht dafür nicht).

2. Prüfungsschritt: Falls eine verfassungsrechtlich relevante Ungleichbehandlung vorliegt: Ist die Ungleichbehandlung verfassungsrechtlich gerechtfertigt?
Die Anforderungen, die an die Rechtfertigung zu stellen sind, variieren:
- Bei schwerwiegenden, v. a. personenbezogenen Ungleichbehandlungen (z. B. nach Alter, Familienstand etc.) muss die Ungleichbehandlung einer Verhältnismäßigkeitsprüfung standhalten (sog. „Neue Formel").
- Bei weniger gewichtigen, v. a. sachbezogenen Ungleichbehandlungen genügt es für die Rechtfertigung der Ungleichbehandlung bereits, wenn es irgendeinen sachlichen Grund für die Ungleichbehandlung gibt (sog. „Willkürformel", die eine bloße Willkürprüfung darstellt, also nur willkürliche Ungleichbehandlungen verfassungsrechtlich verbietet und damit weniger streng als eine Verhältnismäßigkeitsprüfung ist).

Beispiel:[289] 2021 wurde § 362 Nr. 5 StPO geschaffen (bitte lesen). Soweit dort einige schwere Straftaten aufgenommen wurden, nicht aber die Wiederaufnahme bei anderen schweren Straftaten, wie etwa §§ 178, 212 Abs. 2, 251, 306c StGB, vorgesehen ist, ist diese Ungleichbehandlung nicht personenbezogen, sondern rein sachbezogen. Die Differenzierung darf daher nur nicht willkürlich sein. Das ist sie nicht, da es einen sachlichen Grund zwischen den in § 362 Nr. 5 StPO aufgenommen und den nicht aufgenommenen Straftaten gibt: Die in § 362 Nr. 5 StPO aufgelisteten zeichnen sich dadurch aus, dass sie unverjährbar sind.[290]

---

289 Nach BVerfG NJW 2023, 3698; vorausgehend OLG Celle, DVBl. 2022, 743 ff.
290 OLG Celle, DVBl. 2022, 743, 751 f.

I. Vorliegen einer verfassungsrechtlich relevanten Ungleichbehandlung

Der Umstand, dass die Anwärterbezüge der B mit einer Auflage beschwert sind, die der A dagegen nicht, könnte gegen den allgemeinen Gleichheitssatz aus Art. 3 Abs. 1 GG verstoßen.

> Es gibt vorliegend keine Hinweise darauf, dass Freiheitsrechte oder spezielle Gleichheitsrechte, wie etwa Art. 3 Abs. 2 GG und Art. 3 Abs. 3 GG, durch die Auflage verletzt sein könnten. Schon deshalb ist auf diese Grundrechte im zu bearbeitenden Fall nicht näher einzugehen. Das Diskriminierungsverbot des Art. 3 Abs. 3 GG ist dagegen etwa in Klausuren zum sog. Racial Profiling durch die Polizei zentral.[291]

Vorschriften sowie staatliche Handlungen verstoßen jedenfalls dann gegen den Gleichheitssatz aus Art. 3 Abs. 1 GG, wenn sie wesentlich Gleiches willkürlich ungleich oder wesentlich Ungleiches willkürlich gleichbehandeln.[292]

Daher ist zunächst zu prüfen, ob vorliegend wesentlich Gleiches ungleich behandelt wird. Das hängt davon ab, ob ein sinnvoller gemeinsamer Oberbegriff zwischen den Vergleichsgruppen – konkret vorliegend zwischen A und B – gebildet werden kann. Das ist hier der Fall: A und B sind beide als Widerrufsbeamtinnen Anwärterinnen für den Polizeivollzugsdienst Baden-Württemberg; als solche sind sie – trotz gewisser Unterschiede, etwa in der Dauer ihrer Ausbildung sowie in der Höhe der Anwärterbezüge – im Wesentlichen vergleichbar.[293] Sie werden ungleich behandelt, da die Anwärterbezüge der A nicht unter einer Auflage gewährt werden, die der B, die „im Rahmen ihres Vorbereitungsdienstes ein Studium" ableistet i. S. d. § 2 Abs. 1 der Anwärterauflagenverordnung, dagegen schon.

> § 2 Abs. 1 der baden-württembergischen Anwärterauflagenverordnung ist kein gesetzlicher Sonderfall, den es so in anderen Bundesländern nicht gibt. Vielmehr halten die Gesetze anderer Bundesländer sowie vor allem der Bund mit § 59 Abs. 5 Bundesbesoldungsgesetz ähnliche Vorschriften bereit, sodass sich die Problematik der Vereinbarkeit dieser Regelungen mit Art. 3 Abs. 1 GG dort ebenso stellt.

---

291 Siehe dazu im Rahmen einer Fallbearbeitung *Baade*, JuS 2024, 158 ff.; aus der Rspr. zum Thema etwa OVG NRW, NVwZ 2018, 1457 ff. = JuS 2019, 95 f.; OVG Rheinland-Pfalz, NJW 2016, 2820 ff. mit Anmerkung *Liebscher* NJW 2016, 2779 ff.; OVG Hamburg, NVwZ 2022, 1219 ff.; aus der Lit. statt vieler *Lorenz*, DÖV 2024, 219 ff.; *Märtens*, JA 2024, 793 ff.
292 Vgl. *Möllers*, Das Grundgesetz, 2. Aufl. 2019, S. 47.
293 *Eberhardt*, DÖD 2019, 62, 63; insoweit im Ergebnis zustimmend *Ziekow*, DÖD 2019, 262, 266.

II. Rechtfertigung der Ungleichbehandlung

Die Ungleichbehandlung zwischen A und B könnte jedoch auf der Grundlage von § 79 Abs. 4 LBesGBW i. V. m. § 2 der baden-württembergische Anwärterauflagenverordnung gerechtfertigt sein. Dabei ist zunächst der juristische Maßstab für die Rechtfertigung zu klären. Bei gewichtigen, v. a. personenbezogenen Ungleichbehandlungen bildet der Verhältnismäßigkeitsgrundsatz den Maßstab der Rechtfertigung (sog. „Neue Formel"); bei weniger gewichtigen, v. a. sachbezogenen Ungleichbehandlungen, darf die Ungleichbehandlung nur nicht willkürlich sein (sog. „Willkürformel"), sodass bereits jeder sachliche Grund zur Rechtfertigung für die Ungleichbehandlung genügt.

Nicht die Personen A und B als solche sind vorliegend Anlass und Bezugspunkt der Ungleichbehandlung, sondern der Umstand, dass B zum Erwerb der Laufbahnbefähigung für den gehobenen Polizeivollzugsdienst ein Studium absolviert, A hingegen eine Ausbildung zur Laufbahnbefähigung für den mittleren Polizeivollzugsdienst. Diese Ungleichbehandlung ist mithin sachbezogen, sodass nach der „Willkürformel" bereits jeder sachliche Grund ausreicht, um die Ungleichbehandlung zu rechtfertigen.[294]

Vorliegend bestehen solche sachlichen Gründe dergestalt, dass das Studium im Polizeivollzugsdienst länger dauert als die Ausbildung der Anwärterinnen und Anwärter für den mittleren Polizeivollzugsdienst und die Studierenden auch etwas höhere Anwärterbezüge erhalten, sodass das Studium für den Dienstherrn insgesamt finanziell belastender ist.[295] Zudem ergibt sich ein weiterer sachlicher Grund für die Ungleichbehandlung aus dem zweiten Bearbeitungshinweis, wonach Ausbildungen grundsätzlich in Deutschland vergütet werden, Studiengänge außerhalb von Beamtenverhältnissen dagegen regelmäßig nicht.

Es erscheint daher sachlich gerechtfertigt, wenn das Land, welches im Rahmen des Studiums erhebliche Kosten für die Studierenden aufzuwenden hat – höhere als für die Anwärterinnen und Anwärter für den mittleren Polizeivollzugsdienst – eine anteilige Rückforderung (nicht gänzliche, vgl. § 79 Abs. 4 Satz 3 LBesGBW, § 6 der Anwärterauflagenverordnung) mit Blick auf die auflagenbelastete Gewährung der Anwärterbezüge verlangen kann, wenn die Mindestverpflichtungszeit (aus zu vertretendem Grund) nicht geleistet wird. Die Ungleichbehandlung ist daher gerechtfertigt.

---

[294] Ebenfalls deutlich zur „Willkürformel" neigend, den Maßstab der Rechtfertigung aber letztlich offenlassend *Ziekow*, DÖD 2019, 262, 267 f.

[295] Die Differenz ist freilich gering: Der Anwärtergrundbetrag als zentraler Teil der Anwärterbezüge liegt beim mittleren Dienst seit 1.2.2025 bei 1.442,89 Euro, der im für den gehobenen Polizeivollzugsdienst bei 1.498,78 Euro (vgl. Anlage 11 zu § 79 Landesbesoldungsgesetz Baden-Württemberg).

Dieses Ergebnis entspricht der ganz herrschenden Meinung.[296] Eine andere Auffassung (Ungleichbehandlung nicht gerechtfertigt) findet sich jedoch ebenfalls in der juristischen Literatur[297] und könnte mit entsprechender Argumentation auch in der Klausur vertreten werden.

Ergebnis: Es ist B zu antworten, dass Art. 3 Abs. 1 GG nicht verletzt ist.

---

[296] Vgl. BVerwG, Urt. v. 13.9.2001 – 2 A 9.00; OVG Niedersachsen, NVwZ-RR 2009, 1009; *Ziekow*, DÖD 2019, 262 ff.
[297] *Eberhardt*, DÖD 2019, 62 ff.

Dritter Teil Staatsorganisationsrecht in der „SVR-Klausur"

Die Relevanz von Fällen mit Grundrechtsbezug für die alltägliche polizeiliche Arbeit erscheint selbsterklärend. Etwas anders verhält es sich mit staatsorganisationsrechtlichen Fragestellungen: Hier erschließt sich die Erforderlichkeit solider Kenntnisse im Rahmen der polizeilichen Ausbildung/des polizeilichen Studiums nicht von allein. Bei Licht betrachtet ist freilich dieser Themenbereich durchaus von Bedeutung: Das Ihnen vermittelte Staatsorganisationsrecht befasst sich mit dem Grundgefüge der Bundesrepublik Deutschland, namentlich mit den einzelnen Staatsstrukturprinzipien, dem Verhältnis der Länder zum Bund, gerade auch mit Blick auf die Verteilung der Kompetenzen, dem Begriff der freiheitlich demokratischen Grundordnung (hierauf haben Sie übrigens Ihren Eid abgelegt), der Stellung Deutschlands in der Europäischen Union und der Bedeutung der Europäischen Menschenrechtskonvention.

137

Sie dienen als Polizistinnen und Polizisten nicht irgendeinem Herrschaftsgefüge, irgendeiner „Macht". Ihr „Auftraggeber" ist letztlich der Souverän, also das Volk (Art. 20 Abs. 2 Satz 1 GG). Bei aller Kritikwürdigkeit auf einzelnen Themengebieten: Die Bundesrepublik ist das demokratischste und freiheitlich-rechtsstaatlichste Gemeinwesen, welches es jemals auf deutschem Boden gab. Vor dem Horizont der schrecklichen Erfahrungen aus der barbarischen NS-Diktatur haben die Väter und Mütter des Grundgesetzes ein Verfassungsgefüge geschaffen, welches auch nach über 75 Jahren Anlass zu Freude und Dankbarkeit gibt. Diesem Staat – und vor allem seinen Menschen – zu dienen, ist Verpflichtung und Ehre Ihres Berufs. Schon allein dieser Umstand ist Grund genug, dass von Ihnen verlangt werden kann, zumindest die Grundlagen des Aufbaus der Bundesrepublik Deutschland zu verinnerlichen.

138

In der „SVR-Klausur" kommen staatsorganisationsrechtliche Aspekte – anders als die Grundrechte – üblicherweise nicht im Rahmen eines „staatsorganisationsrechtlichen Falls" daher, den Sie durchzuprüfen haben. Vielmehr begegnet Ihnen das Staatsorganisationsrecht zum einen regelmäßig im Rahmen des Grundrechtefalls, dort nämlich unter Prüfungspunkt

139

II. 2. b) (Gesetzgebungskompetenz). Dort ist zu erörtern, ob diejenige Körperschaft, welche die zuvor gefundene Rechtsgrundlage erlassen hat, hierfür nach der grundgesetzlichen Aufgabenverteilung zuständig war. Zum anderen eignet sich das Staatsorganisationsrecht hervorragend für Zusatzfragen. Die Bedeutung solcher Zusatzfragen sollten Sie – auch und gerade prüfungstaktisch – nicht unterschätzen. Allein mit der richtigen Beantwortung von Zusatzfragen als Ergänzung zum eigentlichen Klausurfall mag es zwar nicht unbedingt zum Bestehen der „SVR-Klausur" reichen. Hingegen haben Sie bei zutreffender Beantwortung dieser Ergänzungsfragen – oftmals recht einfach – die Möglichkeit, mit den dort vergebenen Punkten aus einer hinreichend bewerteten eine gute oder gar sehr gut benotete Klausur zu schaffen.

140 Im Folgenden sind daher aus dem breiten staatsorganisationsrechtlichen Spektrum einige Zusatzfragen dargestellt, die Ihnen so oder in ähnlicher Form in der Klausur begegnen könnten. Da im Rahmen der Lehrveranstaltung Staats- und Verfassungsrecht üblicherweise auch Aspekte des Europarechts sowie der Europäischen Menschenrechtskonvention in das Curriculum einfließen, sind der Vollständigkeit halber auch Fragen zu diesem Themengebiet aufgenommen worden. Ziel der durchweg knappen Erörterungen soll dabei auch sein, Ihre Neugier zu wecken, sich mit dieser – aus unserer Sicht hochinteressanten – Materie des Rechts intensiver zu beschäftigen.

Frage 1

141 Wie stehen die Begriffe „Staatsrecht" und „Verfassungsrecht" inhaltlich zueinander?

Verfassungsrecht ist ein Teil des Staatsrechts („alles Verfassungsrecht ist Staatsrecht, aber nicht alles Staatsrecht ist Verfassungsrecht."[298]). Verfassungsrecht in der Bundesrepublik Deutschland sind die im Grundgesetz sowie in den Landesverfassungen niedergelegten Bestimmungen. Staatsrecht im Übrigen ist z. B. das Parteiengesetz, das Bundeswahlgesetz, das Wahlprüfungsgesetz und das Abgeordnetengesetz (also die Gesetze, welche die grundlegenden Entscheidungen des Grundgesetzes ausfüllen).[299]

---

298 So *Ipsen*, Staatsorganisationsrecht, 35. Aufl. 2023, Rn. 22 m. w. N.
299 Vgl. *Ipsen*, Staatsorganisationsrecht, 35. Aufl. 2023, Rn. 22; anders aber etwa *Thiele* in: Heun/Thiele, Die Verfassungsordnung der Bundesrepublik Deutschland, 2. Aufl. 2024, S. 3 f.

Frage 2

Aus welchen drei Elementen setzt sich nach der klassischen Staatsrechtslehre ein Staat zusammen?

- Staatsgebiet, Staatsvolk, Staatsgewalt[300]

Diese sog. „Drei-Elemente-Lehre" wurde von dem österreichischen Staatsrechtslehrer *Georg Jellinek* (1851–1911) entwickelt.

Frage 3

Welche Staatsstrukturprinzipien führt das Grundgesetz für die Bundesrepublik Deutschland auf?

- Demokratieprinzip (Art. 20 Abs. 1 und Abs. 2 GG), Rechtsstaatsprinzip (Art. 20 Abs. 3 GG), Bundesstaatsprinzip (Art. 20 Abs. 1 GG), Republikprinzip (Art. 20 Abs. 1 GG), Sozialstaatsprinzip (Art. 20 Abs. 1 GG)

Bei dem in Art. 20 Abs. 1 Satz 1 GG verorteten („sozialer") Sozialstaatsprinzip ist in der Rechtswissenschaft umstritten, ob es sich tatsächlich um ein Staatsstrukturprinzip, oder „lediglich" um eine Staatszielbestimmung handelt.[301] In der Klausur ist es allerdings absolut vertretbar, dieses Prinzip zu den Staatsstrukturbestimmungen des Grundgesetzes zu zählen.[302] Tiefgehende Erörterungen zur Abgrenzung werden von Ihnen regelmäßig nicht verlangt.

Frage 4

Was besagt das in Art. 20 Abs. 1 GG verortete Staatsstrukturprinzip „Republik"?

- Das Staatsstrukturprinzip „Republik" befasst sich mit dem Staatsoberhaupt der Bundesrepublik Deutschland. Es besagt, dass das Staatsoberhaupt nicht auf dynastischer Grundlage („Erbmonarchie") und nicht auf Lebenszeit („Wahlmonarchie") bestimmt werden darf.[303]

Ausgeschlossen durch das Republikprinzip wäre damit für die Bundesrepublik Deutschland auch eine parlamentarische Monarchie (wie z. B. in „UK"), obwohl es sich ja bei Großbritannien im Übrigen durchaus um eine Demokratie handelt.[304] Insofern sind diese beiden Strukturprinzipien

---

300 *Dederer* in: Dürig/Herzog/Scholz, Grundgesetz-Kommentar, 58. Edition, Stand: 15.6.2024, Art. 91 Rn. 56 ff.
301 So z. B. *Rux* in: BeckOK Grundgesetz, 58. Edition, Stand: 15.6.2024, Art. 20 Rn. 209.
302 Vgl. etwa *Voßkuhle/Wischmeyer*, Grundwissen – Öffentliches Recht: Das Sozialstaatsprinzip, JuS 2015, 693.
303 *Grzeszick* in: Dürig/Herzog/Scholz, Grundgesetz-Kommentar, 103. EL Januar 2024, Art 20 (Republik) Rn. 2.
304 Siehe hierzu etwa *Sachs/von Coelln* in: Sachs, Grundgesetz, 10. Aufl. 2024, Art. 20 Rn. 9 f.

auseinanderzuhalten. Begrifflich entstammt der Terminus dem lateinischen „res publica", was zunächst nichts anderes als „öffentliche Sache"/„öffentliche Angelegenheit" bedeutet. Jenseits des zentralen Aussagegehaltes der Absage an einen Monarchen als Staatsoberhaupt werden dem Republikprinzip teilweise auch weitere Bedeutungsgehalte zugemessen,[305] was aber zumindest nicht zwingend erforderlich erscheint, zumal diese Gehalte regelmäßig bereits in anderen Prinzipien des Grundgesetzes verankert sind.[306]

Frage 5

145 Das Rechtsstaatsprinzip gliedert sich als Staatsstrukturprinzip in verschiedene Elemente. Benennen Sie vier dieser Elemente.

> Rechtsbindung (Grundsätze des Vorrangs und des Vorbehalts des Gesetzes),[307] Rechtssicherheit (Bestimmtheitsgebot und Rückwirkungsverbot),[308] Verhältnismäßigkeitsprinzip,[309] Recht auf effektiven Rechtsschutz (vgl. dazu auch Art. 19 Abs. 4 GG)[310]

Teilweise werden in der Rechtswissenschaft auch weitere Verfassungsgebote als Elemente des Rechtsstaatsprinzips eingestuft.[311] Jedenfalls die vorgenannten Ausprägungen sollten Ihnen indes bekannt sein.

Frage 6

146 Grenzen Sie folgende Begriffe kurz voneinander ab und benennen Sie jeweils ein Beispiel: Bundesstaat, Zentralstaat, Staatenbund, Staatenverbund.

> Ein Bundesstaat ist ein Staatsgebilde, in welchem sowohl der Zentralstaat („Bund") als auch die Gliedstaaten („Länder") echte originäre Staatsgewalt besitzen; Beispiel: Bundesrepublik Deutschland.
> In einem Zentralstaat geht alle Staatsgewalt von einer „Zentrale" aus, eigenständige Gliedstaaten gibt es nicht, allenfalls unselbstständige „Regionen" o. ä.; Beispiel: Frankreich.
> Bei einem Staatenbund schließen sich mehrere Staaten zu einem „völkerrechtlichen Bündnis" zusammen, die Entscheidungsbefugnis verbleibt aber bei den Einzelstaaten; Beispiel: Afrikanische Union.
> Ein Staatenverbund ist ein System, in welchem die Staaten enger zusammenarbeiten als in einem Staatenbund, jedoch im Gegensatz zu einem

---

305 *Rux* in: BeckOK Grundgesetz, 58. Edition, Stand: 15.6.2024, Art. 20 Rn. 203.
306 *Sachs/von Coelln* in: Sachs, Grundgesetz, 10. Aufl. 2024, Art. 20 Rn. 10.
307 *Rux* in: BeckOK Grundgesetz, 58. Edition, Stand: 15.6.2024, Art. 20 Rn. 164 ff.
308 *Rux* in: BeckOK Grundgesetz, 58. Edition, Stand: 15.6.2024, Art. 20 Rn. 181 ff.
309 *Rux* in: BeckOK Grundgesetz, 58. Edition, Stand: 15.6.2024, Art. 20 Rn. 189 ff.
310 *Rux* in: BeckOK Grundgesetz, 58. Edition, Stand: 15.6.2024, Art. 20 Rn. 198 f.
311 *Sachs/von Coelln* in: Sachs, Grundgesetz, 10. Aufl. 2024, Art. 20 Rn. 77 f.

Bundesstaat die sog. „Kompetenz-Kompetenz"[312] vollumfänglich behalten; (bislang einziges) Beispiel: Europäische Union.

„Staatenverbund" ist letztlich ein „Kunstwort", welches darstellen soll, dass die EU ein in höherem Maße integriertes Gebilde als ein Staatenbund, allerdings ein in geringerem Maße integriertes Gebilde als ein Bundesstaat, ist. Der Begriff „Staatenverbund" geht auf den Staatsrechtslehrer und ehemaligen Bundesverfassungsrichter *Paul Kirchhof* zurück.[313] „Kompetenz-Kompetenz" meint die eigene rechtliche Befugnis der EU, über die vertraglichen Kompetenzen ihres Integrationsverbands zu entscheiden.[314] Diese hat die EU bislang aber gerade nicht, sie kann sich also nicht – wie ein souveräner Staat – selbst Kompetenzen zuerkennen. Die Supranationalisierung der EU ist bislang nicht so weit gegangen, dass die Souveränität (Letztentscheidungsmacht) der Mitgliedstaaten verloren gegangen wäre. Dies würde unsere Verfassung auch nicht gestatten (Art. 23 Abs. 1 Satz 3 GG i. V. m. Art. 79 Abs. 3 GG). Der Verband Union bleibt damit ein von den Mitgliedstaaten getragener Verband.[315] Dessen Kompetenzbereich hängt davon ab, ob und inwieweit die Mitgliedstaaten politische Aufgabenbereiche auf die EU übertragen oder nicht (vgl. dazu Art. 23 Abs. 1 Satz 2 und Satz 3 GG).

Frage 7

Benennen Sie die fünf obersten ständigen Verfassungsorgane der Bundesrepublik Deutschland. Es gibt noch zwei weitere Verfassungsorgane, die aber als „nicht ständig" bezeichnet werden. Welche sind das und wo steht dazu etwas im Grundgesetz?

Bundespräsident, Bundestag, Bundesrat, Bundesregierung, Bundesverfassungsgericht

Gemeinsamer Ausschuss (Art. 53a GG), Bundesversammlung (Art. 54 GG)

Frage 8

Was sind Staatszielbestimmungen? Grenzen Sie diese ab von Staatsstrukturbestimmungen und benennen Sie zwei Beispiele für Staatszielbestimmungen.

---

312 Kurz dazu schon jetzt (gleich nochmals im Text speziell zur EU): Als „Kompetenz-Kompetenz" wird in den Staatswissenschaften die Rechtsmacht verstanden, sich selbstständig – also ohne die Notwendigkeit, erst von anderer Seite hierfür ermächtigt zu werden – neue Entscheidungskompetenzen zu geben.
313 *Kirchhof*, Der deutsche Staat im Prozeß der europäischen Integration, HStR Bd. VII, 1992, § 183, Rn. 57–65.
314 *Nettesheim* in: Grabitz/Hilf/Nettesheim: Das Recht der Europäischen Union, 81. EL Januar 2024, Art. 1 AEUV Rn. 18.
315 *Nettesheim* in: Grabitz/Hilf/Nettesheim: Das Recht der Europäischen Union, 81. EL Januar 2024, Art. 1 AEUV Rn. 18.

Staatszielbestimmungen sind offen gefasste Verfassungsnormen, welche den Staat verpflichten, auf die Verwirklichung bestimmter Ziele hinzuwirken.[316] Im Gegensatz dazu bilden Staatsstrukturbestimmungen die verfassungsrechtlichen Grundentscheidungen des Staates, verleihen dem Staat sein maßgebliches Gepräge und formen das Fundament, auf welchem die Bundesrepublik Deutschland gegründet ist.[317] Die aus Staatszielbestimmungen resultierenden Verpflichtungen für den Staat stehen aber unter dem Vorbehalt des Möglichen und begründen in der Regel keine subjektiv einklagbaren Rechte.[318] Beispielhaft zu nennen wären der Schutz der natürlichen Lebensgrundlagen[319] und der Tiere (Art. 20a GG) sowie die Verwirklichung eines vereinten Europas (Art. 23 Abs. 1 GG).

Während das Grundgesetz eher zurückhaltend bei der Aufnahme von Staatszielbestimmungen ist, enthalten manche Landesverfassungen umfangreiche, geradezu lyrisch anmutende Postulate[320] (vgl. bspw. Art. 12 Abs. 1 Satz 1 der Landesverfassung von Mecklenburg-Vorpommern: „Land, Gemeinden und Kreise schützen und pflegen die Landschaft mit ihren Naturschönheiten, Wäldern, Fluren und Alleen, die Binnengewässer und die Küste mit den Haff- und Boddengewässern.").

Frage 9

149 In welchem Artikel des Grundgesetzes ist der Grundsatz der Aufgaben- und Kompetenzverteilung zwischen Bund und Ländern geregelt?

Art. 30 GG

Die Grundentscheidung des Art. 30 GG wird dann wie folgt für die drei Staatsgewalten konkretisiert: In den Art. 70 ff. GG für die Gesetzgebung, in den Art. 83 ff. GG für die Verwaltung und in den Art. 92 ff. für die Rechtsprechung.

Frage 10

150 Auf Grundlage welcher Kompetenzverteilungsregelungen kann der Bund Gesetzgebungsbefugnisse erhalten?

---

316 *Degenhart*, Staatsrecht I Staatsorganisationsrecht, 39. Aufl. 2023, Rn. 588.
317 *Schladebach*, Staatszielbestimmungen im Verfassungsrecht, JuS 2018, 118 ff.
318 *Degenhart*, Staatsrecht I Staatsorganisationsrecht, 39. Aufl. 2023, Rn. 588.
319 Insofern lesenswert BVerfG, Beschl. v. 24.3.2021 – 1 BvR 2656/18, 1 BvR 78/20, 1 BvR 96/20, 1 BvR 288/20 („*Klimaschutzgesetz*") = NJW 2021, 1723 ff.
320 Vgl. hierzu *Hahn*, Staatszielbestimmungen im integrierten Bundesstaat, 2010; *Hahn*, Verfassungsgehaltsgrenzen. Zur Dysfunktionalität eines narrativen gliedstaatlichen Konstitutionalismus, in: Kämmerer (Hrsg.), An den Grenzen des Staates.: Kolloquium zum 65. Geburtstag von Wolfgang Graf Vitzthum, 2008, S. 113 ff.

Der Bund hat Gesetzgebungsbefugnisse im Bereich der sog. ausschließlichen Gesetzgebungskompetenz des Bundes (Art. 71, 73 GG). Ferner hat er die Möglichkeit der Gesetzgebung auf den Gebieten der konkurrierenden Gesetzgebung (Art. 72, 74 GG). Im Bereich der konkurrierenden Gesetzgebung haben die Länder die Befugnis zur Gesetzgebung nur, solange und soweit der Bund von seiner Gesetzgebungszuständigkeit nicht durch Gesetz Gebrauch gemacht hat (Art. 72 Abs. 1 GG). Darüber hinaus bestehen noch ungeschriebene Gesetzgebungskompetenzen des Bundes (Kompetenz kraft Natur der Sache; Kompetenz kraft Sachzusammenhangs; Annexkompetenz). Die denklogische Zuständigkeit des Bundes für Änderungen des Grundgesetzes folgt aus Art. 79 GG. Die Abgrenzung innerhalb der ungeschriebenen Gesetzgebungskompetenzen des Bundes ist im Einzelfall nicht unumstritten.[321] Ausführungen zu derartigen Details werden von Ihnen in der Klausur jedoch nicht verlangt.

Frage 11

Angenommen, das Land Baden-Württemberg macht kompetenzordnungsgemäß von der Abweichungsgesetzgebungskompetenz nach Art. 72 Abs. 3 GG Gebrauch, nachdem der Bund zuvor ein entsprechendes Gesetz auf einem Themenfeld des Art. 72 Abs. 3 Satz 1 GG erlassen hatte. Gilt für das Verhältnis des Bundesgesetzes zu dem Landesgesetz dann die Kollisionsregel des Art. 31 GG? Begründen Sie Ihre Antwort kurz.

Nein, für das Verhältnis des Bundesgesetzes zu dem Landesgesetz gilt die Kollisionsregel des Art. 31 GG nicht. Vielmehr greift die hier speziellere[322] Regelung des Art. 72 Abs. 3 Satz 3 GG, wonach im Verhältnis von Bundes- zu Landesrecht das jeweils spätere (= jüngere) Recht vorgeht. Eine Anwendung des Art. 31 GG in solchen Fällen wäre sinnlos, da es dann im Ergebnis nie zu einer Sonderregelungsbefugnis für die Länder käme, welche die Abweichungsgesetzgebung des Art. 72 Abs. 3 GG ja gerade erlauben will.

Frage 12

Was meint der Begriff „freiheitlich demokratische Grundordnung"? Welche Bedeutung hat dieser Begriff für Sie?

Unter der freiheitlich demokratischen Grundordnung ist die „Kernsubstanz des geltenden Verfassungsrechts" zu verstehen, also die Grundprinzipien der Ordnungs- und Wertvorstellungen des Grundgesetzes. Der

---

321 Siehe hierzu etwa *Degenhart*, Staatsrecht I Staatsorganisationsrecht, 40. Aufl. 2024, Rn. 180 ff.
322 *Uhle* in: Dürig/Herzog/Scholz, Grundgesetz-Kommentar, 103. EL Januar 2024, Art. 72 Rn. 301.

Begriff findet sich in verschiedenen Artikeln des Grundgesetzes (Art. 10 Abs. 2 Satz 2, Art. 11 Abs. 2, Art. 18 Satz 1, Art. 21 Abs. 2 und Abs. 3 Satz 1, Art. 73 Abs. 1 Nr. 10 Buchst. b, Art. 87a Abs. 4 Satz 1 und Art. 91 Abs. 1 GG), ohne dass das Grundgesetz selbst seinen Bedeutungsgehalt erläutert. In seinem Urteil zum Verbotsverfahren der Sozialistischen Reichspartei aus dem Jahre 1952 hatte das Bundesverfassungsgericht festgelegt, zu den grundlegenden Prinzipien dieser Ordnung seien *„mindestens zu rechnen: die Achtung vor den im Grundgesetz konkretisierten Menschenrechten, vor allem vor dem Recht der Persönlichkeit auf Leben und freie Entfaltung, die Volkssouveränität, die Gewaltenteilung, die Verantwortlichkeit der Regierung, die Gesetzmäßigkeit der Verwaltung, die Unabhängigkeit der Gerichte, das Mehrparteienprinzip und die Chancengleichheit für alle politischen Parteien mit dem Recht auf verfassungsmäßige Bildung und Ausübung einer Opposition."*[323]

Im Urteil des Bundesverfassungsgerichts vom 17. Januar 2017 zum zweiten NPD-Verbotsverfahren hat das Gericht festgestellt: *„Der Begriff der freiheitlichen demokratischen Grundordnung im Sinne von Art. 21 Abs. 2 GG umfasst nur jene zentralen Grundprinzipien, die für den freiheitlichen Verfassungsstaat schlechthin unentbehrlich sind. Ihren Ausgangspunkt findet die freiheitliche demokratische Grundordnung in der Würde des Menschen (Art. 1 Abs. 1 GG). Die Garantie der Menschenwürde umfasst insbesondere die Wahrung personaler Individualität, Identität und Integrität sowie die elementare Rechtsgleichheit. Ferner ist das Demokratieprinzip konstitutiver Bestandteil der freiheitlichen demokratischen Grundordnung. Unverzichtbar für ein demokratisches System sind die Möglichkeit gleichberechtigter Teilnahme aller Bürgerinnen und Bürger am Prozess der politischen Willensbildung und die Rückbindung der Ausübung der Staatsgewalt an das Volk (Art. 20 Abs. 1 und 2 GG). Für den Begriff der freiheitlichen demokratischen Grundordnung sind schließlich die im Rechtsstaatsprinzip wurzelnde Rechtsbindung der öffentlichen Gewalt (Art. 20 Abs. 3 GG) und die Kontrolle dieser Bindung durch unabhängige Gerichte bestimmend. Zugleich erfordert die verfassungsrechtlich garantierte Freiheit des Einzelnen, dass die Anwendung physischer Gewalt den gebundenen und gerichtlicher Kontrolle unterliegenden staatlichen Organen vorbehalten ist."*[324]

Kurz gesagt beinhaltet die freiheitlich demokratische Grundordnung also die zentralen Wertentscheidungen des Grundgesetzes betreffend:
- die Würde des Menschen als *„Ausgangspunkt"* der freiheitlich demokratischen Grundordnung,
- das Demokratieprinzip als *„konstitutiver Bestandteil"* dieser Ordnung und
- den Grundsatz der Rechtsstaatlichkeit als deren *„unverzichtbaren Teil"*.

---

323 BVerfG, Urt. v. 23.10.1952 – 1 BvB 1/51 (*„SRP-Urteil"*) = NJW 1952, 1407.
324 BVerfG, Urt. v. 17.1.2017 – 2 BvB 1/13 (*„NPD-Verbotsverfahren"*) = NJW 2017, 611.

Zu beachten ist, dass das Bundesverfassungsgericht in seiner Entscheidung aus dem Jahr 2017 ausdrücklich klargestellt hat, dass die von der Ewigkeitsgarantie des Art. 79 Abs. 3 GG umfassten Inhalte über den für einen freiheitlichen demokratischen Verfassungsstaat unverzichtbaren Mindestgehalt hinausgehen: *„Zur freiheitlichen demokratischen Grundordnung zählen insbesondere nicht die von Art. 79 Abs. 3 GG umfassten Prinzipien der Republik und des Bundesstaats, da auch konstitutionelle Monarchien und Zentralstaaten dem Leitbild einer freiheitlichen Demokratie entsprechen können."*.[325]

Der Gehalt der freiheitlich demokratischen Grundordnung ist demnach – deutlich – enger gefasst als das Schutzgut der Ewigkeitsgarantie.[326]

Für die (Polizei-)Beamtinnen und (Polizei-)Beamten der Bundesrepublik Deutschland ist dieses Prinzip Pflicht und Auftrag, wie sich aus § 33 Abs. 1 Satz 3 BeamtenStG ergibt: „Beamtinnen und Beamte müssen sich durch ihr gesamtes Verhalten zu der freiheitlichen demokratischen Grundordnung im Sinne des Grundgesetzes bekennen und für deren Erhaltung eintreten."

Lesen Sie diese Entscheidung daher mal in Ruhe durch!

Frage 13

Wo ist im Grundgesetz die Möglichkeit der Übertragung von Hoheitsrechten an die Europäische Union geregelt? Welchen Rang haben die Rechtsakte der EU gegenüber dem nationalen Recht der Mitgliedsstaaten?

Die Möglichkeit der Übertragung von Hoheitsrechten an die Europäische Union findet sich in Art. 23 Abs. 1 Satz 2 GG. Die Rechtsakte der EU sind gegenüber dem nationalen Recht der Mitgliedsstaaten im Sinne eines „Anwendungsvorrangs" vorrangig.

Anwendungsvorrang bedeutet, dass EU-Recht das nationale Recht in der Anwendung verdrängt, aber nicht z. B. nichtig macht (Letzteres wäre bei einem sog. „Gültigkeitsvorrang" anzunehmen, den das EU-Recht gerade nicht hat). Der Anwendungsvorrang muss hier nicht zwingend von den Studierenden beschrieben werden. Der Begriff Anwendungsvorrang sollte indes genannt sein.

---

325 BVerfG, Urt. v. 17.1.2017 – 2 BvB 1/13 („*NPD-Verbotsverfahren*") = NJW 2017, 611, 619.
326 Lesenswert auch dazu *Barczak*, Verfassungsmäßige Ordnung und freiheitliche demokratische Grundordnung – Schlüsselbegriffe einer „Verfassung der Mitte", JuS 2025, 97 ff.

Frage 14

154 Benennen Sie die sieben Organe der Europäischen Union.

> Europäischer Rat, Rat, Europäisches Parlament, Europäische Kommission, Europäischer Gerichtshof, Europäische Zentralbank, Rechnungshof

Nicht in diese Aufzählung gehört – siehe dazu die Frage 18 – der Europarat, was gerne verwechselt wird. Die sieben oben genannten EU-Organe sind übersichtlich aufgelistet in Art. 13 Abs. 1 Satz 2 des EU-Vertrags (EUV).

Frage 15

155 Handelte es sich beim Schengener Abkommen/Schengener Durchführungsabkommen ursprünglich um Völkerrecht oder um supranationales Recht?

> Sowohl bei dem 1985 abgeschlossenen Schengener Abkommen (auch genannt „Schengen I") als auch bei dem 1990 abgeschlossenen Schengener Durchführungsübereinkommen (SDÜ, auch genannt „Schengen II") handelte es sich um völkerrechtliche Verträge, welche den schrittweisen Abbau der Grenzkontrollen an den gemeinsamen Grenzen der Vertragspartner zum Ziel hatten. Erst durch den Vertrag von Amsterdam im Jahre 1997 wurden ab 1. Mai 1999 die Schengener Abkommen (und hierauf aufbauende Regelungen), der sog. Schengen-Besitzstand (auch als „EU-Acquis" bezeichnet), in das Recht der Europäischen Union überführt. So wurde aus ehemaligem Völkerrecht nun supranationales Recht der EU.

Für einen Staat wie bspw. die Schweiz, der den Schengener Abkommen beigetreten, nicht aber Mitglied der Europäischen Union ist, handelt es sich freilich weiterhin um Völkerrecht,[327] nicht etwa um supranationales Recht. Genaue Regeln enthält insofern das Abkommen vom 26. Oktober 2004 zwischen der Schweizerischen Eidgenossenschaft, der Europäischen Union und der Europäischen Gemeinschaft über die Assoziierung dieses Staates bei der Umsetzung, Anwendung und Entwicklung des Schengen-Besitzstands (sog. „Schengen-Assoziierungsabkommen").[328]

Frage 16

156 Deutschland hat mittlerweile auf dem Gebiet der grenzüberschreitenden Polizeizusammenarbeit mit allen seinen Nachbarstaaten bilaterale völker-

---

327 Vgl. *Vöneky/Beylage-Haarmann* in: Grabitz/Hilf: Das Recht der Europäischen Union, 81. EL Januar 2024, Art. 217 AEUV Rn. 31.
328 Zu den Besonderheiten der völkerrechtlichen Zusammenarbeit mit der Schweiz siehe bspw. *Meyer* in: Ambos/König/Rackow, Rechtshilferecht in Strafsachen, 2. Aufl. 2020, Grundstrukturen der Rechtshilfe in Strafsachen Rn. 241 ff.

rechtliche Verträge abgeschlossen (beginnend 1995 mit Luxemburg, zuletzt 2016 mit Tschechien). Warum eigentlich?

Diese sog. „Polizeiverträge" ergänzen und modifizieren die in supranationales Recht überführten Regelungen von „Schengen" und „Prüm". Ziel dieser bilateralen Regelungen ist regelmäßig eine engere Kooperation der betreffenden Staaten. Solche Verbesserungen auf dem Gebiet der grenzüberschreitenden polizeilichen Zusammenarbeit werden von den supranationalen Regelungen ausdrücklich gestattet (z. B. Art. 39 Abs. 4 und 5 SDÜ). Bei diesen „Polizeiverträgen" handelt es sich um völkerrechtliche Verträge, welche der Ratifikation nach Art. 59 Abs. 2 GG bedürfen.

Anzumerken ist allerdings, dass bspw. der Deutsch-Französische Polizeivertrag von 1997 („Mondorfer Abkommen") auf wichtigen Themengebieten wie grenzüberschreitender Observation und Nacheile, keine substanziellen Verbesserungen enthält, sondern schlichtweg auf die Regelungen im SDÜ verweist.

Frage 17

Benennen Sie drei Agenturen der Europäischen Union auf dem Themenfeld „Sicherheit".

Europol[329] (Polizeibehörde der Europäischen Union, Sitz in Den Haag), Eurojust[330] (Agentur der Europäischen Union für justizielle Zusammenarbeit in Strafsachen, Sitz ebenfalls in Den Haag), Frontex[331] (Agentur der Europäischen Union für Grenz- und Küstenwache, Sitz in Warschau)

Frage 18

Was ist der Europarat? Beschreiben Sie diesen kurz und klären Sie dabei auch, ob diese Institution ein Organ der Europäischen Union ist.

Der 1949 gegründete Europarat[332] ist kein Organ der Europäischen Union, sondern eine auf völkerrechtlicher Vereinbarung gegründete internationale Menschenrechtsorganisation. Dem Europarat gehören aktuell 46 Mitgliedsstaaten an, darunter alle Mitglieder der Europäischen Union. Zentrales Vertragswerk des Europarats ist die Europäische Menschenrechtskonvention (EMRK), über deren Einhaltung der Europäische Gerichtshof für Menschenrechte (EGMR) in Straßburg wacht.

---

329 Homepage: https://www.europol.europa.eu/.
330 Homepage: https://www.eurojust.europa.eu/.
331 Homepage: https://frontex.europa.eu/de/.
332 Homepage: https://www.coe.int/de/.

Frage 19

Wie hat die EMRK in Deutschland Geltung erlangt und welchen Rang innerhalb des deutschen Normengefüges hat sie? Kann eine Verletzung der EMRK auch vor dem Bundesverfassungsgericht geltend gemacht werden?

> Bei der EMRK handelt es sich um einen völkerrechtlichen Vertrag, der zwischen Staaten abgeschlossen wird. Als völkerrechtlicher Vertrag wurde die EMRK in Deutschland durch ein „Vertragsgesetz" nach Art. 59 Abs. 2 GG innerstaatlich umgesetzt. Bei diesem Vertragsgesetz handelt es sich um ein einfaches Bundesgesetz. Nach der Umsetzung durch das Vertragsgesetz erfolgte noch die Ratifikation durch den Bundespräsidenten.[333] Unter Ratifikation versteht man die völkerrechtliche Bestätigung durch das Staatsoberhaupt; erst durch die Ratifikation bindet sich die Bundesrepublik an den Vertrag.[334]

Die Ratifikation erfolgt üblicherweise durch den Austausch bzw. durch die Hinterlegung von Ratifikationsurkunden, die seitens der Bundesrepublik durch den Bundespräsidenten zu unterzeichnen sind.[335]

> Entsprechend dem Vertragsgesetz, welches den völkerrechtlichen Vertrag innerstaatlich umsetzt, hat die EMRK grundsätzlich in Deutschland den Rang eines einfachen Bundesgesetzes. Dementsprechend steht sie also normenhierarchisch unterhalb der Verfassung, ist folglich kein Prüfungsmaßstab für das BVerfG bei Verfassungsbeschwerden und könnte theoretisch hinter zeitlich späteres (einfaches) Bundesrecht zurücktreten („*lex posterior derogat legi priori*"). Allerdings besitzen die Gewährleistungen der Europäischen Menschenrechtskonvention vor dem Hintergrund der „Völkerrechtsfreundlichkeit" und „Grundrechts-/Menschenrechtsfreundlichkeit" des Grundgesetzes durchaus *verfassungsrechtliche Bedeutung, indem sie die Auslegung der Grundrechte und rechtsstaatlichen Grundsätze des Grundgesetzes beeinflussen. (…) Die Heranziehung der Europäischen Menschenrechtskonvention und der Rechtsprechung des Europäischen Gerichtshofs für Menschenrechte als Auslegungshilfe auf der Ebene des Verfassungsrechts über den Einzelfall hinaus dient dazu, den Garantien der Menschenrechtskonvention in der Bundesrepublik Deutschland möglichst umfassend Geltung zu verschaffen, und kann darüber hinaus Verurteilungen der Bundesrepublik Deutschland vermeiden helfen. Die inhaltliche Ausrichtung des Grundgesetzes auf die Menschenrechte kommt insbesondere in dem Bekenntnis des deutschen Volkes zu unverletzlichen und unveräußerlichen Menschenrechten in Art. 1 Abs. 2 GG zum Ausdruck.*"[336]

---

333 Das entsprechende Ratifizierungsgesetz stammt vom 7.8.1952 (BGBl. II 1952 S. 685).
334 *Pieper* in: BeckOK Grundgesetz, 50. Edition, Stand: 15.2.2022, Art. 59 Rn. 20.
335 *Pieper* in: BeckOK Grundgesetz, 50. Edition, Stand: 15.2.2022, Art. 59 Rn. 20.
336 BVerfG, Urt. v. 4.5.2011 – 2 BvR 2365/09, 740/10, 2333/08, 1152/10, 571/10 („*Sicherungsverwahrung*") = NJW 2011, 1931, 1935.

Fazit: Formal hat die EMRK in Deutschland den Rang eines einfachen formellen Bundesgesetzes. Mit Blick auf die "Grundrechts-/Menschenrechtsfreundlichkeit und Völkerrechtsfreundlichkeit" des Grundgesetzes sind die deutschen Gesetze allerdings im Lichte der EMRK auszulegen, was einen „faktischen" Vorrang der EMRK vor einfachen formellen Gesetzen bedeutet. Vor dem BVerfG kann eine Verletzung der EMKR nicht unmittelbar gerügt werden; die Konventionsrechte sind aber bei der Auslegung der Grundrechte zu berücksichtigen.

Frage 20
Welches Gericht wacht über die Einhaltung der EMRK?

Der Europäische Gerichtshof für Menschenrechte (EGMR) in Straßburg[337]

---

337 Website: https://www.coe.int/en/web/portal/gerichtshof-fur-menschenrechte.